JN292743

一乗谷朝倉氏遺跡の発掘

福井市の東南約10kmの一乗谷には今から400年前に織田信長によって滅ぼされた戦国大名朝倉氏の館跡をはじめ、家臣の屋敷跡、寺院跡、商人や職人の町屋跡など、戦国時代城下町の跡がそっくりそのまま埋もれていた。20年におよぶ調査でおびただしい量の遺構や遺物が出土し、一乗谷に住んでいた当時の人々のくらしぶりを如実に復元することが可能となった。

朝倉義景館跡

義景夫人小少将の住まいした諏訪館跡の庭園

復元された武家屋敷

将棋の駒

構成／水野和雄　写真提供／福井県立朝倉氏遺跡資料館

食器いろいろ

大坂城の発掘

大坂城とその周辺の地下から，豊臣時代に築造された石垣が出土している。石積みの特長はいずれも野面積みで，現在の大阪城に見られる徳川再築の石垣にある切石を使った切り込みはぎの手法や，巨石を使った石垣とは様相を異にしている。

構　成／長山雅一
写真提供／大阪市文化財協会

本丸詰の丸石垣（本丸地下で発見された石垣。6mの高さが残っており，隅石に古代の礎石を転用している）

二の丸石垣（大阪城公園の南地区で発見された石垣で，現地表下8mのところにある素掘りの堀の下部に設けられた石垣）

三の丸石垣（同公園東地区で発見。高さ2m，延長30m。堀底に破却された石垣石の転落が目立つ）

三の丸石垣と堀跡（東区法円坂町で発見。手前の石垣はよく残ったところで1.5m，延長20m。石垣から西へ傾斜して素掘りの堀に到る）

三の丸石垣（法円坂町で発見。南北7m，東西2mの隅の部分にあたるが，石垣はここのみで両側は土塁になっている）

浪岡城の発掘

15世紀後半に浪岡北畠氏が拠を構えた青森県の浪岡城は昭和52年から続けられている発掘調査の結果，扇状地辺縁の丘陵を単純に堀で区割しただけの平場連立形態の構造をもち，戦国城下町の要件を整えた計画都市であることがわかった。検出された遺構には掘立柱建物跡，礎石建物跡，井戸跡や堀跡，土塁跡，門跡などがあり，多くの陶磁器や銅製品，銭貨なども出土した。

　　　構　成／工藤清泰
　　　写真提供／浪岡町教育委員会

▲北館と西館間の堀跡調査（中土塁を挟む二重堀の状況と水量調整の水口を検出）

◀内館検出の礎石状建物跡（7間×4間の規模で六間2室，九間1室の部屋割りがある）

▲出土した陶磁器（日本製より海外製の量が多く，発掘個所によって異なる）

▼出土した銅製品（菊花双雀文鏡2面，五鈷杵，鐔，笄，火縄鋏，分銅，飾り金具など）

堺環濠都市の発掘

「黄金の日々」で知られる堺環濠都市遺跡の発掘調査は約10年を経過し、住居・蔵・堀・墓跡などが検出された。とりわけ幾層もの焼土層の堆積は堺の火災を物語り、それらの層から出土した多数の内外陶磁器類は当時の国内および明・東南アジア・李氏朝鮮とのさかんな交易がしのばれよう。

構　成／石田　修
写真提供／堺市立埋蔵文化財センター

建物跡　天正10年（1582）以後元和元年（1615）までと考えられる茶座敷を持つ数寄屋建物は東壁が外側に崩壊している。

土層堆積　天文元年（1532）から大坂夏の陣（1615）まで計5枚の焼土層がみられる。

堀　「ベニスの如き町」堺では市内の各所で内堀を検出するが、天正13年（1585）銘木簡を出土したこの堀は石垣により堀幅が縮小されている。

出土遺物　遣明船の入港（1467）により京都の外港としての地位を確保し、物資・人々の交流が盛んとなる。

現在の堺　現在に残る江戸期の堀（東西1km、南北3km）より小さい堀が戦国期に巡っていた。

八王子城の発掘

八王子城は天正18年に落城した後北条氏の支城である。城主の居館跡と見られる御主殿入口部を発掘した結果，虎口の構造を明らかにすることができた。石敷の通路は3ヵ所の階段と2ヵ所の踊場から構成されており，その両側には土塁を支える石垣が築かれている。御主殿内部では，大型の礎石建物跡を確認することができた。

構　成／新藤康夫
写真提供／八王子市教育委員会

御主殿虎口中段の階段と踊場
両側は石垣と土塁がよく残っている。上方で左側へ曲がり御主殿へ至る。

御主殿内部（東から）　礎石建物跡は右側へ続く。

橋台部の石垣

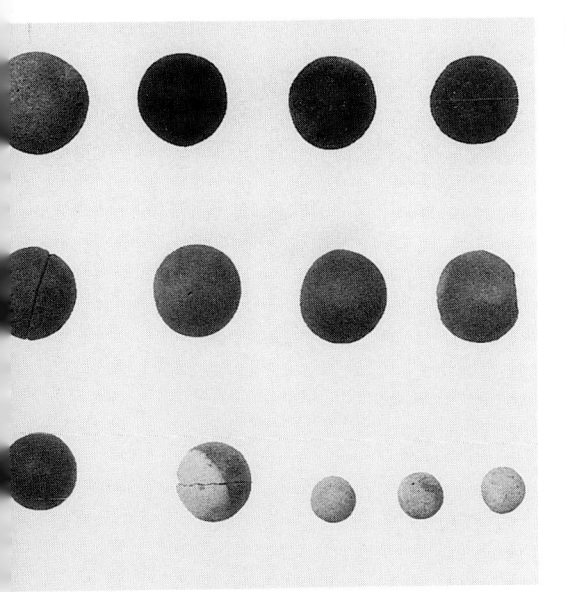

出土した土弾

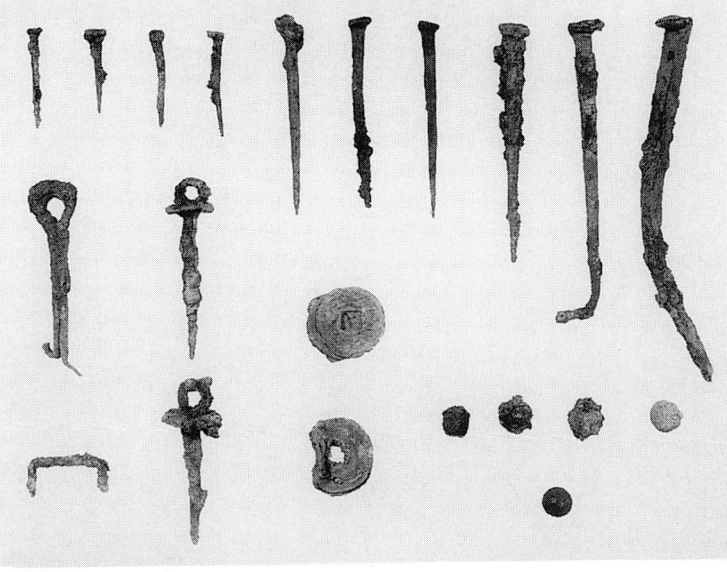

出土した金属製品　釘・銅銭・鉄砲玉など

根来寺の発掘

和歌山県岩出町にある中世根来寺の遺構密度はきわめて高く、現在田畑となっている山内の地にはすべてこのような遺構が眠っていると言っても過言ではない。また、井戸・溝など遺構の大部分は石（和泉砂岩）を用いて構築されていることが大きな特徴であり、板碑などは本来の用途ではなく、井戸の蓋、石段などに転用されたかたちで出土することが多い。

構　成／村田　弘
写真提供／和歌山県教育委員会

平地の寺院跡　規模が大きく客坊的性格をもった寺院と考えられる。

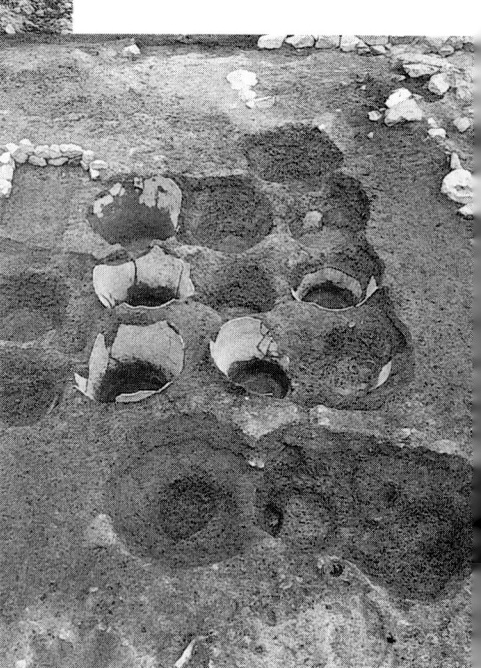

半地下式倉庫跡　建物の床を掘り抜いた倉庫で、甕が埋設されている例が多い。

埋甕遺構　備前の大甕を複数埋設した貯蔵施設

板碑によって蓋された井戸　板碑は井戸の廃絶に際し架構状態での出土が多い。

道路跡　道に沿って側溝や石垣がある。

戦国時代の信仰

構　成／藤澤典彦

1 弥谷寺（香川県三豊郡）磨崖五輪塔
　鎌倉時代の五輪塔や石仏が境内の崖一面に彫られている。五輪塔は2基一組になっているものが多く，夫婦の供養塔かと考えられる。水輪・地輪部に穴が穿たれており，塗り込める形で納骨されたと考えられる。

2 香川家墓地出土五輪塔群
　本堂の西に埋もれていたものを掘り出して，現在位置に集めたもの。磨崖五輪塔に続く時期から室町末期までの五輪塔が多い。

3 井上氏墓所（長野県須坂市）石塔群
　井上氏の館跡近辺から出土した石塔を集めたもの。室町時代から戦国時代の宝篋印塔・五輪塔がみられる。

4 輿山墓地往生院
　この建物の中に鎌倉時代末期の五輪塔がある。この場所は行基の墓地であるとの伝承があり，この五輪塔は行基の供養塔であるとともに輿山墓地の総供養塔である。右端に見られる宝篋印塔には正元元年（1259）の銘文が見られる。この墓地の初期の総供養塔と考えられる。

5 称名寺（奈良市）五輪塔
　地輪下辺中央に小さな穴が穿たれている。納骨のための穴で，ここから下に遺骨を落し込んだ。鎌倉時代後半から南北朝時代にかけての総供養塔にはこのような穴の穿たれたものが多くみられる。

戦国時代の渡来銭

平安時代の後半頃から大量に輸入された渡来銭は，室町時代には日本国中に銭貨が満ちあふれる状態になった。しかし，そのような状況のなかから多量の私鋳銭の出現や削銭などによって貨幣経済は混乱の様相を呈し，各地の戦国大名は撰銭令を発布して正常化をはかったが，出土銭からみる限りその効果は大きくなかった。

　構　成／是光吉基
　写真提供／
　　八戸市教育委員会・隠岐島後教育委員会
　　広島県草戸千軒町遺跡調査研究所

青森県根城跡本丸の掘立柱建物跡底面の渡来銭出土状況

根城跡本丸出土の渡来銭（開元通宝・永楽通宝・無名銭ほか）

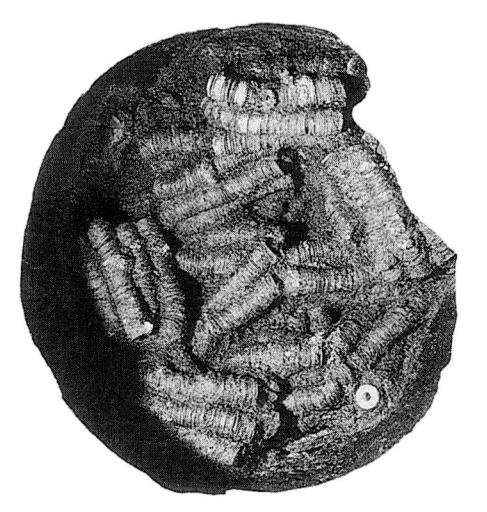

▶広島県草戸千軒町遺跡出土の渡来銭
　上から，紐の結び目の状態，銭束端部の状態，甕に収納された銭束

▲▶島根県宮尾遺跡半崎地区出土渡来銭の出土状況

中世の都市 鎌倉

鎌倉市内では，毎年多くの遺跡が発掘されているが，武家屋敷と庶民居住区が共伴して確認された今小路西遺跡（御成小学校地点），浜地の墓地と民家が混在する由比ケ浜中世集団墓地遺跡（若宮ハイツ地点），鎌倉の代表的寺院址である永福寺跡が，最も鎌倉の中世遺跡のあり方を示す。

構　成／大三輪龍彦
写真提供／鎌倉市教育委員会

今小路西遺跡全景

今小路西遺跡の方形竪穴住居址

永福寺跡薬師堂（正面から）

由比ケ浜中世集団墓地遺跡全景

永福寺跡庭園の一部

京都

京都市内では近年平安京跡を主な対象として年間約1,500件の埋蔵文化財調査が行なわれており、中世都市遺跡の成果も上りつつある。その中から室町殿跡、北山殿跡出土の修羅のほか、中世の墓地を紹介する。

構成／浪貝 毅

室町殿（花の御所）跡発掘調査全景（1989年）
左端に南限の堀があり、中央から右にかけて庭園の景石と石組群が配置されている。

室町殿南限の堀
東から西を望む。堀は上幅2.7m、深さ1.5mで、鋭くV字形に掘られており、邸宅の南限を示すものと思われる。

金閣寺で出土した修羅（1989年）
三代将軍足利義満が造営した北山殿跡（現金閣寺）で、庭石を配置する際に使った修羅が2基発見された。

中世，下京の南，町はずれに作られた墓群（七条室町周辺）

博多

博多遺跡群は，福岡市の都心部の地下に眠る遺跡である。発掘調査は地点によって異なるが，現地表下2～6mにもおよぶ。この間が，古代から現代まで間断なく続いた生活面の堆積であり，大量のさまざまな遺物を包含している。現在の道路網は，豊臣秀吉の街割りを基本的に継承したものだが，16世紀以前は全く違う町割りがなされていた。

構　成／大庭康時
写真提供／福岡市教育委員会

整地をくり返して重上げされた道路（第35次調査）

市街地での調査（築港線第2次調査）
突きあたりは博多湾・志賀島

道路と側溝（第40次調査）
側溝には度重なる修復がみられ，道路は拡幅されている

博多のメインストリート（第35次調査）

柳御所遺跡航空写真（下は北上川）

平　泉

構　成／荒木伸介
写真提供／平泉町教育委員会

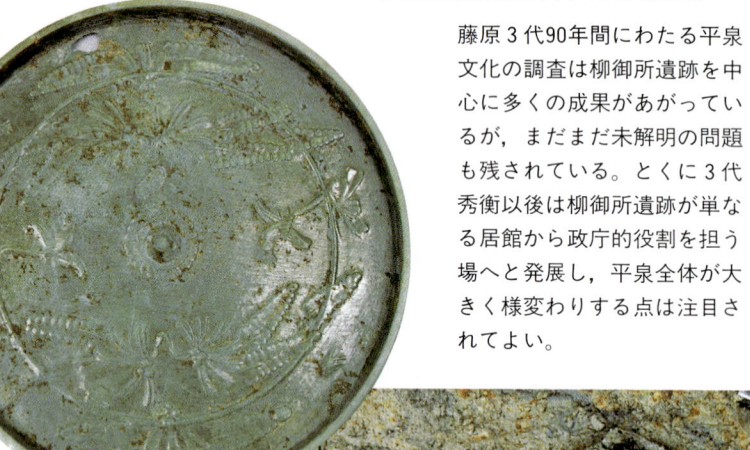

藤原3代90年間にわたる平泉文化の調査は柳御所遺跡を中心に多くの成果があがっているが，まだまだ未解明の問題も残されている。とくに3代秀衡以後は柳御所遺跡が単なる居館から政庁的役割を担う場へと発展し，平泉全体が大きく様変わりする点は注目されてよい。

和鏡（秋草双鳥文）

渥美袈裟襷文壺

烏帽子出土状況

荘園村落遺跡
豊後国田染荘

豊後国田染荘の遺跡は，大分県豊後高田市田染地区にある。宇佐八幡宮の根本荘園の一つとして歴史的に重要な位置を占めてきた田染荘は，国宝富貴寺大堂を始め，真木大堂の平安仏，熊野磨崖仏など国東を代表する文化財が集中する地域としても著名である。またそこは豊富な中・近世史料を伝えるほか，500基にも達する中世石造文化財が伝統的なムラの景観の中に遺存しており，中世荘園村落を復原的に研究する上で格好の条件を備えた地域である。

構　成／甲斐忠彦
写真提供／宇佐風土記の丘歴史民俗資料館

小崎城跡に残る石殿
（「応仁二年　大願主宇佐栄忠」銘）

田染荘中心部の景観（池部・横嶺条里周辺）

小崎城跡周辺の景観

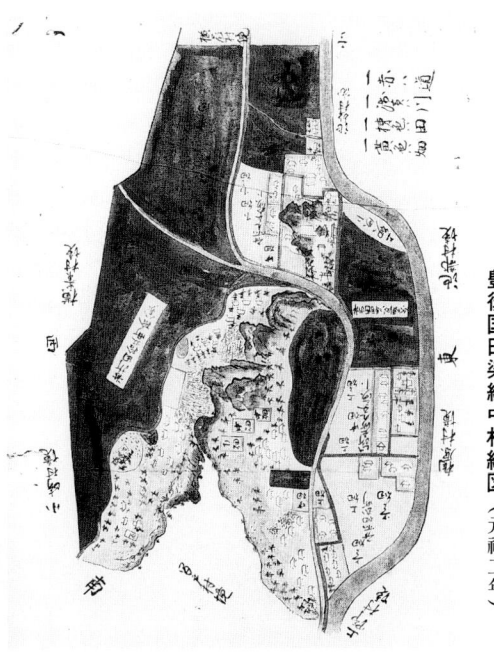

豊後田染組中村絵図（元禄二年）

田染荘糸永名の中枢部に建立された富貴寺大堂

『竹崎季長絵詞』に描かれた石築地と生の松原地区の元寇防塁

元寇と碇石

建治2年（1276）博多湾の海岸線に石築地を築いて蒙古の再度の来襲に備えたのが元寇防塁で，高さ約3m，長さが20kmにおよぶ長大な遺跡である。
一方，博多湾を中心とした北部九州沿岸一帯から引き揚げられた「蒙古碇石」と呼ばれる碇石は，中国の泉州湾や奄美大島からも確認されている。

構　成／柳田純孝
写真提供／福岡市教育委員会

今津地区の元寇防塁（高さ約3m）

『竹崎季長絵詞』に描かれた
元小船の碇と大船の碇を巻き揚げる轆轤

上：鷹島の碇石には大型・小型の2種類がある
下：博多区上呉服町出土の碇石（長さ298cm，重さ584kg）

日本出土の中国陶磁

日本出土の中国陶磁を室町時代の前半に限ってみると、明国の海禁政策のため、その前後の時期と比較して極端に少ない。その中で目につくのは供膳具である。青磁では、雷文帯や線描蓮弁文の碗と、草花文の稜花皿。白磁では、白濁釉のかかった皿や坏で、底部にえぐりのあるもの。青花では玉取獅子や羯磨文などの碗・皿が多い。また共伴の朝鮮陶磁も注目される。

構　成／鈴木重治
写真提供／和歌山県立紀伊風土記の丘ほか

雷文帯青磁碗（紀淡海峡海揚り）

線描蓮弁文青磁碗（紀淡海峡海揚り）
紀淡海峡採集品はいずれも淡島神社蔵

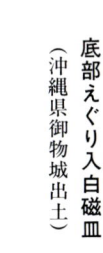

青磁草花文稜花皿（福岡県室町遺跡出土）

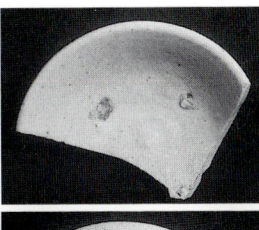

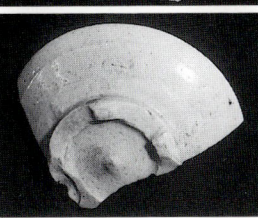

底部えぐり入白磁皿（沖縄県御物城出土）

羯磨文青花皿（山梨県新巻本村出土）

菊花象嵌文粉青（朝鮮産）（長崎県楼楷田遺跡出土）

見込福字入唐草文青花碗（山梨県新巻本村出土）

京都出土の朝鮮王朝陶磁

平安京左京三条四坊十三町（中京区弁慶石町）と同左京一条三坊二町（上京区藪之内町，京都府庁内）出土のものである。前者は16世紀後半代の瀬戸黒・志野・信楽・備前などの多量の茶陶類と共伴した白磁平碗である。後者は豪商茶屋四郎次郎邸と西洞院通を挟んだ向かい側の地下式貯蔵穴から唐津・志野・織部とともに出土した胎土目白磁碗，粉青沙器彫三島碗で，17世紀初頭の廃絶時のものである。

構　成／堀内明博
写真提供／京都市埋蔵文化財研究所・京都府埋蔵文化財調査研究センター

白磁平碗（京都市中京区弁慶石町出土）

胎土目白磁碗（上）と粉青沙器彫三島碗（下）（平安京左京一条三坊二町出土）

地下式貯蔵穴出土品（平安京左京一条三坊二町出土）

普及版
[季刊考古学]

中世考古学への招待

坂詰秀一 | 編

雄山閣

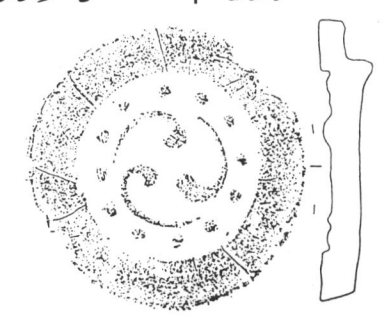

<目　　次>

中世考古学への招待　　　　　　　　　　　　　　　　　　坂詰秀一……　5

第一部　戦国考古学のイメージ

戦国考古学の構想　　　　　　　　　　　　　　　　　　　坂詰秀一……　10

戦国考古学の視点　……………………………………………………………　13
戦国史研究における考古学の役割　　　　　　　　　　　小和田哲男……　13
戦国時代城下町の諸相　　　　　　　　　　　　　　　　水野和雄……　18
戦国期城館研究の問題点　　　　　　　　　　　　　　　橋口定志……　21

戦国城館跡の発掘　………………………………………………………………　27
大坂城（摂津）　　　　　　　　　　　　　　　　　　　長山雅一……　27
清須城（尾張）　　　　　　　　　　　　　　　　　　　遠藤才文……　32
小田原城（相模）　　　　　　　　　　　　　　　　　　諏訪間順……　34
八王子城（武蔵）　　　　　　　　　　　　　　　　　　新藤康夫……　39
武田氏関係城（甲斐）　　　　　　　　　　　　　　　　萩原三雄……　43
郡山城（安芸）　　　　　　　　　　　　　　　　　　　小都　隆……　45
安岐城（豊後）　　　　　　　　　　　　　　玉永光洋・小林昭彦……　49
浪岡城（北奥）　　　　　　　　　　　　　　　　　　　工藤清泰……　53

戦国時代の生活と経済　…………………………………………………………　57
貿易陶磁器　　　　　　　　　　　　　　　　　　　　　亀井明徳……　57
文房具　　　　　　　　　　　　　　　　　　　　　　　水野和雄……　61
出土銭からみた撰銭令　　　　　　　　　　　　　　　　是光吉基……　65

戦国時代の信仰　…………………………………………………………………　69
供養塔と納骨　　　　　　　　　　　　　　　　　　　　藤澤典彦……　69
一字一石経の世界　　　　　　　　　　　　　　　　　　岡本桂典……　75

第二部　中世を考古学する

中世考古学を考える ———————————————— 坂詰秀一 …… 80
中世考古学の方法 ……………………………………………………… 83
中世史研究と考古学 ———————————————— 松下正司 …… 83
歴史民俗学と中世考古学 —————————————— 小花波平六 …… 87
都市と集落 ……………………………………………………………… 90
中世都市遺跡調査の視点 —————————————— 前川　要 …… 90
中世都市遺跡の調査＝鎌倉 ————————————— 大三輪龍彦 …… 94
中世都市遺跡の調査＝京都 ————————— 浪貝　毅・堀内明博 …… 97
中世都市遺跡の調査＝博多 ————————————— 大庭康時 …… 100
中世都市遺跡の調査＝平泉 ————————————— 荒木伸介 …… 103
中世荘園村落遺跡の調査 —————————————— 甲斐忠彦 …… 106
中世「方形館」の形成 ——————————————— 橋口定志 …… 111
信仰の世界 ……………………………………………………………… 118
中世修験の遺跡 —————————————————— 時枝　務 …… 118
板碑造立の風潮 —————————————————— 播磨定男 …… 121
中世の埋経と納経 ————————————————— 山川公見子 …… 124
中世の葬送と呪術 ————————————————— 藤澤典彦 …… 127
生産と経済 ……………………………………………………………… 133
中世の土器・陶器 ————————————————— 福田健司 …… 133
埋められた銭 ——————————————————— 栗原文蔵 …… 139
対外との接触・交易 …………………………………………………… 142
元寇と考古学 ——————————————————— 柳田純孝 …… 142
考古学からみた日明貿易 —————————————— 鈴木重治 …… 145
日本出土の朝鮮王朝陶磁 —————————————— 堀内明博 …… 149
＜コラム＞　中世の市場風景（岡本桂典）…116／中世の葬場（恵美昌之）…131／仏具の鋳造（荒川維久）…132／中世の瓦（小林康幸）…138

普及版・季刊考古学について

　本シリーズは「季刊考古学」の普及版として企画されたものです。要望の多い号より順次復刻していくというもので，定期的に刊行されるものではありません。
　本書は第26号「特集・戦国考古学のイメージ」(1989年2月1日発行)と第39号「特集・中世を考古学する」(1992年5月1日発行)を復刻・合本したものです。
　研究の歴史性という意味で本文は元のままの文章としております。ただし，誤植等についてはその部分の語句を改めていますのでご了解下さい。また執筆者の肩書についても当時のままとし，巻末に現職名を一覧として掲げています。

　　　　　　　　　　　　　　　　　　　　　　　　　　　　　「季刊 考古学」編集部

中世考古学への招待

坂詰秀一

　つねに饒舌な「文献史料」にくらべて，「考古資料」はまさに沈黙を特色とするモノ資料である。しかし中世世界を，そのゆたかさときびしさの両面から総体的に明らかにするためには，今や「考古資料」に語り出させねばならない時期にきていると思う。

（石井　進）

プロローグ

　中世考古学分野の調査研究は，考古学の世界においては1920年代の後半から'30年代にかけて赤星直忠が鎌倉を中心として先駆的な業績をあげてきた。その赤星の成果は『中世考古学研究』(1980)にまとめられ，関係学界の注視を浴びることになった。

　巻頭に掲げた石井進の言辞は，『沈黙の中世』（網野善彦・福田豊彦と共著，1990）の「まえがき」のなかで表明されたものであり，文献史料の研究を対象とする文献史学が，考古学的資料に眼を向け，それを積極的に評価し活用する視点を明確に宣言したものであった。

　考古学の分野において中世を対象とする調査と研究が意識的に着目されるようになったのは，一部の研究者を除けば近年のことである。その契機は，草戸千軒町遺跡（広島）と一乗谷朝倉氏関係遺跡（福井）の組織的発掘が着手されたことに求められるであろう。さらに，中世都市―鎌倉の発掘成果は，京都・堺・博多のそれと同じく，豊かな埋没資料のあり方を示し，マスコミの喧伝効果ともども，埋もれた中世史像に対する新しい研究の視角を惹起するようになっていった。このような動きは，例えば，中世土器についての研究会（中世土器研究会1978，東国土器研究会1987），中世遺跡からも出土する貿易陶磁器の研究会（貿易陶磁器研究会1980）の発足など，中世遺跡の「時」を確定する基礎資料としての土器・陶磁器のあり方―生産・伝来の実態やその編年についての研究が開始されるようになっていったのである。文献と考古の研究者が中心となっている中世都市研究会もこのような流れのなかで研究集会が継続されているし，シンポジウム形式の"考古学と中世史研究"も活発に実施されるようになった（例えば帝京大学山梨文化財研究所シンポなど）。

　1970年代の後半から80年代の前半にかけて全国的に中世遺跡に対する関心が高まり，遺跡の発掘報告書，関係論文，シンポジウム（それは個別遺跡から特定の遺跡・遺構・遺物についての全国的視座をもったものまで千差万別）の開催とその記録の刊行があいついだのである。それは，いまにいたるも引き継がれている。

　その間，「よみがえる中世」（網野善彦・石井進・福田豊彦監修，8巻，1988～1994）が刊行された。このシリーズは"地下の眠りからさめたモノが語る中世"をキャッチフレーズに文献と考古の研究者の共同編集によって構成され，その斬新さによって注目された。さらに「中世の風景を読む」（網野善彦・石井進編，全7巻，1994～1995）が「都市・村落・信仰・流通・職人」を主なテーマとし，それに特色ある地域を選んで全体的な構成を試みて刊行された。この二つのシリーズものは，中世史研究の現状を示すものとして注目されたのである。

　いまや，中世史の研究は＜古代も同様，近世史もそれに近づきつつある＞，文献史料のみではなく考古学資料をも「史料」とする方向性が広く認識されてきたといえるのである。

中世考古学展開の一例―出土銭の研究をめぐって―

　中世の考古学的研究は，すでに半世紀以前から行なわれ，その成果が公けにされてきていた。その代表的な研究者は赤星直忠であったが，赤星のほかにも幾人かの研究者により，中世分野の遺跡と遺物についての関心が表明されてきていた。その一つの例として「貨幣」研究の歩みについて展望することにしたい。

　考古学の世界で，土中から一括大量に発掘される銭については「備蓄銭」と称されてきたが，他方では「埋納銭」と表現する研究者もおり，必ずしも一致していない。これら一括出土銭は，中世においては中国銭（宋元明）がそのほとんどを占め，わずかに皇朝十二銭，朝鮮銭などが含まれている。このような一括出土のあり方を先駆的にまとめたのは入田整三である（「発掘銭に就ての考察」『考古学雑誌』20―12，1930）。入田は，当時知られていた18カ所の出土銭554,719枚を集成分析し「永楽」銭の存否をメルクマールとして一括銭が埋没された時代を2時期に分けることができるなど注目すべき見解を披瀝した。それ以前においては中川近礼（「足利時代に流通せし銭貨の種類」(1)(2)『考古学会雑誌』1―1，1―3，1896），山中笑（「日本に於ける古銭研究の沿革」『考古学雑誌』7―2，1917）などの個別研究，三上香哉の総括的著作（「貨幣」『考古学講座』黄本1～3，9～19，21～24，1926～28），石野瑛（『考古要覧』1928）の概観的記述がみられるに過ぎなかった。入田論文は，「一括大量発掘銭」をはじめて扱ったものであったのである。入田以降，大量発掘銭については石野瑛（「横浜市中区蒔田町谷戸田上発掘古銭調査報告」『考古学雑誌』28―7，1935）の報告，成田末五郎の研究（「津軽地方発掘古銭の研究」『青森県郷土誌資料集』2，1938）が代表的なものであった。石野の2,241枚一括発掘銭の報告は，出土銭の報告例として重要であり，成田の津軽地方26地点発掘銭の研究は，地域的に集中して出土する一括発掘銭についての考察として貴重な成果であったが，このような報告と研究は普遍化することがなかった。

　その後，1950年になって東洋史学の日比野丈夫は下高井（長野）から発掘された概算180,000枚中の31,000枚の銭を調査した結果を報告（「宋代銅銭問題に関する新見解―わが国における発掘銭より出発して―」『東方学報』19，1950。後に『下高井』1953に収録）し，一方，矢島恭介は総括的論文を公けにした（「貨幣―本邦に於ける出土銭貨―」『日本考古学講座』7，1956）。ついで，矢島は40カ所の発掘例をまとめた「日本出土銭貨一覧」（『日本考古学辞典』1962）を，日比野は日本と中国の銭を概括した「古銭」（『新版考古学講座』9，1971）を学界に提供されたのである。

　入田によって示された発掘銭の研究は，追従研究者の矢島の出現によって発掘事例の集成と研究の総括が果たされるにいたったのである。ただ，成田が提起した発掘銭の着眼点については，発表された刊行物が地域性の高いものであったためか，学界の注目をひくことがなかったのが惜しまれる。成田は，埋没の場所の特定，その埋没の状況，種類と数量，埋没地の歴史と伝説，埋没の時代について考える必要性を喚起し，「発掘古銭はそのままに保存することが必要」であると力説した。さらに津軽における発掘銭は，(1)永楽通宝以前のものが多い，(2)大量の埋蔵例が各所にみられる，(3)中国の銭貨のみがまとまって発掘される，ことを指摘し，それらは「故意に隠匿」されたもので，時代は「鎌倉末期から室町中期以前」との見解を公けにされたことは注目されよう。かかる成田の提言と解釈をめぐる問題については地方史の中に埋没され，広く中央の学界で脚光を浴びるのはかなり後年のことであった。

　1970年代に入って，志海苔（北海道）と石臼（新潟）の発掘報告が刊行され，「備蓄銭」をめぐる問題がにわかに考古学界で注目されるようになった。志海苔374,000枚（推定の総数は500,000枚），石臼271,000枚（推定280,000枚）。各地で未報告の一括出土銭の存在が研究者の耳目に入るようになったのである。

　そこで，私は，1981年と85年の2回にわたり『考古学ジャーナル』で＜出土渡来銭＞の特集を組んだの

である。「備蓄銭」「埋蔵銭」「発掘銭」とせず，あえて「出土渡来銭」と銘打ったのは，一括出土銭がすべて"備蓄"として理解されるかどうか問題がある，と判断した結果であった。「出土渡来銭の再検討」(187, 1981)は，とかくなおざりにされてきた感のある一括出土銭をここいらで再び考えることにしよう，という意を含んでいたし，「出土渡来銭研究の現況」(249, 1985)は，全国的な状況を一応整理しておこう，という意を有したタイトルであった。そして，大量に出土した一括銭は，それ自体，容器ともども一括遺物として捉えられるものであり，その主体は，渡来した宋・元・明の銭貨である，という認識から，それの性格論をさけての「出土渡来銭」表現であった。この2号にわたる特集は，考古学の分野をはじめ中世史研究者の注目を浴び，さらに経済史畑の研究者の注視をうけた。ついで，第3回として「全国出土銭貨地名表」を予定したが，その前に2回の特集を1冊にまとめたい，との要望もあり『出土渡来銭—中世—』(1986)をまとめたのである。その後，地名表の作成は諸事情で中断し，発表されることなく終わった。

　1980年代以降，大量一括出土銭が各地から報告されるようになり，また，鈴木公雄はそれらの総括的研究を発表していった。鈴木の研究は，大量に出土する銭貨を統計的に処理するとともに社会経済史的な視点を導入して新鮮な考察をつぎつぎと公けにし，関係者の瞠目をうけた（後，『出土銭貨の研究』としてまとめられた。1999）。このような気運のもとに1993年8月，「出土銭貨研究会」が発足した。そして『出土銭貨』誌を年2冊刊行し，全国的情報と研究の状況を掲載していくことになった。入田によって提起され，矢島に引き継がれた出土（発掘）銭貨の研究は，60余年の後研究会として組織化され，その機関誌を通して，考古学のみでなく文献史の分野などとも協同研究が組めるようになったのである。

　それにしても，大量一括出土銭の性格は如何なるものであろうか。かつて「備蓄銭」と称呼され，その性格をさけて「発掘銭」「出土銭」「埋没銭」「渡来銭」と表現されてきた"一括"は，近頃「埋納銭」としての視点から理解される，とする見解が提出されている。「備蓄」か「埋納」か，はたまた異なる性格を有して埋没されたモノであるか，その解釈は一定していない。文字を伴った例に「埋納」を示す資料が知られているが，すべての事例がそれに該当するかどうか，今後の研究を期待したい。

　中世の社会経済史の研究にとって，出土銭貨の研究は今後とも深められていくことであろうし，中世考古学としての立場からも，新しい研究の展開が期待されるのである。

中世考古学の方向

　中世の歴史は，文献史料によって明らかにされてきたし，その実態についての研究は今後とも進展していくことは疑いない。しかし，それは文献史料があってこそであることはいうまでもない。それに対して，考古学の資料は，地中に埋もれ，風雨に堪えて残されてきた。なかには文字が書かれ刻まれた中世人の伝言が残されていることもある。文献と考古，それぞれの資料は，それが中世のモノである限り，中世史を物語るモノであり，中世史料として活用しなければならないであろう。ただ，文献は文献の，考古は考古の，対象資料についての研究の方法は独自性を有していることを，それぞれ尊重する必要があろう。

　中世考古学にあっては，中世という「時」に継起した「人」の歴史を考古学の方法によって明らかにすることが肝要である。対象資料の任意摘出による分析，客観性をもたない主観的基準による資料の選別などは，考古の立場としては避けるべきであろう。しかし，対象資料が量的な制約下にあっては，限定された既知資料による類推的方法も，ときとしては必要であり，有効性を発揮することもある。要は自らの方法論に即した研究の方策が期待されるわけである。

　中世都市の研究は，中世都市研究会の発足によって大きく前進しつつある。都市空間，津・泊・宿，宗教などをテーマとした研究の進展は，文献・考古・絵画資料などを駆使した興味深い成果が発表され，そ

れらが『中世都市研究』(1994～)として共有されるにいたっている。中世の都市は，人口密集度の高い地域において各種の資料が残されているが，いわゆる地方の農村にあっては考古の資料によらなければならないことが多い。その場合，時代を特定する資料は主として土器・陶磁器であり，また墓標（埋葬）の類である。土器・陶磁器の生産地の特定は，経済的交流の実態を示し，それの編年の確立は時を明らかに定めることができる。考古学の研究においては土器の研究がきわめて重要視されるが，中世においても例外ではない。土器・陶磁器の編年は，そのまま中世史の考古資料の年代を計る物指しとなり，交易（ときとして貿易）の姿相を明瞭に物語るモノともなる。土器そして陶磁器の生産地の特定は，その消費地との歴史的関連を考察する資料ともなりうる。さらに，それらの分布は，当時における陸上・海上そして河川交通の復原を示唆することにもなる。土器・陶磁器とは異質の面もあるが，石造物の石材にも同様なことを指摘することができる。特定された原石材の産出地は，それをもって製作され，もたらされた地域との関係を空間的・経済的・社会的な紐帯を推察させ，また，信仰の対象物においては加えて信仰面の動態を考察する有用な手掛かりとなる。これら動いたモノは，人の手によって生産地と消費地とが結びつけられた結果として遺存したものであり，それの歴史的背景を物語っている。

　武士が歴史の表面に突出した中世は，武士の館—城館の存在を等閑視することができないことは勿論である。その型は，中世の前半と後半，とくに戦国期に入って大きく変容する。城館の実態は『日本城郭大系』（20巻，1979～81）の刊行により，全国的にほぼ明らかにされ，一方，地域ごとの行政主体によって悉皆調査が実施された結果，それのあり方が判然となってきた。しかし，まだ未知の戦国期城館が見出されることもある。城館の遺跡については，調査研究の基礎資料とでも称される刊行物があり，発掘された城館跡にあってはその報告書が公けにされている例もある。そこには従来の城郭史研究者による表面的観察を超えた所見——発掘された実態が盛られている。城館跡は多くの場合，終末期の状況が残されているが，発掘調査によって，その築造と推移と廃絶が客観的に具現される。そこに考古学としての資料把握の独自性が発揮されることになり，あわせて出土の遺物による生活の姿相を知ることができるのである。中世後半の時期，それは戦国の世とされてきているが，その時代を対象とする考古学を"戦国考古学"と呼称し，時代をイメージ化する表現を考えたことがある。戦いの世であったから，当然，"古戦場"と伝えられている場所が伝承され，そこには往々にして一過性の砦の構築物の痕跡が残されている例も決して少なくない。伝承されてきた戦場の地を考古学の方法で発掘調査する方向は一般化されていないが，その実現を期待したい。

　中世考古学は，歴史考古学の分野に包括されるが，かつての歴史考古学は仏教考古学そのものであったといっても過言ではない時期があった。そのため，中世の仏教考古学の研究分野の一つに石造塔婆の調査が位置づけられてきた。五輪塔・宝篋印塔・宝塔（多宝塔）・無縫塔・多重塔そして板石塔（板碑）の調査は広く実施されてきた。なかでも五輪塔と宝篋印塔と宝塔，そして板碑（板石塔）については，形態による編年観が確立され，用材（原石）の研究ともども全国的な調査が進展してきた。中世の前半と後半とでは，大勢としてそれらの大きさが異なること，15世紀～16世紀には各種塔形が地域的特性を有して分布していることなどが知られてきたことも中世考古学にとって大きな成果であった，ということができるであろう。

　仏教考古学の成果は，中世考古学の成果であり，そこに中世仏教史の史料を提供しているのである。

エピローグ

　以上，幾つかの例を挙げながら中世考古学について触れてきた。中世考古学には未開拓の分野が山積している。中世のあらゆる考古資料を対象として中世史を考えていくことが，今後の中世考古学にとって必要であり，さらに文献・絵画資料を参看し，新しい中世の考古学を確立することが，いま求められている。

第一部

戦国考古学のイメージ

● 戦国考古学のイメージ

戦国考古学の構想

立正大学教授　坂詰秀一
（さかづめ・ひでいち）

中世考古学の一分野である戦国考古学の対象は多岐にわたっているが、それらをすべて把握し正しく位置づける方法が望まれる

1　戦国時代とその実像の検討

　15世紀の中頃より16世紀の後半にかけてのわが国は、戦国時代とも呼称されているように戦乱の渦中にあった。戦国時代とは、改めて説くまでもなく、元来、中国・周代の威烈王の世より秦の始皇帝による統一までの間の動乱の時代を指した時代区分であるが、それに倣って日本の戦乱期をかく称している。

　わが国における戦国時代の時間的範囲については諸説あり必ずしも一定していない。応仁の乱の勃発(1467)をもって戦国時代の幕開けとする説、将軍足利義尚の死(1489)をもって戦国の世となると言う説は、戦国時代の上限を規定する考え方であり、一方、足利義昭が信長に奉じられて入洛した年(1568)をもって戦国の世の終息とする説、足利将軍家の滅亡の年(1573)をもって戦国時代の終末とする見解は、戦国時代の下限の拠所を考えたものであった。このほかにも多くの見解が公けにされてはいるが、大勢として1400年代の中頃より1500年代の後半にかけての間を戦国時代として把握しているのである。

　かかる戦国時代は、日本の歴史の展開上、多くの点においてエポックメーキングな時代であった。戦国大名による都市の形成は、自己の領地内における検地の実施、鉱山の開発、商工業の発達、さらには交通路の整備ともども前代と比較して飛躍的な進展ぶりが看取される。それは、城館の構築、武器の改良と量産面にも具体的に示されている。

　かねてより、戦国時代の実像は、文献史学の立場より鋭意究明され、鮮明な歴史像としてわれわれに映じてきた。しかし、それは必ずしも万能ではなかった。その顕著な事例を信長の叡山焼打ちの実相によって知ることをえたのである。

　元亀2年(1571)、織田信長の比叡山延暦寺攻撃は、根本中堂・大講堂をはじめ一山の堂宇を灰燼化せしめて、ときの宗教的権威を壊滅させた事件として史上に著名であったが、三塔各所の発掘調査の結果は、元亀の時期にはすでに山上に多くの堂宇がなく、その時点に存在していた根本中堂と大講堂の焼亡のみが確認されたにとどまったのである。信長による叡山攻撃は、元亀当時において延暦寺の象徴でもあった東塔の二つの中心堂宇を炎上せしめたものであり、一山全堂宇(四、五百余の堂舎)をすべて灰燼に帰したものではなく、攻撃の実際は、叡山の山下の坂本において行なわれたものであったことが明らかにされたのである。以上のごとく兼康保明氏によって分明にされた考古学的調査による比叡山焼打ちの実像は、従来のイメージを打破するところとなった。

　それは、現在の戦国時代の実像を考古学の方法によって再検討することが必要であることを示すところとなったのである。

2　歴史考古学と戦国時代

　かつての考古学は、先史・原史・有史(歴史)とする時代区分説に見られるように「史」(文献＝文字)の有無をメルクマールとして理解されてきた。研究の主対象時代は、先史時代であり原史時代であって、有史(歴史)時代はごく一部の分野が添え物的に位置づけられてきていたに過ぎなかっ

た。

　現在でこそ「考古学は，人類がその過去の全期間を通じて残した遺跡・遺物を対象として，人類の過去を研究する学問」（江上波夫氏）と言われているが，それは，40余年以前に浜田耕作氏が「考古学は，過去人類の物質的遺物（に拠り人類の過去）を研究する学なり」（『通論考古学』1922）と規定された定義と同一のものであり，決して最近における主張ではないのである。浜田氏によって説かれた考古学の常識的定義はその後も変わることなく現在に引き継がれてきている。ただ，現実的には，日本の考古学は，文献存在以前の研究を主とする方向が長く続いていた。

　歴史時代の研究が本格的に開始されたのはごく最近のことであり，それは古代にはじまり，中世にいたり，近代そして現代にまで及んできている。しかし，その揺籃を訪ねると注目すべき見解が提示されていたことを知るのである。1889年，鳥居邦太郎氏は『日本考古提要』を公けにし「有史考古学トハ事実的歴史ノ成存セル以後ノ考古学」であり「当時ノ考古学ハ尚ホ一層事実ヲ確カメンカ為メニ或ハ河内千早ノ城趾若クハ鎌倉ノ神社佛閣等ニ就キ実地ヲ考フルモノトス」と主張したが，これは中世の城跡を考古学の立場より研究の対象とすべし，と言う最初の提言であった。

　ついで1928年に石野瑛氏が『考古要覧』において「考古学は主として遺跡や遺物によつて過去の文化を研究するもの」であり，研究の対象は「直接或は間接に拘らず人類生活の凡ての痕跡」にわたり，「其の範囲は人類出現以来現代にまで及ぶべき」であると主張し，歴史時代を「文献記録の存する時代」と規定し「先史時代前期─石器時代」「先史時代後期─古墳時代」と対応させた見解を表明した。そして歴史時代の研究対象を次のごとく例示したのである。「1 皇室関係（都城阯・宮阯など）2 政治軍事関係（都市・国郡庁阯・古城阯・城砦・防塁・古戦場）3 祭祀信仰関係（古社寺・経塚など）4 学芸教育関係（聖廟など）5 社会事業関係（薬園阯・悲田院阯など）6 商工業関係（市場阯・窯跡阯など）7 交通土木関係（古関阯・一里塚・通路・橋梁・堤防など）8 外交関係（外国及び外国人関係の史跡）9 其の他（旧宅・苑池・井泉・記念碑・墳墓など）10 重要伝説地」。また，このほか「物具」として「器具・器物を用途の上より二十類に別つ」て列記した。この石野見解は，歴史時代の考古学において対象とすべき遺跡さらには遺物に対する注意を喚起したものとして注目されるであろう。

　1930年には佐藤虎雄氏によって『日本考古學』が著わされ，「考古学はいつも補助的のものではない。古代のみでなく中世・近世にあつてもその大部分は考古学によらなければ分らぬことがある」との観点より，歴史時代の研究対象として「墳墓・建築物（含瓦）・石仏・金石文・陶磁器・漆器・鋳銭と古阯・宮殿阯・神社・廃寺阯・経塚・邸宅址・井泉址・城郭・一里塚」などを挙げたのである。武相の地域史研究を推進していた石野氏，文献史学者の佐藤氏のかかる見解については，考古学界にあって重視されてはいないが，現在的視点より見て学史的に評価さるべきものであろう。

　それに対して，日本考古学の研究を主導していた後藤守一氏が1937年に公けにした『日本歴史考古學』は，以後における歴史時代の考古学研究に一つの拠所をあたえることになった。後藤氏が列挙した研究対象は，服飾・武装と武器・住宅と聚落・調度・銭貨・美術工芸・神社・仏教・墳墓に及ぶ浩瀚な内容を有するものであり，以後における歴史時代考古学の主対象となっていったのである。そこにおいて歴史時代を「物質的遺物と伴うて文献的資料も豊富」な時代とし，その特質として，(1)伝世品の存在すること，(2)分科的研究の必要なこと，(3)紀年銘などの銘文研究が重要なこと，(4)文献的資料の理解と駆使が要求されること，の4点を指摘したのである。

　このような後藤氏の見解は，1956年に刊行された石母田正氏との共編『日本考古学講座』第6・7巻歴史時代（古代）（中・近世）に引き継がれていく。

　現在，歴史時代の考古学は，以上のごとき諸先学の見解に立脚して細分科の傾向を示している。時間的に古典古代・中世・近世・近代の各考古学，分野別に神道・仏教などの個別考古学の研究が試みられ，長い伝統を有する仏教考古学の研究にも新しい視角が提起されつつある。

　近年とくに注目されている分野は中世考古学であり，文献史学の成果と一体化することによって新たなる中世史の構築を目指していると言えるであろう。

　1981年に「戦国考古学の成果」[1]と題して戦国時代における考古学的調査の近況について触れ，つ

いで1983年に「戦国考古学とはなにか」[2]を執筆した私は，歴史時代における個別考古学の一分野として"戦国考古学"の設定を考えている。

その後，戦国時代における遺跡の考古学的調査は累増し，城館跡をはじめとして戦国都市の調査をも試みられるようになってきた。中世遺跡の調査として普遍性をもっていた生産関係遺跡あるいは墳墓に関する研究も引き続いて実施され，各地出土の渡来銭の分析にも新局面が展開されている。また，中世遺跡より木簡などの木製品が検出され，出土文字の認識も可能となってきたのである。

これらの動向のなかでも，とくに顕著な展開は戦国城館跡に関する分野であり，そこでは城郭研究者・歴史地理学分野の研究者と考古学の研究者との活発な意見交換の場も設定され，個々の城館の築造された時点，その機能面の考察など多岐にわたる研究の整合と深まりがなされてきていることは，明日の戦国時代の実相認識にきわめて有用であると言えるであろう。そこには，戦国の世の象徴的な存在である城館の実態把握を通して，それぞれの地における戦国時代の具体相をトータルに知ることが出来ることを示している。

このように考えてくると，中世考古学の一分野でもある戦国考古学は，戦国時代を考古学の方法によってアプローチする個別考古学として理解されてくるであろう。

わが国の戦国時代が日本史上に占める特質的な面についてはすでに触れたところであるが，それを考古学の立場より研究を進めることによって，稔り多い文献史学の成果ともども新しい戦国時代相が構築されることを期待したいのである。

3 戦国考古学研究の一視角

戦国時代を象徴する遺跡は城館跡である。城館跡は，中世前半の居館的施設の時代的必然による構造体の変容であり，また，近世における城郭的施設の揺籃的機能面を有する遺跡として歴史的に把握される。ここにおいて城館として理解する施設は，平時における館と朝有事に際しての防禦的機能をもつ城の二面性を有する構造体を連想するものであり，さらに，館と城との空間的分離存在の例をも包括して考えることによって戦国の世における城館のあり方が想起されてくる。このような二つの型の戦国城館は，そこを中核として都市形成がなされている。家臣団の屋敷，手工業者の居住，信仰施設の存在などをあわせ同一空間内に位置せしめている戦国都市の型は，商業都市としての機能をもつ型の都市構成と並んで戦国時代における都市の特徴的な型として理解される。一方，都市の外延的存在でもある農・漁・鉱業などを主なる生業とする集落のあり方に対する認識も同様に必要であることは言うまでもない。

かかる広義の戦国都市に対する考古学的調査は，各地の戦国大名の居住域において試みられはじめている。城郭研究者による城館跡の現状観察にもとづく調査の成果は，その本来的機能の把握を念頭においての研究視角を有するものであり，その意義は高く評価される。それに対して発掘調査を基盤とする考古学研究者の城館跡調査の視点は，城館の構築時点における状態とその後の形成過程をも個別実証的に明らかにする方向性をもっている。そこにおいては，表面的調査を超えて多くの知見を得ることが出来るのであり，遺跡としての城館跡把握が可能となってくる。城郭研究者と考古学研究者との協同調査が期待されるゆえんはまさにこの点に在ると言えよう。それに加えて文献資料の探索と研究，さらには絵画（絵巻）資料の活用によって，戦国時代のイメージを鮮明に把握することが出来るのである。

以上，戦国考古学の主テーマの一である城館跡と都市についての研究視角の一端についてごく一般論的に触れてきたが，舶載陶磁器など出土遺物の検討によってさらなるイメージの深まりとなって顕現されてくることは言うまでもない。

要するに戦国時代の実態をより明らかにする方法の一つとして"戦国考古学"の視点を定めることは有用であると判断されるのである。

戦国考古学において対象とされる資料は多岐にわたっている。いまそれについて逐一的に列記する余裕とてないが，戦国時代と言う時間内における物質的資料[3]のすべてを把握し，それを関連する分野の成果ともども歴史的に位置づける方法の確立がとくに望まれているのである。

註
1) 拙稿「戦国考古学の成果」歴史と人物，110, 1981
2) 拙稿「戦国考古学とはなにか」歴史と人物，141, 1983
3) 古戦場の考古学的調査はとくに重要である。その研究の新しい方策の検討が期待される。

● 戦国考古学のイメージ

戦国考古学の視点

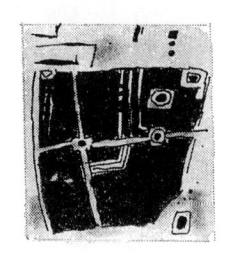

戦国考古学はどういった視点からとらえられなければならないだろうか。文献史学から、そして都市、城館の面から考えてみよう

戦国史研究における考古学の役割／戦国時代城下町の諸相／戦国期城館研究の問題点

戦国史研究における考古学の役割 ── 小和田哲男
静岡大学教授
（おわだ・てつお）

戦国時代の考古学はまだ若い分野だが、その役割は大きいだけに
これまで文献史学が果たした成果を踏まえた発掘が要求されよう

　元亀2年（1571）9月12日、織田信長は、軍勢を坂本から比叡山に攻めのぼらせ、堂塔坊舎ことごとくに火をかけ、僧俗男女3,000～4,000人を斬りすてている。有名な、信長の叡山焼き討ちである。

　『信長公記』といった後の叙述ではなく、山科言継の『言継卿記』や、『お湯殿の上の日記』といった同時代史料にその一部始終が描かれているため、これに疑いをさしはさむ者は一人もいなかったといってよい。前代未聞の大殺戮として、また、信長の性格を論ずる際にもよくひきあいに出される事件である。

　ところが、近年、滋賀県教育委員会によって延暦寺の発掘調査が行なわれた結果、山上の建造物は、すでに元亀2年以前にほとんど朽ち果てていたという事実が明らかになったのである。焼き討ちにあったはずのところに焼土層がなく、また、出土した遺物の年代観からしても16世紀前半までにはほとんどが廃絶していたという。

　文献史学が明らかにしてきた「史実」と、発掘調査によって浮き彫りになってきた「史実」と、これほど大きな食い違いが生ずる例は稀かもしれない。しかし、この例は、考古学的調査研究が、文献史学によって作りあげられてきた従来の通説を書きかえるという、一つの象徴的なできごとであったといえよう。

　考古学が戦国時代にまで幅を広げてきたことにより、戦国史研究は新たな段階に突入したといっても過言ではない。

1　城館址の年代確定

　戦国関係の発掘調査としては、寺院・宗教祭祀、集落・荘園、古窯跡をはじめとする産業遺跡などさまざまあるが、やはり群を抜いているのは城館址の発掘である。量的に発掘例がふえるとともに、比較研究が可能となり、新しい成果があげられるようになってきた。

　一つには、陶磁器からの編年作業が急速に進んだことである。陶磁器の編年的研究が進んだため、発掘によって出土した陶磁器によって、城館の存続年代や主体年代（最盛期）がかなりの精度で明らかにされるようになったのである。

　また、遺構のきりあい関係から年代が推定されるようになり、従来不明であった城館の存続年代が明らかになったという例は多い。それとともに、従来は南北朝期の城とされていたものが、遺物の年代観から戦国期の城であることが判明したり、早くに廃城となったと思われていたものが、

13

その後も使用されていたことが明らかになるというケースもあった。ここでは具体例として一つだけあげておくことにしよう。

浜名湖の北に千頭峯城（静岡県引佐郡三ヶ日町摩訶耶城山）という南朝方の城がある。この城は大福寺所蔵の「瑠璃山年録残編裏書」に、暦応2年（1339）のこととして、「同十月卅日、千頭峯城追落畢」と記されており、北朝方の高師兼らによって攻め落されたことが明らかである。

その後、千頭峯城が利用されたことを示す史料はなく、暦応2年に廃城になったものとし、遺構も南北朝期のものと考えられてきた。ところが、昭和58年1月から2月にかけて発掘調査が行なわれ、陶器16点、磁器1点、土師器69点が出土し、とくに陶器は、天目茶碗・擂鉢などで、これが瀬戸大窯I期に相当するものであることが明らかとなったのである。瀬戸大窯I期は16世紀初頭に位置づけられるため、少なくとも、千頭峯城は戦国期にも再利用されたことが動かしがたいものとなった[1]。

これまでは、「南北朝期の城」ということで見すごされてきたが、あらためて「戦国期の城」という眼で遺構を見なおしたところ、戦国期の特徴を示す遺構が次つぎに姿をあらわしはじめたのである。城館の年代確定に考古学が大きな役割を果たした好例といえよう。

2 戦国合戦の実相

戦国時代は、それこそ文字通り、合戦が日常的だった異常な世界であったわけであるが、最近の研究により、信長・秀吉による兵農分離以前は、軍兵の圧倒的大多数は専業武士ではなく、大量動員された農民だったことが明らかにされてきた。専業武士対農民の比率は1：9ではないかとさえいわれている。

そして、10%の専業武士が男子であることは当然とし、90%を占める農民も全員が男子であるとする暗黙の了解があった。たとえば、小牧・長久手の戦いのとき、徳川家康が駿河の郷村から農民の根こそぎ動員を命じた文書[2]があるが、それには、「十五をはじめ、六十をかぎり」とあり、天正15年（1587）、後北条氏が郷村に農民の大量動員を命じた文書[3]には、「十五、七十を切而……」とあり、家康の場合には15歳から60歳まで、後北条氏の場合には15歳から70歳までの農民が徴発されている。

男子とか女子の区別が記されてはいないが、これら徴発された者は男子だと考えてきた。女子が合戦にかりだされるなどとは考えてもみなかったのである。各種の軍記物にも、軍勢の数は記すが、それに女子が含まれていたなどとは書かれているのを読んだためしがない。合戦図屛風をみても、戦っているのは男ばかりである。

ところが、考古学的知見によれば、合戦には女子もかりだされていたことが明らかである。これまでの、「合戦は成人男子がやっていた」という暗黙の了解は再検討が必要ということになる。

沼津市の千本松原に首塚があり、その調査が行なわれており、最低105体の遺体が発掘されている。調査にあたった鈴木尚氏によると、後北条氏と武田氏との戦いで戦死をした人を埋葬したものという。注目されるのは、男子と女子の比率が2対1、つまり、3人に1人は女子の骨だったという点である[4]。しかもそのうちの女子の頭蓋骨からは、逃げるところを後から銃撃されたことがわかるものもあった。女子も戦闘にまきこまれていたことは確実であり、この千本松原の戦いが特異な例というわけにはいかないと思われる。

合戦ではないが、城にとじこめられていた人質の女子が殺されたという例もある。東京都の葛西城（葛飾区青戸）は、昭和47年から発掘調査が進められており、昭和57年の調査のとき、堀底と土壙から人骨が数体出土しているが、そのうちの一つは若い女性のもので、頭蓋骨には、後頭部から刀で斬られた痕があった。

葛西城には、里見氏との戦いを前にして、後北条氏が家臣の妻子を人質に取っており[5]、何らかの事情で、それら妻子の一人が斬殺されたのかもしれない。とにかく、戦国時代は、男子だけでなく、女子にもつらく、きびしい時代であったことが明らかになってきたわけである。

戦国合戦というと、武具も重要なポイントになるが、刀や槍、旗指物や甲冑などは、それぞれ伝世品も多く、それなりに研究は進められてきた。消耗品である鉄砲玉も2匁5分玉とか3匁玉とか、それぞれの大きさごとの伝世品があり、あまり問題とされることもなかった。

ところが、各地の発掘調査現場から鉄砲玉が多数出土してくるにつれ、これまでの常識的理解はくつがえされることになったのである。一つは、

鉄砲玉が鉛玉だけとは限らなかったという点で，もちろん，出土品を量的にみれば鉛玉が圧倒的に多いが，それ以外に，鉄玉・鉛青銅玉，さらには陶器玉なども発見されており，鉄砲玉イコール鉛玉というこれまでの理解は改めていかなければならない。

それともう一点注目されるのは，鉄砲玉の大きさがまちまちだという点である。3匁玉なら，ほぼ3匁であるが，大きいものもあれば小さいものもある。私などは，「火縄銃は一回撃てば筒の中が火薬でつまり，次第に小さい玉を使っていったからであろう」などと勝手な解釈をしていたわけであるが，どうやらそれは思いちがいだったようである。

当時の火縄銃は，銃口の大きさがそれぞれの鉄砲によって微妙にちがっており，鉄砲使用者は，それぞれ自分の鉄砲にあった玉型をもっていて，それで玉を作っていたと考えられるのである[6]。事実，東京都の八王子城址や福井県の一乗谷朝倉館址から鉄砲玉の鋳型や鉛棒など，鉄砲玉製造工程をうかがえる遺物が出土している。

3 生活・文化へのアプローチ

城館址の発掘調査が進むにつれて，おびただしい数の出土品が姿をあらわしたため，すでに述べたように，陶磁器の編年研究が急速に進んだが，それとともに，もう一つ大きな変化があらわれてきた。伝世品の少ない，当時の日常生活の様子を物語る品々が出土してきた点である。

刀や槍，甲冑などの高価な，そして貴重品と思われていたものとはちがい，ふだん日常的に使っていた椀だとか箸，折敷などの食器，櫛や扇・下駄などの装身具・履物などをはじめ，人形とか祈禱のための札など，それこそ，日常生活そのものを示す品々が出土してきたのである。これらの中には使い捨てになったものが多く，また，化粧道具一つをとってみても，著名な大名家の姫君とか奥方のものは彦根の井伊家などの伝世品のなかにみられるが，下級武士の人びとの生活ぶりをうかがうことのできる伝世品は皆無といってよかった。そうした，文献や伝世品では得られない，当時の生活，文化についての遺品が多く得られるようになったことの意義は大きく，戦国史，とくに民衆生活史の分野の研究を飛躍的に発展させることになった。

民衆生活史的な面でいえば，城館址の発掘だけではなく港であるとか都市の発掘なども大きな成果をあげてきており，福山市の草戸千軒遺跡の発掘や，島根県の月山城下の広瀬川の河原床遺跡から得られた日常生活用具などは，これまで絵画資料でしか知ることのできなかったような品々が，具体的な遺物として，手に取って研究ができるようになったわけで，この分野での研究に大きな役割を果たしているといえよう。

ただ，これは私の個人的な印象であるが，戦国期村落が掘り出されるというケースが意外と少なかったように思われる。戦国村落の跡地にまで開発行為の波がおよんでいないということも一因かもしれないが，それとともに，戦国村落がこれまで埋蔵文化財包含地として理解されてこなかった結果であろう。城館址の発掘だけではなく，戦国村落の発掘もなければ，トータルな戦国史の考古学的研究とはなりえない。

しかし，数が少ないとはいえ，戦国村落の発掘

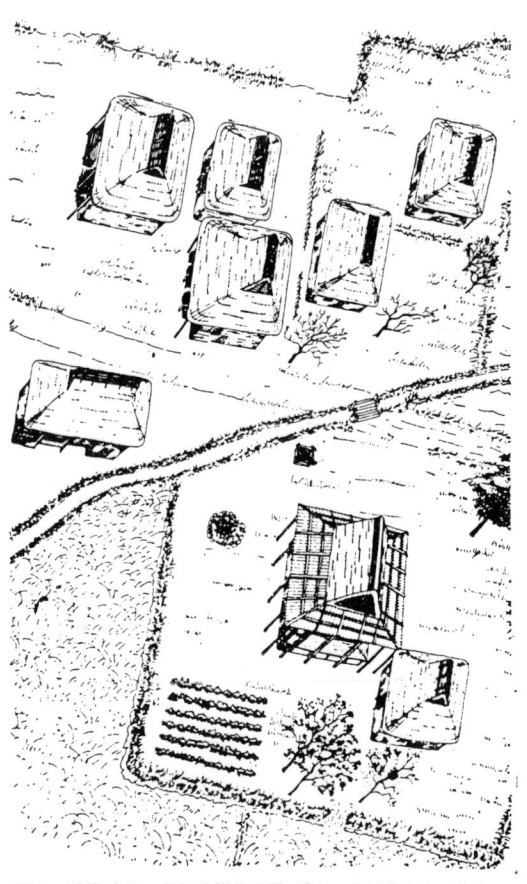

図1 戦国時代の農村遺構復元図（『山口県埋蔵文化財調査報告書』第53集 下右田遺跡第4次調査概報より）

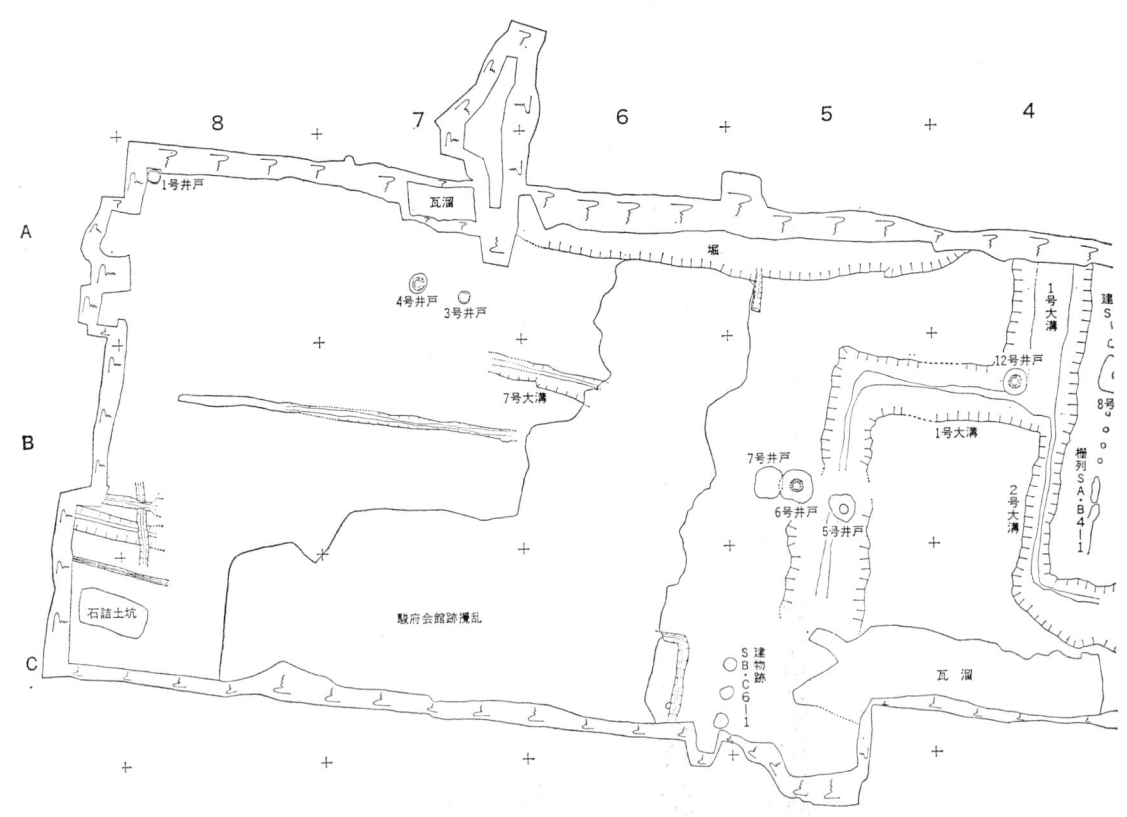

図2 今川館とみられる遺構平面図（『静岡県文化財調査報告書』第37集　駿府城跡内埋蔵文化財発掘

調査がこれまで全くなされてこなかったわけではない。たとえば，山陽自動車道・防府バイパス建設にともなって，昭和54年度に発掘調査が行なわれた，山口県防府市下右田および高井の下右田遺跡は，弥生時代から戦国時代までの複合遺跡であるが，戦国期の農民の家がかなりの数掘り出されており[7]，戦国期の農民諸階層の解明と，農民生活の実態究明にとって，さまざまな材料を提供している。こうした例を今後さらに積み重ねていくことが必要である。

ところで，戦国城館址研究にとって厄介な問題の一つに，城・館・砦などの呼称の問題がある。これまで，城郭史研究の立場からは，近世軍学者の所説を援用するのがせいぜいであったが，考古学的立場から，出土遺物の有無，つまり，日常生活用品をともなっているような場合は，砦といわれてきたものでも，館と解すべきだという指摘がなされている[8]。城郭史研究に一石を投じたというべきだろう。

4　遺構・遺物のもつ重み

「このあたりにあったはずだが……」といわれながらも，地表面上は大きく改変され，かつての実態が全くうかがわれないというケースは多い。たとえば，京都の南蛮寺の場合，すでに今から60年も前に，南蛮寺の址は，京都の姥柳町，蛸薬師通の北側にあったという指摘がなされていた[9]。しかし，そこは人家が建ちならび，地下遺構を確かめることはできなかったのである。

ところが，昭和48年の春，その推定地が同志社大学文学部文化学科考古学研究室によって発掘調査され，礎石や，宣教師の姿を描いた線刻絵のある硯などが発掘され[10]，文献史学による推定地のところが，南蛮寺のあったところとして確定されたのである。

私が直接関係したところとしては，静岡市の今川館の例がある。ここも，現在の駿府公園，すなわち，近世の駿府城の一面に駿府今川館は埋もれていると考えられながら，確証となるようなものは一つもなく，「幻の今川館」などといわれてきた。

ところが，駿府城二の丸馬場跡に県立美術館が建てられるということになったとき，事前の遺構確認のための発掘調査が行なわれることになっ

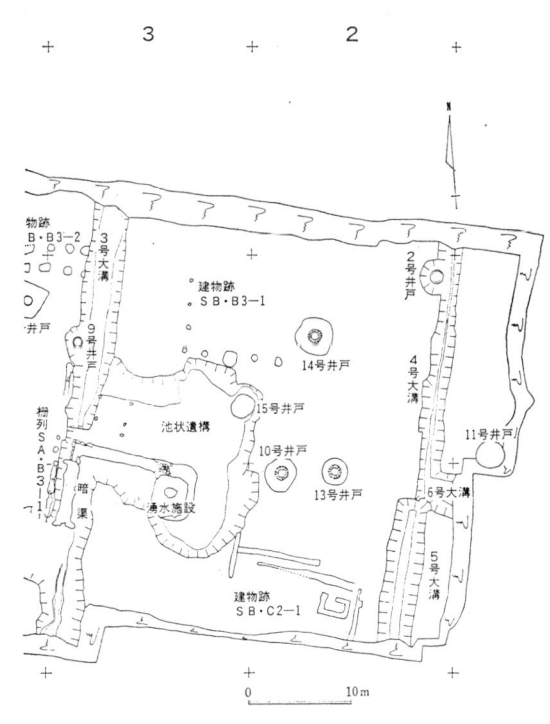

調査報告書より

た。江戸時代のレベルは，馬場跡といわれる通り何もなかった。しかし，その下を掘ったところ戦国期の遺構・遺物が次つぎと姿をあらわしはじめ[11]，遺物の年代観から16世紀前半のころのものと判明した。

もちろん，県立美術館の建設用地ということで7,000 m² という限られた範囲の発掘調査だったため，そこが今川館の一部なのか，あるいは今川館のまわりに築かれた重臣屋敷の一部なのかを決めることはできなかったが，広い意味での今川館の一部と考えることはできる。結局，市民レベルの保存運動が盛り上がり，県立美術館は他に用地を求め，発掘調査地はいったん砂で埋められ，保存がはかられることになった。

そのほか，発掘調査によって，それまで城郭史研究者が描いていた縄張図（グランドプラン）の誤まりが明らかになったり，言葉として「堀障子」とか「障子堀」などと文献や地名として伝承されながら実際にはどのようなものかわからなかったものが，静岡県の山中城や長久保城，神奈川県の小田原城などの発掘調査によって具体的な形として姿をあらわしており[12]，これなどは，現状で目にすることができる畝堀はだいぶ埋まってしまっていたため，発掘調査によって，やっと本来の形が判明したといってもよい。

現状でははっきりしなかった二重の犬走りが，発掘調査によってはじめて明らかになったという例もある[13]。

5 おわりに

戦国時代の考古学は，まだ若い研究分野である[14]。縄文・弥生，さらには古墳時代のような蓄積というものがない。戦国時代を掘ることは，文字通り「手さぐり」といったところが実情である。

以上述べてきたように，戦国史研究において，考古学の果たす役割は大きい。それだけに，これまで文献史学が明らかにしてきた成果を踏まえた発掘調査というものが求められていることはいうまでもない。

註
1) 三ヶ日町教育委員会『千頭峯城跡』1983
2) 「原川文書」『静岡県史料』第3輯（798頁）
3) 「小沢秀徳氏所蔵文書」ほか『神奈川県史』資料編古代中世3下（1125頁以下）
4) 鈴木　尚「沼津千本松原の首塚」本，1988年8月号（35頁）
5) 「古文書」二『神奈川県史』資料編古代中世3下（483頁）
6) 三島市教育委員会『史跡　山中城跡』1985（272頁）
7) 『山口県埋蔵文化財調査報告書』第53集　下右田遺跡第4次調査概報，1980
8) 山本雅靖「友生谷中世城館小考―小地域における中世城館の地域間格差をめぐって―」信濃，38-3，1986（184頁）
9) 柴謙太郎「京都南蛮寺の位置推定に依る二三史実の解明（その二）」歴史地理，52-5，1928
10) 同志社大学文学部文化学科考古学研究室『京都市中京区姥柳町遺跡（南蛮寺跡）調査概報』1973
11) 『静岡県文化財調査報告書』第37集，駿府城跡内埋蔵文化財発掘調査報告書，1983
12) 拙稿「後北条氏築城技法の特色―いわゆる障子堀を中心に―」郷土神奈川，19，1986
13) 堀之内大台城発掘調査団『堀之内大台城発掘調査報告書』1985
14) ここ10年間，急に戦国史関係の遺跡が発掘調査されるようになったことについては，静岡県下の事例を中心に紹介した拙稿「静岡県戦国城館址の考古学的研究」『静岡大学教育学部研究報告』人文・社会科学編37，1987，を参照されたい。

戦国時代城下町の諸相

福井県立朝倉氏遺跡資料館
■ 水野 和雄
(みずの・かずお)

戦国時代にも城下町が実在し，その建設が計画的かつ大規模なものであったことは一乗谷朝倉氏遺跡の調査ではじめて明らかになった

1 都市の発掘

都市ですぐに思い浮かぶのは，建都1,200年の伝統をもつ日本の政治・経済の中心平安京であろう。しかし，この平安京も応仁の乱の大火によって，戦国時代はそのほとんどが田園と化していた。高橋康夫氏が『京都中世都市史研究』で明らかにしたように，堀や塀という「構」で囲繞された上京・下京2つの集落が，出入口を釘貫，櫓門によって防塞され，わずかに室町通という1本の南北道路によって連絡しているというような，公家と町衆の超過密化した変則的な都市構造であったようである。

平安京がこのような状況の中で，それでは日本では，他にどのような戦国都市が形成されていたのであろうか。博多や兵庫の津，堺環濠都市などの港町をはじめ，根来寺や山科，石山本願寺などの門前・寺内町，周防毛利氏，越後上杉氏，甲斐武田氏などの戦国大名が領国支配の拠点とした城下町などが上げられよう。最近では，戦国時代の都市の発掘も増加しつつあり，加えて鎌倉時代の諸都市や，安土・桃山時代以降の近世都市の発掘成果にもめざましいものがある。今後は，これらの資料を考古学的方法によって比較検討し，戦国諸都市の様相を多角的に解明していく作業が残されているといえよう。ここでは，福井県に所在する特別史跡一乗谷朝倉氏遺跡の20数年におよぶ発掘成果を中心に据え，越前の戦国大名朝倉氏が5代103年間にわたって構築した「戦国時代の城下町」の都市構造の一端について言及してみたいと思う。

2 バイパスの整備

平安京をはじめ，古代の国府，駅，中世鎌倉市街や滋賀県安土町観音寺城，敦賀市金ケ崎城，南条町杣山城などは，古代からの北陸道や中山道など主要幹線道を眼下に見降ろす交通の要衝の地に位置しているのに対して，戦国時代になると朝倉氏は，北陸道と今庄町鯖波で枝わかれし，かつて越前守護であった斯波氏の拠った国府を通過しないで，東の山際を北上し，東大味で一乗谷城下町に至る大手道に接続する「朝倉街道」を普請したと考えられる。朝倉氏は，永正年間頃から北陸道はもとより，惣国道橋普請事業に着手したとみられているが，この朝倉街道も，この頃に整備されたようである。戦国時代には，近江の浅井氏も北国街道から小谷城下町へ「北国脇往還」というバイパスを，織田信長も，中山道から安土城下町へ「朝鮮人街道」をそれぞれ新しく普請しており，戦国大名の，城下町建設にかける意気込み，さらには道普請に対する思考の一端を知ることができる。

3 城下町の広がり

朝倉氏遺跡は，昭和42年の発掘開始時までは，暗く辺鄙な所にある「戦国村」であり，織田信長によって滅ぼされた一地方武士の廃墟のイメージで語られてきた。特別史跡に指定された昭和47年頃には，朝倉館跡を中心として，東山上の一乗谷城と西の御茸山，それに上・下城戸で防御された狭い谷の中に，家臣の屋敷や寺院が散在する「山下」あるいは「根小屋」と認識されるまでになった。昭和51年の瓢町の調査，53年の平井地区の調査では，道路遺構に面して整然と区画された町屋が相ついで発見されたことから，戦国時代にも城下町が実在し，その建設が計画的で，かつ大規模なものであったことが判明したのである。従来，松本豊寿氏などが地籍，古絵図，文献などの検討を通じて主張された「戦国期城下町」の実態が，ここ一乗谷の調査ではじめて明らかになった意義は，はかりしれないものがあるといえよう。

現在，延べ約7万m²におよぶ発掘調査の結果，一乗谷城下町の広がりについて，新しい見解も提出されるようになり，指定地拡大の声も出はじめつつある。その見解とは，昭和47年の特別史跡278ヘクタールという範囲からは，はるかに広範

囲なものとなっており，東は一乗谷城（この城は朝倉氏の本城である。遺構を詳細に検討すれば，城下町側の防御は手薄で，東側は無数の堅堀によって防御されていることがわかる。このことから，この城でもって城下町の東の境と考えることができよう）の位置する一乗城山を，西は福井平野からの攻めに対して設けられた東郷槇山城で防御された朝倉街道を，北は成願寺城を，南は三峰城をそれぞれ境とする東西約4km，南北約7kmの範囲が考えられるようになったことである。さらに，この城下町の東北隅，武者野地籍では火葬場の跡が発見され，また，西南隅の慶楽地籍でも骨片が多く採取されるなど，一乗谷城下町の外辺に火葬場が経営されている実態も明らかになってきている。

4 戦国城下町の景観

昭和60年夏，朝倉氏遺跡資料館では，第51次発掘調査で，一塊の炭化した紙片を検出した。調査員の清田善樹（現在は岐阜教育大学勤務）のその後の追跡調査によって，中国金・元時代の医学書『湯液本草』の断簡であることが判明した（『朝倉氏遺跡資料館紀要 1987』）。この紙片の出土した屋敷は，東西道路遺構の南に位置した地口14.5m，奥行33.7mの敷地を有する中規模程度の屋敷で，土塀の西北隅には薬医門が開かれていた。敷地北辺には，建物と土塀との狭い空間に，砂利を敷き，所々に巨石を配した坪庭が作庭されていた。この屋敷から出土した青白磁梅瓶，青磁片口鉢，壺，香炉，乳鉢，盤，白磁皿などが，13・14世紀頃の古手の優品であったことから，骨董品の収集を趣味としていた「医者」の屋敷であることが想定できたのである。このように，遺構や遺物から屋敷の主の職種などが判明できる例は，ごく限られてはいるが，それでも徐々に明らかになってきている。まず，朝倉5代目城主義景の館をはじめとして，当主に関連した館群，越前各地からこの一乗谷城下町に集住させられてきた家臣たちの武家屋敷群，寺院跡，さらには商人や職人たちが住いした町屋群などが，一乗谷の山や川ぎりぎりの所までぎっしりと建てられている様子は，『洛中洛外図屏風』に描かれた景観に優るとも劣らないものであったといえよう。

これらの屋敷や寺院，町屋は，一乗谷城下町の中を縦横に走る道路に面して整然と配置されている。道路は砂利敷で，幅員に4種類の規格のあっ

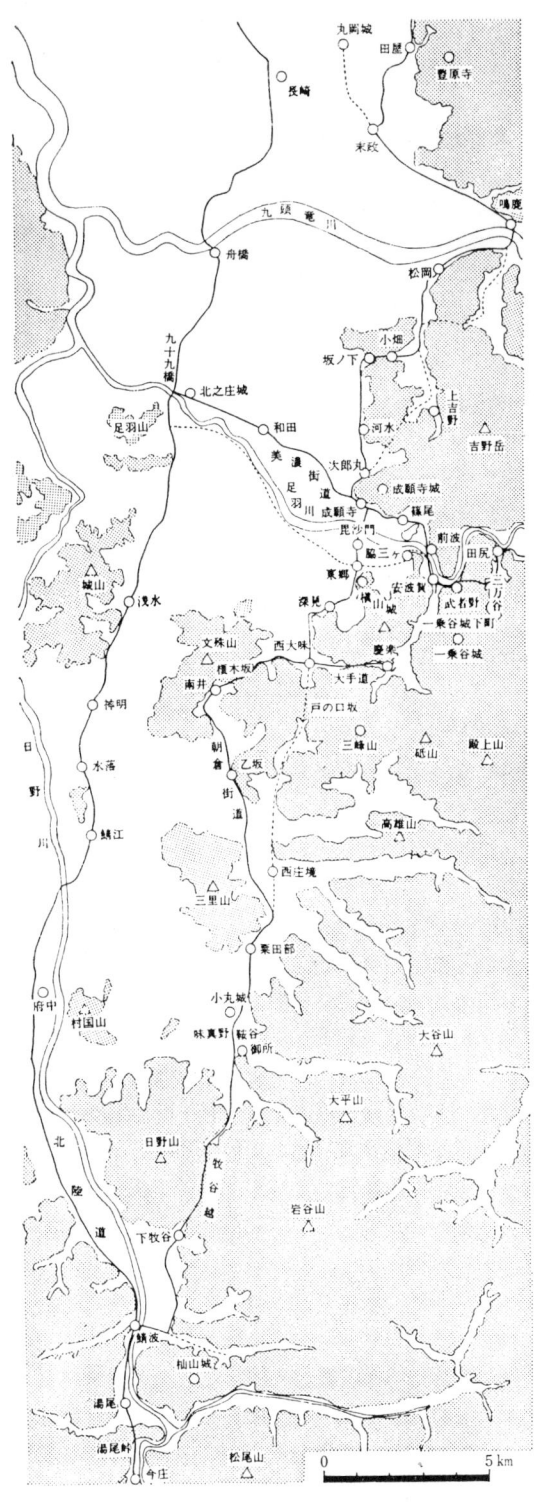

朝倉街道要図
（『朝倉氏遺跡資料館紀要 1987』より）

たことが指摘されている。最大幅は 8.5m，最小幅は 1.5m のものであるが，大手道の石畳が 2m 幅であることや，武家屋敷の門幅に 3m のものが多く，山城へ登る道も 3m と考えられることから，「公道」としての最小の竿(さお)は 2〜3m の基準であったことが想定される。平行する道路と道路との距離を計測してみると 30・45・60・90・120m など，30m＝100尺を1つの基準として都市が作られていることも判明してきている。さらに，道路は，所々に矩折(かねおれ)や遠見遮断（直線道路のある地点でゆるやかな角度をつけることによって，遠くからは一望できないようになっていること），あるいはT字路という，道の機能そのものにとっては，不合理な，しかし防御面では必要不可欠な施設も出現しており，これらは近世城下町建設の際にも引き継がれていったものと思われる。

朝倉義景館跡は，三方を土塁と外濠で防御された敷地面積 5,600m² の館で，常御殿を中心に，主殿，会所，茶室，台所，厩，蔵など17棟の建物が，晴と褻(け)を意識して配置されており，柱間寸法は，基本的には 6尺2寸と 6尺2寸5分のものが用いられていることも明らかとなった。この館は，さながら『洛中洛外図屏風』の細川管領邸とよく似たものであったとすることができよう。

武家屋敷跡は，平井地区で発掘調査の結果をもとに復元した武家屋敷を例にして述べると，計画的に縄張りされた区割りに従って土塁を巡らし，幅 3m の棟門を開く。中央には，主家，その北側には蔵をはじめ，納屋，井戸，便所などの日常生活空間が配されている。主家の北半分は，主人たちの寝所となる納戸，食事の仕度をする土間となっており，井戸や洗い場，囲炉裏などが設けられている。南半分には，6・10・8畳敷の3室が検出できた。柱は，台鉋で削られた，一辺 13.5cm 前後の桧材が用いられ，柱間寸法がかなり正確である所から，室内全面に畳が敷かれていたことが想定された。敷居も3本溝のものが出土していることから，舞良戸とよばれる引戸と明障子を併用していたことがわかる。主家の東南隅には，土塁との間に小さな築山の坪庭を配した1間半四方の茶室も建てられていたことが明らかとなっている。

寺院跡は，八地谷から北の山裾にかけて寺院が5つほど並んだ所がある。そのうちのサイゴー寺は，南北 30m，東西 45m の規模で土塁をもつ。敷地中央部には，南面する方丈の本堂が位置して いる。サイゴー寺の南隣りの寺院では，墓地と柿経(こけら)の束，卒塔婆などが出土し，都市における市中寺院の様相が，具体的に明らかとなってきた。

町屋跡は，現在までに約200軒検出されている。平井地籍の町屋群を例にとれば，道に面して一辺 30m四方の縄張りを基準として，それを短冊形に 2×5軒の計10軒分に敷地割りしていることが判明している。1軒は，地口 6m，奥行 15m の敷地が平均で，間口2間×奥行3間の妻入り屋根の建物が1棟建てられ，敷地奥の裏庭には，簡単な屋根構造の便所が設置されている。町屋を発掘していると，越前焼の大甕が10〜35個も建物内に所狭しと埋められている例や，水晶の数珠玉，その未製品，玉砥石などが出土する場合がある。このような例は非常に少ないが，それでも一乗谷城下町の中では，大甕をもつ紺屋あるいは油屋，酒屋をはじめ，数珠師，鋳物師，鍛治師，鉄砲鍛治師，桧物師，かわらけ作，左官などの職種が判明している。町屋に住いし，道に店棚を出して商いをする商人や，一日中，家の中のうす暗い土間で仕事に励む職人たちの当時の生活の一端をうかがい知る貴重な資料といえよう。

5　くらしの復元

万をくだらない人々が生活していたといわれる一乗谷の城下町からは，当時の生活用具のすべてが出土しているといっても過言ではない。日常使用された調理・貯蔵・食膳具などの多量の陶磁器をはじめ，暖房具，灯火具，化粧道具，履物，工具類，さらには茶の湯や生け花，聞香などに使用された座敷飾，硯や墨などの文房具，羽子板や賽子，黒漆書きの将棋の駒などの遊戯具，また鉄砲玉や冑の前立などの武器・武具類，3,000体の石仏・石塔や12,000枚にもおよぶ柿経の束などの宗教遺物など，ありとあらゆる品々が 400年の歳月を経て私たちの前に何かを訴えかけるかのように検出されている。私たちは，これらの遺構・遺物から，中世戦国期の民衆のくらしの諸相を明らかにするとともに，歴史学の中に，考古学的成果を正しく位置づける作業をこれからも続けていかなければならない。

戦国期城館研究の問題点

豊島区立郷土資料館
■ 橋口定志
（はしぐち・さだし）

> 考古学からの中世史研究は遺跡群としてのとらえ方が必要である
> が，最も所在をとらえ易く，時代の特徴を示すものは城館である

「上椙左馬助宝徳二辛未歳，下国而長尾上野入道仁切腹，其子実景為他国，一国之動揺ナリ，此時誘鶏冠城，彼要害者大郎資持之後，曽祖父茂資為閉籠，其中間一百二年，今度房資再興スル者也享徳二癸酉，於子孫不可捨者也，」

(享徳3年4月28日「中条秀叟（房資）記録」)

越後国奥山荘の一角を拠点とする国人領主中条氏の当主房資の書き残した記録の一条に上記の記載がある。1423（応永30）年に勃発した越後一国争乱を経て三浦和田一族の惣領制崩壊の渦中にあった中条房資は，久しく使われていなかった鶏冠城を1453（享徳2）年に再興するとともに，それを「子孫は捨ててはいけない」と記したのである。15世紀半ばに至り，恒常的に機能する城郭を持つ必要性が越後中条氏において認識されることになったと言えよう。最近，この「中条秀叟（房資）記録」および1466（寛正7）年「真壁朝幹置文」の2例を取り上げた斉藤慎一氏は，「15世紀という時代は各地の在地領主たちが自己の本拠としてつねに維持される城郭（特に山城）の必要を認識した時代であった」とした[1]。

中条・真壁両氏が恒常的な城郭を構える必要性を認識した15世紀後半の東国は，享徳の乱を中心とした戦乱の渦中にあった。「戦国城館」の時代は，まさにこのあたりから始まるのである。

しかし筆者は，戦国期城館を巡る研究自体が，個別的に独立して取り上げられるべきではないと考えている。そこで，本題に入る前に，中世城館研究全体にかかわる問題点について，まず私見を述べておきたい。

1 中世城館研究と考古学

考古学の立場からの歴史研究は，何よりも地域史研究がその出発点となる。そして，一定地域の詳細な遺跡分布調査に裏打ちされた発掘調査の成果が戦後考古学の内容を豊かで稔り多いものとしてきた事例を，わたくしたちは数多く知っている。だが，そうした成果の結実は，中世をその研究対象とする分野では，近年に至りようやくその力を発揮し始めたという段階にある。しかし，それは研究史的現段階の状況であり，決して考古学からの中世史研究が地域史研究の視座を放棄していたわけではない。

その意味でも「遺跡群研究」は，原始・古代のみならず，遺跡がさらに多様なあり方を示す中世にも敷衍されるべきである。一方，そうした中世遺跡群を形成する諸遺跡の中で，最もその所在を捉え易く，また時代の特徴を最も良く示している遺跡として城館がある。中世城館は，文献の残されていない地域においてもその存在意義を的確に評価していくことにより，その地域における中世史研究の核としての役割を担うことが可能となるだろう。同時に，城館の担った歴史的な役割についても，まず個々の地域の歴史に則して理解していくべきと考える。そうした認識の上に筆者自身も「地域史研究の軸として，中世城館研究の持つ意味を過少評価することは危険」であると指摘したことがある[2]。

同時に，中世城館は「地域におけるある階級の他の階級に対する支配の拠点であり，その具体的な在り方を示す」とも述べた（前掲）。これは，各城館に残された諸遺構の様相が，その城館の構築主体者がどのような形で認識される「地域」をどのようにして把握しようとしたかという，最も土地と密着した部分でのあり方から政治史的評価に至るまでの多様な役割を含め，それを何らかの形で反映しているという見通しを述べたものである。つまり，戦闘状況下（もしくは軍事的緊張下など）にある城館の役割だけではなく，日常的な生活の場面での「地域支配の拠点」としての城館の役割をも踏まえる必要があることを指摘したつもりだった。城郭（とくに山城）が日常的に必要であると意識されるようになるのが15世紀に入ってからという，冒頭に紹介した斉藤氏の論をも見据えるならば，そうした日常的支配の拠点としての城館の諸機能をも明らかにしていかなければ，中世全体

21

を見通した城館の存在意義を見出すことはできないだろう。以上のように考える立場からすると，中世における「軍事」的な諸側面が，当時の支配の論理の中でどのように位置づけられるかが明確にされなければ，「軍事施設」としての「城郭」の存立意義のみを抽出することは危険であろう。これは，「軍事施設」としての城館の役割を全面的に否定するということではない。地域支配のひとつの「手段」である「軍事」的側面のみが一人歩きすることにより，地域支配の多様なあり方を見失いかねないのである。

　ところで別に，従来の城郭研究の水準は「敗戦前の要塞研究の枠組に縛られ」ているのではないかと述べたことがある[3]。敗戦前の城郭研究の基本的潮流が，旧日本陸軍による「要塞」研究にあったことは厳然たる事実であろう。だが敗戦後，その主たる目的を失った「城郭研究」は学問的関心の対象から外され，趣味の分野へと追いやられることとなった。その「城郭」研究を，ふたたび学問的俎上に乗せようとする時，わたくしたちは，その研究が決して「侵略」の具として利用されないような問題意識と周到な論理を持って臨む必要があると考える。かつて倭城址研究会による「倭城」調査がどのような視座から進められていくのかに関心を持ったのは[4]，そのような立場からであった。考古学の立場からの城館研究においても，それはゆるがせにできない問題である。時として，考古学の城館研究は「生活遺構の調査」に留まっているという批判を見る。狭義には，初期のいくつかの調査にその傾向があったことは事実であろう。だが，軍事施設論の上に立って，先に述べたような地域史研究の核として位置づける考古学の側の城館に対するアプローチの方法を批判しているとするならば，城館研究に取り組んでいく問題意識の面では，敗戦前の「要塞研究の枠組」に縛られていると言わざるを得ないのではないか。そこでは，当面する学問的課題とどう切り結ぼうとしているかが問われているのである。

2　戦国期の居館をめぐって

　従来，土塁・堀を持つ方形プランの居館の多くは平安末～鎌倉初に成立したもので，南北朝期以降その様相を変えていくという理解の上に「日本城郭史」は語られ，中世前期の在地領主制論が展開されてきた。だが近年の発掘調査例の増加の中で，このタイプの方形館出現の大勢は中世後半にあることが明らかにされつつある[5]。その中で，戦国期に築かれ機能していた居館の数も，決して少数ではないことには注意する必要があろう。しかも，筆者の検討した事例に限って言うならば，水堀を持つ居館の80％が灌漑用水と関係していることを予測させるものであった。これは，その居住者が，土地に最も密着したレベルでの在地支配を展開していたことを示しているものと理解できよう。さらに，その中には複数の居館を結ぶ形で用水網を形成している例も見られ，居館自体が単独で「開発」を進める核となっている場合だけではないことを示唆している。このような形で認識される居館「群」がどのような意味を持つのか，現段階ではそれを考古学的に明らかにしていくだけの資料的蓄積がなされてはおらず，具体相は不明とせざるを得ない。だが，こうした「群」を形成する居館のあり方は，その居住者である在地支配層が一定の政治的連合体を形成していることを意味している可能性は大きい。いわゆる一揆的結合と言われるものがそこにイメージできるのであろうか。いずれにしろ，水堀・用水網といった施設の存在を媒介の一つとして，このタイプの居館の場合には，そのような課題に取り組みやすい条件を持っていると考えられる。今後調査を進めていく上での重要な検討課題であるといえよう。

　一方，このタイプには属さない居館も多数存在する。それらの場合には，居館間を結ぶ形で視覚的に確認できる物的証拠には欠けるものの，やはり一定の「群」を形成している可能性は否定できないだろう。むしろ，用水網といった形ではない別の視角から，「群」把握の方法を模索していく努力をする必要があるものと考えている。その場合，三重県伊賀地方を主要なフィールドとした山本雅靖氏の一連の研究は，考古学的手法を駆使した議論として重要な示唆を与えてくれるだろう[6]。

　また，西日本の事例から丘腹切込式居館の検討を行ない，戦国期土豪層との関係を論じた村田修三氏の研究も見落とすことはできない[7]。村田氏は，丘腹切込式の「館城」はさらに遡る時期から存在し，戦国期のものはその発達した形として理解している。それは，おそらく東日本にも敷衍できるものと思われ，西日本の事例とは若干異なる様相を示すとはいえ，中世前半に遡る段階から中世末に至る時期まで調査例を挙げることができ，

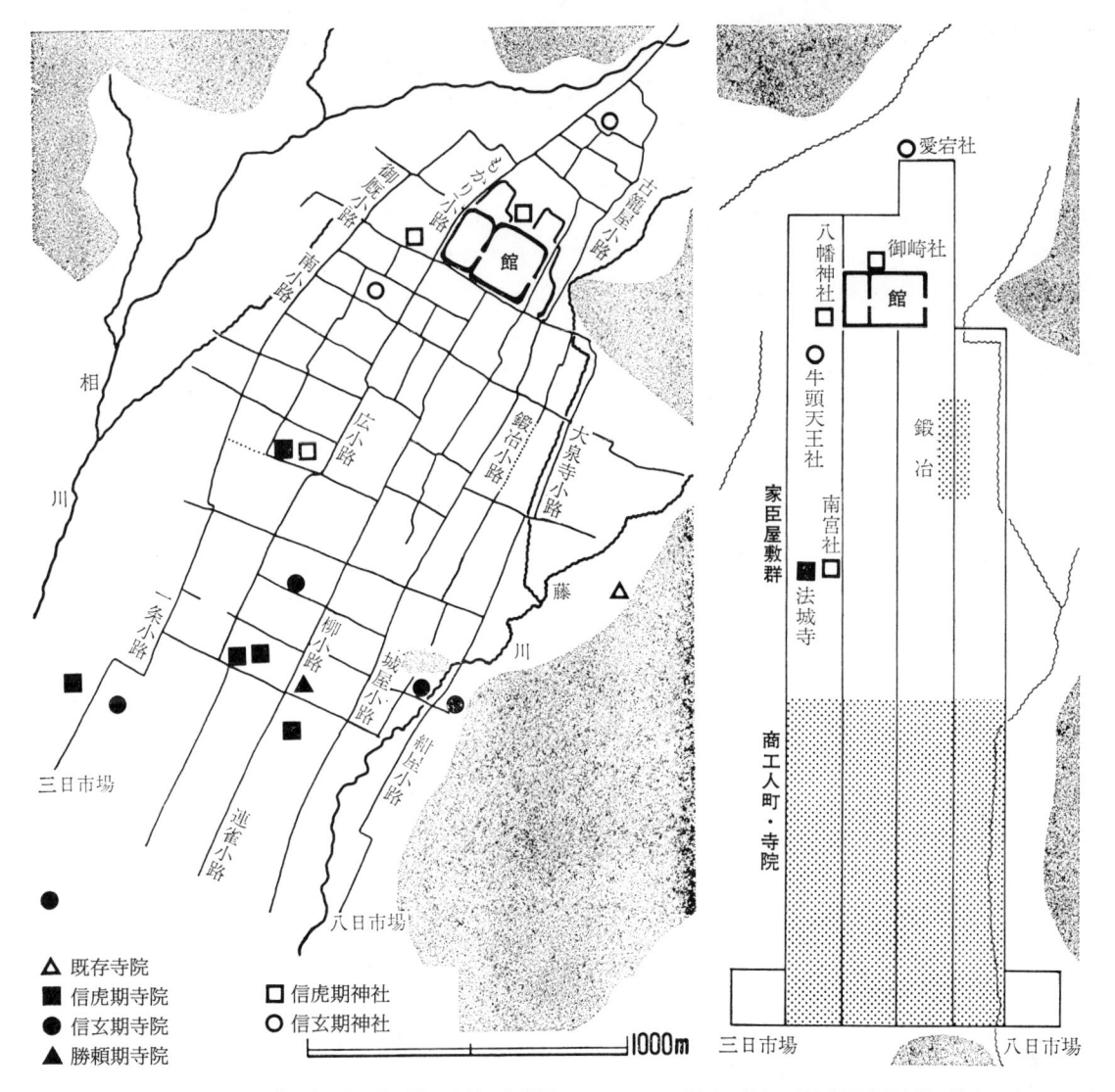

図1 城下町「甲府」復元図（註10文献より作図）　　図2 信玄・勝頼期甲府概念図（出典は図1に同じ）

さらに近世初頭に存立を求め得る，形態的に近似した例もある[8]。そしてこの事例は，中世後半の小領主層と近世初頭の名主層との系譜的連関性を，考古学的に考えていく上で興味ある検討素材となる可能性を持っていよう。

いずれにしろ，在地小領主層の「戦国期」居館の具体相については，従来その目的的検討はあまり行なわれていなかったといっても，言い過ぎではない。地形的条件などに制約され，形態的にはいくつかのバリエーションを持っているが，それらを地域の実情に則して分析していくことにより，戦国期小領主層の存在形態を明らかにしていく上で重要な知見を得られる可能性はきわめて強い。ただし，すでに峰岸純夫氏が指摘しているよ

うに，「方形館」の場合には規模により構築主体にいくつかの階層の存在が予想される[9]。そして，それは丘腹切込式居館にも該当することが推測される。それらを，年代的推移・階層差という二つの側面から系統的に整理していくことも必要であろう。

3　城下町・城下集落と戦国城館

最近，山梨県躑躅が崎館とその城下町の分析を行なった数野雅彦氏の仕事は，城館のプラン形成の上に「町割り」の区画が一定の規制を与えていることを示唆している[10]。つまり，町割りの街路は，躑躅が崎館（中曲輪・東曲輪）南辺中央部から直進する道と，同館南辺の堀に沿う道を基軸に方

眼に組まれており，しかも後に拡張された可能性のある西曲輪は，この街路によって三辺を規定される形になっているのである。この事実は，城館のプランが単に軍事的要請のみで決定されるのではないことを示唆していると理解できよう。このような「城館（郭）」と「城下町（集落）」の一体構造は，16世紀後半でも新しい段階の陶磁器群を出土した，宮城県本屋敷(もとやしき)遺跡においても認めることができる[11]。ここでは，伊達領内の国人クラスの領主砂金氏の居城である前川本城の外郭線を画する堀と，城下集落を形成する本屋敷遺跡の外郭を画する堀が連続的に捉えられる形で検出されたのである。こうした事例は，福井県一乗谷(いちじょうだに)遺跡から考えてきたような城館と城下町との一体構造を，戦国大名だけではなく国人領主クラスの場合も持っていたことを示している。

　新潟県下において小規模在地領主の城下（町）集落の検討を行なっている坂井秀弥氏によれば，こうした城下の街路が計画性を持っている事例はさらに多数を占め[12]，おそらく国人領主クラスの場合も一般化できる可能性が強いものと思われる。だが，従来の城館研究においては，「城郭」の部分にのみ関心が集中する傾向が強く，その足下の「町」の検討は充分とは言えない。今後，こうした事例の集積をはかる中で，それらがどこでも本屋敷遺跡例の如き様相を示すのか，さらに異なるタイプのものが存在するのかどうか，を明らかにしていく必要があろう。

　その場合，柴田龍司・前川要両氏らが進めているような，中世城館の「惣構」をめぐる諸様相の検討は，大きな意味を持っているだろう[13]。柴田氏は，千葉県本佐倉城などの外郭線の観察をとおして，城館の主郭部の規模は外郭部の規模の違いに比べてほとんど差がないことを指摘した。その上で主郭部は基本的に軍事的な性格が強い部分であるのに対し，外郭部は個々の城館の持っていた性格を如実に反映しており，領域支配の拠点としての城館のあり方を検討していく上できわめて有効な対象であると述べた。他方，前川氏は，兵庫県有岡(ありおか)城や大坂城二の丸の調査を土台に織豊系城下町の構造を検討し，その発展を段階づけるとともに，城下町の形成は惣構の存在を抜きに検討することはできないことを指摘した。こうした観点は，一乗谷遺跡の調査を契機にその重要性が認識されつつも，充分発展させてこれなかった面であ

るが，近年の文献史学の側における城下町論を踏まえ，考古学の立場からの城館研究が新たな展開を見せ始めた分野として注目されよう。

　城館と城下（町）集落をめぐる研究の近年の動向とからんで，興味ある成果をもたらしているのは青森県浪岡(なみおか)城北館の調査である[14]。ここでは，曲輪内から16世紀前半に属する建物群が，9ブロックに区画される形で検出され，あたかも集落的な遺構配置を想起させるようなあり方を示していた。この様相は，曲輪内にさらに独立性を持った一定のエリアが存在することを示唆しており，ある種の城館における曲輪の持つ機能を考える上で見落とせないものである。北日本におけるこうした事例は，「日本城郭史」の中でどう位置づければ良いのだろうか。また，他地域の城館においては，全く予想されないあり方なのであろうか。当面する問題として，この浪岡城北曲輪内の構造と他の事例に見る城下（町）集落とは一体どのような形で相対化できるのか，ということをあげておきたい。

4　城館構造の編年をめぐって

　現在所在を確認できる中世城館の数は，当時の一次史料上に確認できる城館の数に比べて圧倒的に多い。しかも文書の示す年代は，城館の存続時期の中の一点を示すにすぎない場合が大多数なのである。つまり，ほとんどの城館は，文献史料のみからその存続年代を明らかにすることは不可能ということになる。だが，そのような事態が明確に意識されるようになってから，それほどの時を経てはいない。近年に至るまで，城館の存続年代は，ひどい時には近世文書・軍記物語などを最大の根拠にして語られてきたのである。しかし，一部の城郭研究者の間では，現況地表遺構の様相と同時代史料を基礎にした編年作業が試みられてきた。

　ところが，現況地表遺構は，幸運な場合でもその城館の機能した最終段階の姿を示すものであり，仮に中世前半に遡る「文献史料」が存在する場合でも，両者が確実に結びつく保証は何一つ存在しないのである。そうした認識を前提にした場合，現況地表遺構の観察を基礎とする編年作業は，対象を中世城館の最後の段階である「戦国期」に限定していかなければ確実性の乏しい議論になりかねないだろう。近年の城館の編年研究が，16

世紀代を中心としているのは，必然的な結果であると言える。

この戦国期城館の編年的検討は，主に小口部分を対象に進められる傾向を持っている。萩原三雄・千田嘉晴両氏の研究は，その代表的なものといえよう[15]。千田氏は，馬出は出撃の小口と防禦の小口を前後に分けることにより曲輪の機能分化を行なったものと理解し，塁線上に土塁を巡らす特徴のある織豊系城郭に限定して小口の編年を試みた。そして小口部分を「折れ」と「空間」に分解して整理し，さらに堀・石垣の発達度を合わせて模式化した上で，その変化を大きく5期に区分して各期を意義づけた。その方法は，縄張図作成を基本に置きながらも，考古学的分類の手法を用いたもので，考古学の側から見ても注目されるべき内容を持っている。そうした意味でも，今後，測量・発掘といった具体的な検証作業の中で，氏の縄張図の客観性を裏づけていくことが望まれる。だが，こうした観点からの城館の編年作業は，その時代の中で突出した構造を持つ城館だけが評価の対象になる危険性を，常に伴っていることは忘れるべきではないだろう。在地性の強い大多数の城館が切り捨てられることのない，さらに別の視角からの編年論を構築していく必要性は，いまだ存在していると言える。

城館の編年に際しては，個別部分の構造を取り上げる方法が具体的な基準を作る基本であろうが，それのみに限定した検討は軍事的諸要素だけを中心とした編年に陥りやすい。またそうした観点だけからでは，城館の発達史総体を見通す体系化を進めていくことは困難を伴うことが予想される。千田氏の仕事に端的に示されるように，個別部分の構造を主体とした編年化の作業は，やはり戦国期でも後半を中心とした時期に最も有効である可能性が強いだろう。

5 中世城館研究の新しい動き

ここまで述べてきた城館研究の視点は，筆者の場合でも地域「支配」の拠点という側面からに限定されていた。しかし，「中世城館」の担う歴史的役割がその中だけで検討し切れるものなのかという，最も基本的な部分での再検討の必要性を指摘する動きがある。横山勝栄・井上哲朗両氏の提起がそれである[16]。

その中で，横山氏は見逃せないいくつかの論点を提出している。氏は新潟県北部に所在する小型城郭を取り上げ，その分析から，①極小地域を生産基盤とする山村に隣接し，容易に中心部に到達できる丘陵・小山塊上に占地する，②規模が小さく，山地の一部だけに手を入れている，③山頂部に部分的に施設を設けている，④平坦面・切岸・堀切りなどが存在し「くるわがまえ」の様相を持つ，⑤山城が単独で存在し，近隣に有力者の本拠と考えられる居住施設が認められない，といった特徴を抽出した。そして，(a)地理・地形的に繋ぎの城的な連絡機能を見出せない，(b)関係する平地は極小で生産性が低く，軍事的に守備し収奪する対象としての意義は小さい，(c)交通の要衝に位置してはいない，(d)大概の集落に付随している，と整理した。その上で，このような小型城郭の存在意義について「集落に付随し，在地集落在住者によって構築され，維持，管理され，多くの場合，戦闘行為以外の集団で行動する機会に集合し，集会し，あるいは避難し逃避する場面で主として使用される施設」とまとめ，「16世紀半ばにおいては集落形成の構成要素としての位置を有し，きわめて日常性のつよい施設」であったと結論した。

横山氏が見出した小型城郭のあり方は，すべての小規模城郭に当てはまるものではないが，従来欠落していた視点として重要である。しかしその所見と，指摘された性格づけとの間には，今少しの飛躍があり，今後その間を埋める事実の掘り起こしをしていく必要があるだろう。

こうした議論と関連して想起されるのは，藤木久志氏の研究である[17]。藤木氏の戦国期から近世初頭を見通した体系化された議論を的確に紹介する能力は筆者にはないが，その中で指摘された荘園政所の機能についての所見は，興味惹かれるものであった。氏は法隆寺領播磨国鵤荘（いかるがのしょう）政所のあり方を検討して「現実の荘園の生活の中で，名主・百姓は庄内の政所に『出仕』『出入』するのを日常としていた」ことを明らかにし，「荘園村落の名主・百姓というのは，政所に出仕することを固有の役＝資格とする身分」だったのではないか，「政所の運営は名主・百姓を不可欠の構成要素として成立していた」として良いのではないかといった論点を示し，そうした諸点を背景に「政所は地下衆が在地の検断問題を主体的に『群議』し成敗を執行する，いわば地下の自検断の庭としての位置を占めていた」とした。こうした見解が

無視できない背景の一つに，中野豈任氏によって検討された「色部氏年中行事」の世界がある[18]。この中に現われる越後国人領主色部氏の館には，鵜荘政所とは若干様相を異にするものの，多様な人々の出入りと，それに対応する在地領主の姿が描かれて興味深い。とりわけ注目されるのは，領主の権力が必ずしも絶対的なものとしてのみ現われてくるのではないことであろう。

筆者自身は，こうした文献史料に現われる在地領主の姿が，「場」としての居館のあり方にどう反映しているかに注目してみたいと考えていた。しかし，さらに一歩進めて「地下の自検断の庭」として，小型城郭の存在意義を見出していくことも，あながち無意味なこととは言えないかも知れないのである。

6 おわりに

中世城館の考古学的な研究の方法にはさまざまな手法が存在する。そして，現在最も重要な位置を占めているのは「発掘」であろう。だが，報告書の数が，ほぼ消滅してしまった城館の数に等しいという現状の中にいることも忘れるべきではない。その中で，各地で城館の保護・保存をめぐって厳しい動きがある。護るためには，何よりもまずその「遺跡」としての範囲を出来うる限り明確にしていかなければならないだろう。「縄張図」作成という作業を通して，城館の基本構造を明らかにすると同時にその範囲を把握するという努力は，独り城郭研究者のみに課せられた任務ではない。各地域において，考古学の側からも積極的に取り組むべき課題であることは誤りないと考える。

一方，史跡として整備していこうとする努力も進められている。ここに詳細を紹介するゆとりはないが，栃木県宇都宮市の飛山城における試みは，近年の成果として多くを学びとるべきだろう[19]。城館研究は，おそらく個別考古学だけではなく，中世史研究の総合的な取り組みの中で，はじめて地域史研究の核としての役割を担うことができるようになると考えるからである。

小稿では，戦国期城館をめぐる諸問題を網羅的に取り上げることはできなかった。まして，考古学の成果を全国的視野からまとめることは初めから望めなかった。紙数の制約もさることながら，筆者の力不足が大きいことは覆うべくもない。多くを今後に残しつつ，ひとまず締め括りたい[20]。

註

1) 「戦国武将の城と縄張り」『戦乱の日本史』9巻，第一法規，1988
2) 「最近の中世城館の考古学的調査例から」貝塚，15，1975
3) 「1985年考古学界の動向―中・近世―東日本」考古学ジャーナル，263，1986
4) 「『倭城Ⅰ』の刊行によせて」貝塚，24，1980
5) 拙著「中世居館の再検討」東京考古，5，1987，同「中世方形館を巡る諸問題」歴史評論，454，1988，坂井秀弥「新潟県における中世考古学の現状と課題」新潟考古学談話会会報，1，1988
6) 「中世城館の分布とその問題」古代研究，15，1978，「伊賀における中世城館の形態とその問題」古代研究，27，1984，「伊賀惣国一揆の構成者像」大阪文化誌，17，1984 など
7) 「中世の城館」『講座日本技術の社会史』6巻，日本評論社，1984
8) いわき市教育委員会『四郎作遺跡』1983
9) 栃木県教育委員会『石那田館跡』1975
10) 数野雅彦「中世城下町甲府の立地とプラン」『第五回全国城郭研究者セミナー資料』山梨文化財研究所・中世城郭研究会，1988
11) 宮城県教育委員会『東北横断自動車道遺跡調査報告書Ⅱ』1987，鈴木真一朗「仙台領『要害』の近世以前」『第五回全国城郭研究者セミナー資料』前出，1988
12) 坂井秀弥「中世小木城下の復元」新潟史学，20，1987，同「新潟県の戦国期城下町について」『第五回全国城郭研究者セミナー資料』前出，1988
13) 柴田龍司「中世城郭の外郭部について」中世城郭研究，創刊号，1987，前川要「有岡城惣構の再検討」『有岡城跡・伊丹郷町Ⅰ』大手前女子学園有岡城跡調査委員会，1987，同「織豊系城下町の構造」『大坂城三の丸跡Ⅲ』大手前女子大学史学研究所，1988
14) 工藤清泰「北日本の城館について」帝京大学山梨文化財研究所報，5，1988
15) 萩原三雄「丸馬出の研究」『甲府盆地―その歴史と地域性』雄山閣，1984，千田嘉晴「織豊系城郭の構造」史林，70-2，1987
16) 横山勝栄「新潟北部の中世の小型城郭について」昭和63年度研究紀要（新潟県東蒲原郡三川村立三川中学校），1988，井上哲朗「村の城について」中世城郭研究，2，1988
17) 『戦国の作法』平凡社，1987
18) 『祝儀・古書・呪符』吉川弘文館，1988
19) 宇都宮市教育委員会『史跡飛山城保存整備基本計画』1988
20) 戦国期城館をめぐる新しい議論として，松岡進氏の仕事がある。小稿の不備を補ってあまりある重要な成果であり，参照願いたい。「戦国期城館遺構の史料的利用をめぐって」中世城郭研究，2，1988

● 戦国考古学のイメージ

戦国城館跡の発掘

戦国における城館跡の発掘は近年盛んに行なわれてきているが，その実態はどう把えられるであろうか。各地の代表例を示そう

大坂城／清須城／小田原城／八王子城／
武田氏関係城／郡山城／安岐城／浪岡城

大坂城（摂津）

大阪市教育委員会
■ 長山雅一
（ながやま・まさかず）

三国無双と称せられた豊臣氏大坂城は現在は地下に埋もれているが，ここ10数年ほどの調査により当時の天守台石垣が発見された

巨大な石垣とエレベータのある鉄筋コンクリートの天守閣で有名な大阪城は長らく豊臣秀吉により築城されたものが残っていると考えられていた。櫓など建物はすべて江戸時代に建てられたものであることはよく知られているが，いま私たちが見ている石垣も実は徳川氏により再築されたものである。したがって，今日大阪城を訪ねても豊臣秀吉が建設した跡を見ることは全く不可能である。

豊臣氏の城域は東は旧猫間川，西は東横堀川，北は大川，南は空堀にいたる。いま，大阪城公園として市民に親しまれている城跡は徳川氏再築になるもので，豊臣氏大坂城の二の丸の堀までである。面積は豊臣氏大坂城が今の範囲の4～5倍に及んでいる。

1959年の大阪城総合学術調査の結果は大変な事実をもたらした。それは，本丸地下7mの所に豊臣氏の建設になる石垣が発見されたことである。すでに，小野清氏によって現大阪城が徳川再建に成るものであることは指摘されていた。しかし，具体的な証拠は提示されていなかった。この時の調査で地下深く埋まっている石垣が存在することが明らかにされた。

1979年以降の城内外の開発工事に伴う発掘調査で豊臣氏大坂城関連の遺構が検出されてきた。ここでは，それらの概要を説明し，今後の課題と展望について述べてみたい。

1 豊臣氏大坂城の建設史

天正11年（1583）9月，秀吉は石山本願寺の跡地で大坂城の建設にとりかかった。この地はもとはといえば，信長が目をつけ，石山本願寺と前後11年に及ぶ戦いの末，手に入れた処である。『細川忠興軍功記』によれば，「御本丸は丹羽長秀殿御預り」とみえ，『足利季世記』には信長の攻撃に長年耐えた石山本願寺のことを「摂州第一の名城」と讃えている。石山本願寺はすでに城としての構えを持っており，秀吉の城普請は旧城を利用したと見られている。

（1）第1期工事

秀吉は柴田勝家を賤ヶ岳の合戦に破ると信長の後継者として大坂の地に入り，まず本丸の建設にとりかかった。着工2か月後の天正11年（1583）11月，天守台の石垣が完成した。ポルトガルの宣教師ルイス・フロイスの報告書によると，工事は初め2～3万人を使って始めたが，後には5万人に増加し完成を急いだという。それは，当時の政治情勢は秀吉が信長の後継者たりえたとはいえ，ま

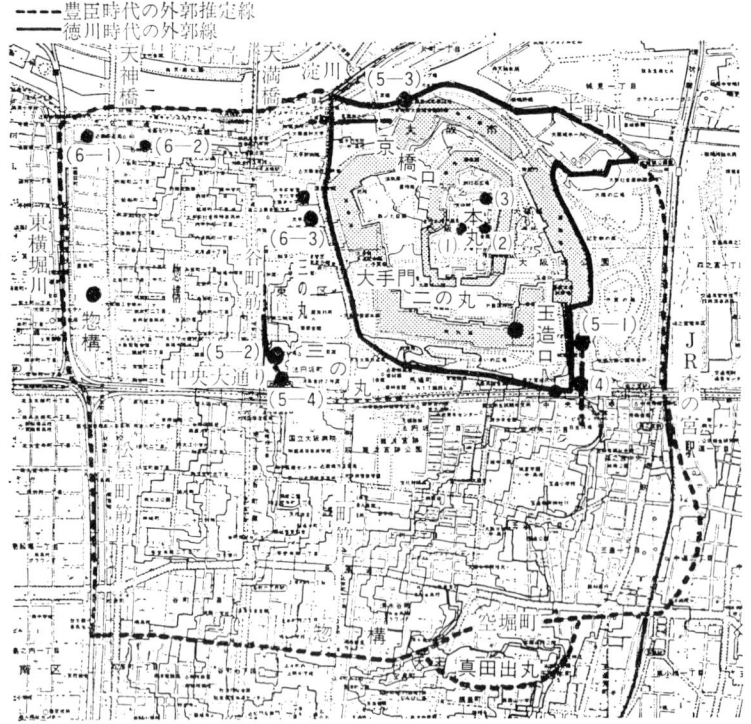

図1 豊臣時代と徳川時代の大坂城外郭線と主な調査地点（●）
（大阪市文化財協会『大坂城跡Ⅲ』を一部改変）

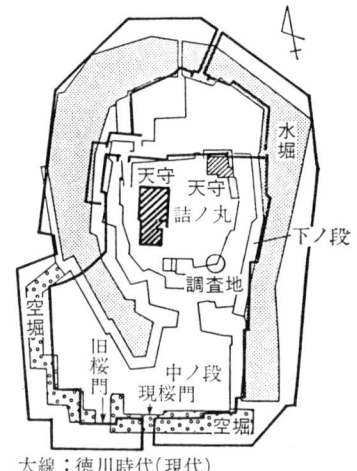

------- 豊臣時代の外郭推定線
——— 徳川時代の外郭線

図3 豊臣・徳川両大坂城重ね合わせ図
（大阪市文化財協会『特別史跡大坂城跡』より）

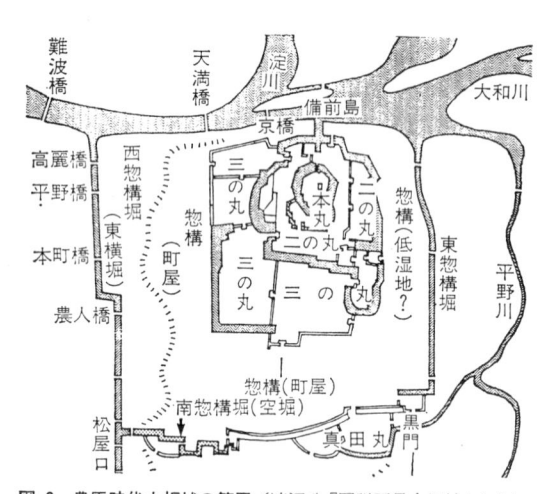

太線：徳川時代（現代）
細線：豊臣時代

図2 豊臣時代大坂城の範囲（渡辺武『図説再見大坂城』より）

だ畿内の外には有力な勢力が存在し，全国制覇の途上であったためである。したがって，要害の地にあり，難攻不落の誉れ高かった石山本願寺に手を加えた城造りを行なったのであろう。

天正13年（1585）7月，ほぼ全国を平定した秀吉は天下人として相応しい豪華，絢爛たる天守閣を完成させた。城の様子はフロイスによると「悉く旧城の壁と堀の中に築かれ，（中略）塔（天守，櫓などのこと）は金色および青色の飾りを施す」とあ

る。

徳川幕府京都大工頭の子孫である「中井家」に伝わる「豊臣時代大坂城本丸図」をみると，平面的にも，立体的にも，今の本丸の状況と異なっていることがわかる。

異なる点は，平面的には，本丸正門の桜門の位置が南にずれており，桜門の前面が堀で遮られていること，立体的には，本丸内が「詰の丸」「中の段」「下の段」の3段に分かれていることである。現在の本丸は桜門が天守の真東に開いていること，本丸内がほぼ平坦であることを見るとその違いがわかる。さらに，機能的には本丸内だけで十分城郭としての備えが整っていることがわかる。

(2) 第2期工事

翌天正14年（1586），二の丸堀の普請が始まった。フロイスは秀吉に案内され，この工事を天守の上からみている。そして，堀の幅を40畳，深さを17畳と記している。また，石垣の石を運んだ船が毎日千隻も来ていたことを記している。天正16年（1588）3月，二の丸工事は完成した。2年を越える長期間の工事の末，二の丸の堀が完成した。奈良の多聞院英俊は「大坂普請もようよう周備云々」と記し，大坂城そのものの工事が完了したとみていた。

(3) 第3期工事

6年後の文禄3年（1594）正月，再び秀吉は，

「大坂惣構堀」の普請をはじめた。二の丸の外部は当時秀吉の重臣の屋敷のほか，町屋にも開放され城下町を形成していた。惣構はこれらの地域を含めその外郭を画する工事で，本丸の守りの強化と城下町の保護が目的であった。

工事の大要は明らかでないが，東はもともと低湿地であった地域に猫間川を利用して水堀を作り，西は上町台地の西側に展開した天満砂堆後背湿地を整備した東横堀川に堀の機能を持たせた。北は台地の北で淀川と旧大和川が合流するがその自然の流れを堀に利用した。南は台地の続きで大坂城にとって最も守りの弱い所である。ここは，自然の谷地形を利用して空堀を掘り，土塁を築いたものと考えられている。文禄5年(1596)，この工事が完成し，大坂城の外郭の守りが強化された。規模は東西，南北各2kmの広大な面積を占める天下の名城となり，「三国無双」と称せられた。

（4）第4期工事

しかし，秀吉は慶長3年(1598)，二の丸と惣構の間に三の丸を築かせた。自らの余生のいくばくもないことを悟った秀吉はわが子秀頼の将来を案じ，さらに防御を固めさせたといわれている。三の丸の規模と形態はかつて岡本良一氏による地形からの復元案があった。その後，仙台藩主伊達政宗の事暦を表わした書物である『僊台武艦』の中から大阪城天守閣主任渡辺武氏によって大坂冬の陣の配陣図が発見された。この図は三の丸の形態がかなり正確に表現されているので，その図の研究から三の丸の復元が試みられている。

2 豊臣氏大坂城跡の発掘調査

（1）本丸の石垣

1959年西外堀の水が枯れたのが契機になって，学術調査が実施された。この時，初めて本格的に石垣表面の刻印調査が行なわれた。結果は関ヶ原合戦で亡んだ大名や夏の陣後に改易処分された大名の刻印は全く存在しなかった。これは地表に表われている石垣の築造が徳川氏による再築時の石垣であることを物語るものであった。そして，豊臣氏により築かれた石垣が地上には存在しないことが明らかとなった。

ところが，同時に行なわれた本丸内のボーリング調査で天守台南45mの所から石積みが発見された。そこで，直径3mの竪坑を掘ったところ，地下7.3mで野面積みの石垣が検出された。ボーリング結果から考えると，石垣の高さは4mくらいと見られている。石の大きさは長径30〜60cmの自然石で石材，石積み手法から豊臣時代かそれ以前の石山本願寺のものと考えられた。この石垣の発見をきっかけに，大阪城天守閣は本丸においてボーリング調査を行ない，前述の中井家に伝わる本丸図の確認を続けた。そして，ほぼ本丸図のように石垣が地下に存在することをつきとめた。

（2）本丸詰の丸の石垣

1984年の本丸詰の丸の石垣発見まで天守閣が行なってきた本丸内の石垣確認調査で，豊臣氏が築造した大坂城天守は現地表より7〜10m下に存在すると推定されていた。ところが，天守閣の東にある貯水池（図3調査地）の補強工事に伴い調査をしたところ，予想外の深さで石が発見された。石垣は現地表下1.1mの所に天端があり，6mの高さを残していた。鉤形に東西6m，南北3mの石垣はちょうど詰の丸外郭の出角部に該当し，上には櫓があったと推定される。この事実は，従来の所見を一変させるもので，豊臣氏大坂城の研究に大きな一石を投じた。

石垣は野面積みで一辺0.5〜1mの生駒山や六甲山の花崗岩を用い，和泉砂岩や緑色片岩も使われていた。出角部分には算木積みの技法が採用され，角石には古代建築で使用された礎石が3個転用されていた。また，石棺の未製品の可能性が残る竜山石も使用されていた。裏込めの石には，拳大から人頭大の円礫が使われているが，五輪塔や石臼なども転用されていて，石材調達の苦労の様子が偲ばれる。この石垣の下面は「本丸図」によると中の段に相当し，夏の陣の焼土層が厚く堆積していた。さらに下層には焼土を含む地層や整地の跡が何層かあるので，石山本願寺の遺構が存在する可能性もある。

また，上記石垣の内側石垣と詰の丸表面も確認された。入角部で東西4m，南北1.5mの石垣が鉤形に検出されている。石積みは最下段を残すだけで，良く残っている部分で約40cmをはかるにすぎないが，積み方，石材，石の大きさは外郭部と全く同じである。また，石垣の下をくぐって，詰の丸の排水を中の段に落す石組溝も出土している。

また，詰の丸の地表面もほぼ残っていることがわかった。それによると，天守台の高さは従来考

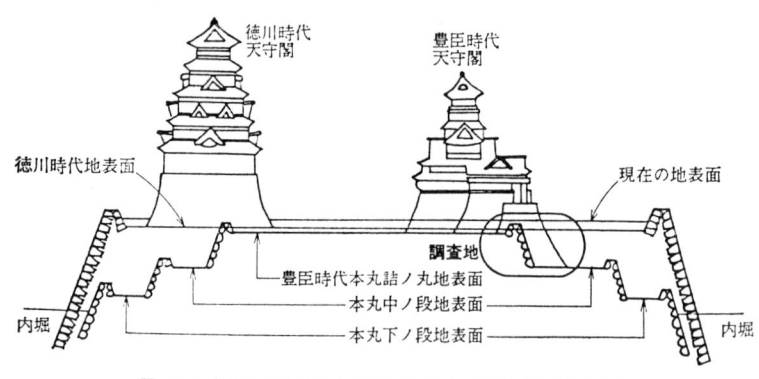

図 4　大坂城本丸の断面模式図（『特別史跡大坂城跡』より）

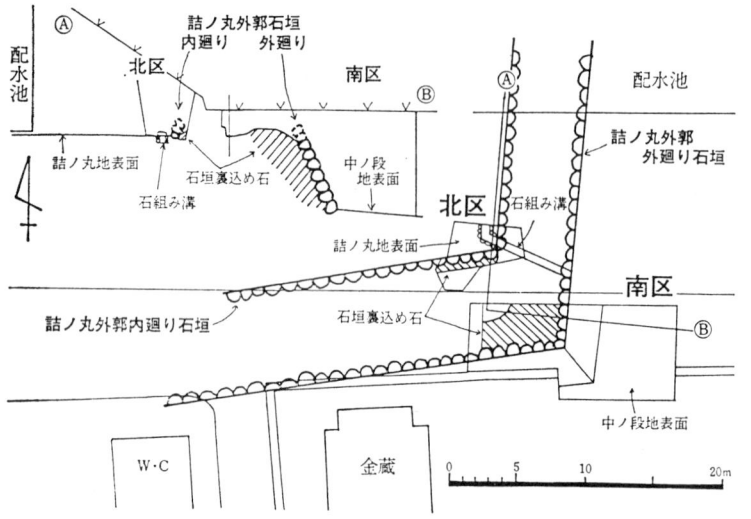

図 5　遺構の位置関係図（左上は断面模式図）（『特別史跡大坂城跡』より）

えられていたより高く，現地表面に近いことがわかった。

（3）　天守台北東隅の石垣

1988年3月，天守閣は天守台の石垣確認のための井筒を埋めながら径1mの調査を行なった。その結果，花崗岩の石積みが確認され，深さ約3mに及んだ。石積み方法は他のものと全く同じで，中井家本丸図の天守台の位置に一致した。

（4）　二の丸の石垣

1988年，玉造門の南の地下約8mの所で東西方向の石垣が南に曲がることがわかった。石は50〜70cmの自然石で積み方は野面積みである。石垣の高さは1.8mで，石垣の上端は破壊されてわからないが，現地表面から1.5mのところから，素掘りの堀が掘られていた。石垣はこの堀裾の部分に設けられているので，腰巻式の土塁といわれる。この形の石垣は現在，江戸城の堀にもみられる。石の表面には多くの墨書の跡が残っている。刻印は見られず墨書のみであるので豊臣期の石垣

の特徴である。

（5）　三の丸の石垣

1978年徳川再築大坂城の南外堀の東，東外堀南で算用曲輪跡の低い所で豊臣氏三の丸の石垣が出土した。現算用曲輪からは10mほど低くなったところで，地表下2mを天端とし，高さ1.5〜2mの石垣が残っていた。石材の大きさは本丸，二の丸の石と大差はない。堀の底には石垣の石が多数落ちていた。多分，冬の陣後に徳川氏によって堀が埋められた時に破却されたものと考えられる（5−1）。

1982年大手門の南東外方で堀と石垣が見つかった。調査地の東部で石垣の最下段が検出され，中央から西部で堀が検出された。石垣はよく残っている所では1.5mにおよぶ所もあるが，全体に破壊が進んでいた。石垣から堀へは約20mの緩やかな傾斜がある。堀の部分は素掘りで深さは1.5m程度である。堀の底には逆茂木と言われる杭が無数に打ち込まれた跡があり，幅が35mもあるので，浅くても防御の用を足したと考えられる。堀と石垣の関係は，二の丸で出土した腰巻土塁にたいし，土塁の上部に石垣があるので，鉢巻土塁と呼ばれる。

また，堀埋土の上部から部厚い焼土が検出された。堀と石垣はその前に破壊され，埋められているので，堀が埋められ，石垣が破壊されたのを，冬の陣の講和後に徳川方の手によったと見ると，この層は大坂夏の陣の時の層と考えられ，冬の陣後に再度の戦いに備えて築かれた櫓などの防御施設が無残に焼け落ちている。ここでも冬の陣と夏の陣の経過が遺構からたどれる。戦いに敗れた豊臣氏は秀吉の築城になる「天下無双」といわれ，「豪華，絢爛」たる大坂城とともに滅びたのである（5−2）。

1984年京橋口を出た城の北側でも三の丸の石垣が発見された。検出された石垣は高さ1.3m，長さ48mで花崗岩と砂岩系の自然石を野面積みに

積まれたものである。1987年にこの西方を引き続き調査し，延長部分を検出している。ここでも墨書石が出土し豊臣時代の石垣の特徴を示している。この位置の少し北は旧大和川と淀川が合流して西に流れる自然の河川に接している。調査地北に隣接する日本経済新聞社の建設では徳川期の護岸を兼ねた石垣が出ているが，豊臣期のものは出土していないので，ここが外郭の護岸の役割を果たしたのかもしれない（5—3）。

1988年，前述の堀と石垣が出たすぐ南で豊臣期に建設されたと推定される東西50m，南北20m，深さ4〜5mの箱形の素掘りの堀状遺構が検出された。この堀は比較的早く埋められ，その北側に土塁を築き，塀を巡らしている。塀の北側は一段低くなっていた。この土塁上の塀の柱跡に並行して柱跡があるのは「大坂冬の陣図屛風」に見られる「桟敷」の遺構と推定される。「桟敷」に直行し南北に土手状の段差がある。南北7m，東西2mのL字形の石垣は土手状の段差の一角に造られていた。石垣の高さは2mでほぼ当時の高さを保っている。これらの遺構は三の丸曲輪の一角に当たる施設と考えられる。また，この遺構面が一旦，埋められた後に夏の陣で焼けたと見られる火災痕跡や焼土層の堆積があるので，豊臣期に築造されたものである。とすると，埋められた巨大な素掘りの堀はいつ掘られたのか，またなぜ早々と埋められたのか。単なる土取り場の跡を一時堀としていたが，城の構えが出来あがるとともに不必要となり，慶長3年の三の丸普請に際し完全に機能しなくなったとも考えられるが，成案はない（5—4）。

（6）三の丸内の屋敷と町屋

今までは主として石垣を中心に大坂城の遺跡を紹介してきたが，三の丸から惣構の間でいくつかの屋敷跡の発掘が行なわれている。東横堀川と土佐堀川が接するあたりの城の北西隅で大きな屋敷の一角が検出された（6—1）。その東の土佐堀川に接する所でも大きな屋敷の門跡とそれに続く塀の基礎の石積みが30mほど調査されている。いずれも民家ではない（6—2）。

大手門の北西すぐの大手前高校敷地では三の丸の築造前に1軒20m²程度の民家があったことを示す遺構が検出されている。大手口のすぐ近くで民家の建物が存在することには疑問も残るが，三の丸地域は町屋に開放されていたので，三の丸築造までは城下町が形成されていたのであろう。慶長3年の三の丸普請が始まると町屋は解体され，城地として整備されたようである（6—3）。

この他，惣構の中で豊臣氏の大坂城を象徴する金箔押瓦が発見される場所も多い。出土地点が必ずしも金箔押瓦が葺かれた建物の存在した所とは言えない。夏の陣後の整地などで移動したことも考慮の余地がある。城内施設を復元する時，参考になるであろうが，まだまだ問題も多い。

3 課題と展望

以上述べた調査は，この10年間に実施されたものがほとんどである。それも，各種の工事に伴うもので，初めから学術的な目的で実施したのは，わずかに「大阪城総合学術調査」と，それを継承した天守閣が行なった調査だけである。今まで出土した各遺構は幸い，全体を見通すのに適した個所に当たっている。しかし，その次の課題を解決するために必要な調査個所は学術的観点から選択できる余地は今のところ全くない。

しかし，地下には豊富な資料がまだ埋蔵されていることが明らかである。文書や絵図など書かれた資料も，今後さらに発見される可能性もある。今日までの研究の発展は戦後における文献史学と考古学の協力によるところが大である。突発的な開発に備えて，両者が協力して日常的に研究の成果の蓄積を図ることが要求されているのではないだろうか。

参考文献

岡本良一『大坂城』岩波書店，1970
村川行弘『大坂城の謎』学生社，1970
岡本良一編『大坂城の諸研究』日本城郭史研究叢書8，名著出版，1982
大阪城天守閣編『大阪城天守閣紀要』1〜15
渡辺　武『図説再見　大阪城』（財）大阪都市協会，1983
岡本良一編『日本名城集成　大坂城』小学館，1985
（財）大阪市文化財協会『特別史跡大坂城跡』1985
松岡利郎『大坂城の歴史と構造』名著出版，1988
（財）大阪市文化財協会『大坂城跡　Ⅲ』1988
佐久間貴士編『よみがえる中世―石山本願寺から天下人へ―大坂』平凡社，1989

戦国城館跡の発掘

清須城（尾張）

愛知県教育委員会
■ 遠藤才文
（えんどう・としふみ）

尾張平野の中央，低平な自然堤防上に立地する清須城とその城下
町は三重の堀に囲まれ，堀割，道割，町割の姿を顕にしつつある

　慶長15年（1610），名古屋の地は，いつにない喧噪の渦の中に巻き込まれていた。幼少の徳川家康の子，義直を藩主と仰ぐ尾張藩の新しい城と町とを，今まさにつくらんとしていたからである。西国大名衆を総動員してのこの一大事業は，織田信雄（織田信長の二男）以来の拠点であった清須の，町ぐるみの大移動——清須越でもあったのである。思えば信雄が清須の普請をしたのは，わずか26年前の天正14年（1586）のことであり，このような薄命を一体誰が予想しえたであろう。

　清須城下町（愛知県西春日井郡清洲町所在）は，尾張平野のほぼ中央，木曽川水系に属する五条川の中流域に位置し，高いところでも標高6m前後という低平な自然堤防上に立地する城と町であった。

　この城下町の発掘は昭和57年に始まり，調査面積は，すでに5万m²に達しようとしている。ここでは調査成果のうち城下町プランニングの根幹にかかわる堀割と道割，そして町割について，簡単に紹介することとしたい。

1 堀割・道割，そして町割

　城下町は，東西1.5km，南北2.7kmの規模を有し，三重の堀によって囲まれていた。こうした堀割は，数ヵ所でその遺構が検出されている。

　中堀は幅18m，深さ3mを測り，外堀はそれよりやや規模を小さくしている。堀の断面はいずれも逆台形の箱堀状を呈するとともに，内側が1mほど高くなっていて，防禦上の利点ばかりでなく，増水期には堀の内側を保護する役割をも合わせもつものであったと思われる。

　また，中堀は五条川に直結せず，土橋の機能を有すると思われる堤塘を介在させている。そして，川は中堀との接点で切断されることなく，そのまま城をめぐる内堀として利用されていたのである。

　こうした堀割の配置との関係でことに注目されるのは，本丸から北西方向に位置するところで検出された幅45mの堀割の存在である。従来この堀は，内堀と中堀とを繋ぐ導水路として理解されていたが，独自に水を確保するための構造をもっていることなどを合わせ考えると，単なる水路などというようなものではない。つまり，規模の点でも五条川と対をなすものとして普請された，まさに城そのものをめぐる堀割だったのである。

　このような調査所見は，清須城の規模について，本丸部分にとどめていた旧説に変更をせまるものであり，本丸北側の中堀までの一角をも含めて城地とし，改めてその構造について検討せねばならなくなってきている。と同時に，かかる城のありかたは，城下町全体のプランニングに関しても南を正面とするのではなく，実は北を正面として設計されていることを意味しているのである。検出されている遺構群のかかる視点からの見直しと再評価がせまられていると言わねばならない。

　一方，主要道について見てみると，町には「清須より萩原迄道通」「清須より津島迄道通」「清須より宮迄道通」（『駒井日記』）があり，さらには小牧までの道などがあった。これらの道のうち「萩原迄道」と「宮迄道」は，清須越以後に美濃路として再整備され，ここに宿が置かれたため，その本来のあり方が不明となっていた。

　しかし，「宮迄道」について検出された遺構に則して検討すれば，外郭内では近世美濃路とオーバーラップするものの，方位をやや東へ傾斜させる内郭内の道筋については，それと一致することなく東へとずれていたようである。このことは，外郭と内郭とで町割の軸線方位などに差異があることを予想せしめるものであるが，直接的には「宮迄道」が中堀と交叉する地点に虎口が設定され，それによって道筋が鉤の手となっていたことを証しているのである。

　城下町廃絶後の道筋の改変の事例は「萩原迄道」についても認められる。内郭内において，併走する二本の横道を竪道で繋いで鉤の手に屈折して通っていたものを，後に斜めに接続させていたので

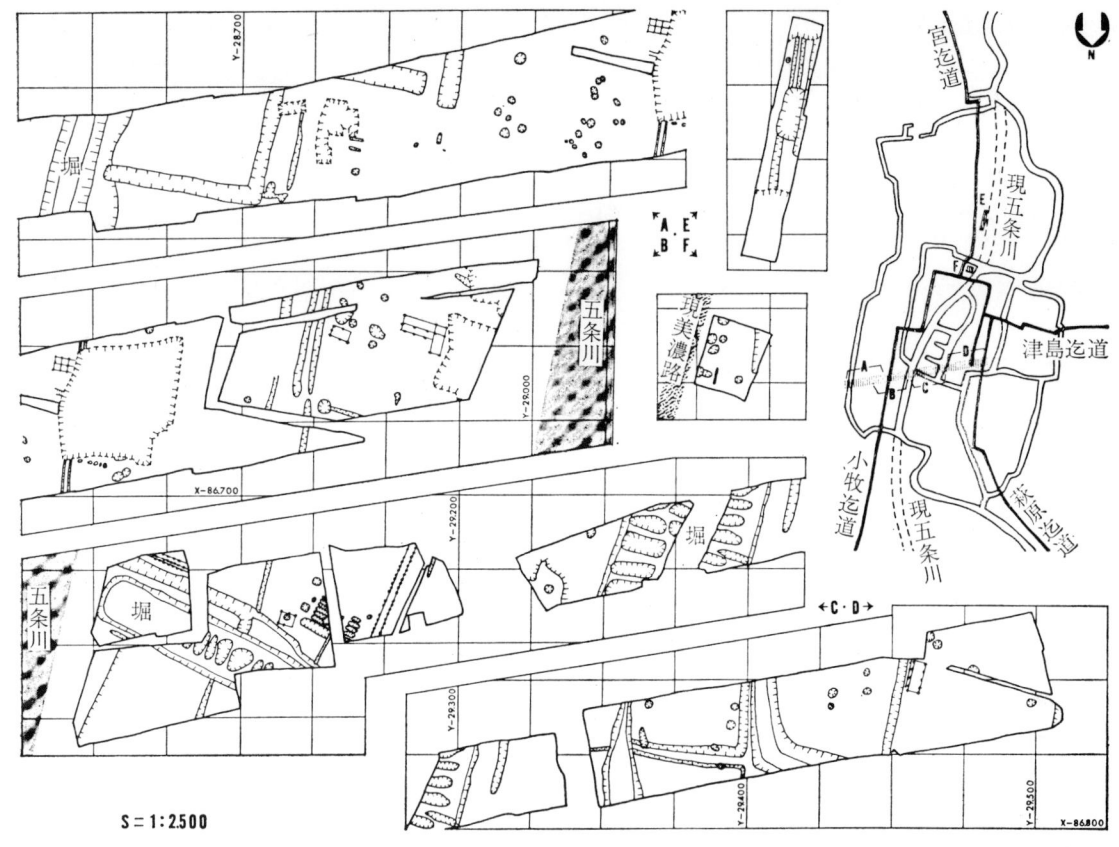

清須城下町の主要遺構

ある。

　清須における主要道のプランニングは，道筋を直線的に屈曲・交叉させて曲線は用いないことを線引きの原則としつつ，構造的には竪道として外郭内へ導入したものを，内郭内で横道に切り換えること，城の正面に郭外からの道を直接導入しないことなどを原則としているのである。そして，虎口やさらには遠見遮断などの設定など，軍事上の配慮をきめ細かく行なっているのである。

　こうした堀割と主要道のプランニングを基に行なわれた町割は，一見，複雑な様相を呈している。にもかかわらず武家地，町人地，寺社地の区分が截然となされているなど，プランナーの意図は明瞭に読みとることができる。

　武家地については，外郭の小牧までの道沿いと，内郭の北西隅で検出されている。後者については，同じく内郭内であっても「宮迄道」沿いでは町屋が展開していることと対象的な状況を示していて，城の前面に対する防禦意識が優越していることを表わしている。

　町人地は長方形街区と短冊型地割によって町割されている。そして主要道沿いに一部竪町が認められはするが，大半は横町プランとなっている。また町屋の形成は郭内にとどまって外へ広がることはないが，しかし一方では，郭外であっても「津島迄道」沿いのように，街村が形成されていて，押えがたい清須の膨張ぶりを物語っている。

　さらに寺社地については，東北隅の外堀沿いに二列設定されていて，個々の寺社地は幅7mほどの大溝によって屋敷割されている。これらの大溝は外堀と有機的に結合し，全体として城下町の防禦機能を高めているのである。

2　おわりに

　清須城下町は，なお領国別支配体制が強く残存する近世初頭に，あくまでも領国尾張の支配拠点としてプランニングされ普請された城と町であった。それ故にこそ，幕藩体制が確立するに至れば，清須越を迎えねばならなかったのでもある。ともあれ，清須城下町遺跡は，まぎれもなく近世城下町の初期形態を良好な状態で地下に秘匿させていることには相違ないようである。

戦国城館跡の発掘

小田原城（相模）

小田原市教育委員会
■ 諏訪間　順
（すわま・じゅん）

東国最大の城郭であった小田原城は古文書や絵図に加えて発掘により曲輪内部や武家屋敷，町屋などの状況も明らかになってきた

　小田原城は大森氏，後北条氏の居城した時代をへて江戸時代にいたる，15世紀初頭から19世紀・幕末までのおよそ5世紀にも及ぶ長い歴史を持った城郭である。その特色は後北条時代最末期には周囲9kmの大外郭（総構え）を有する東国最大の城郭となり，江戸時代においても江戸城の西の防衛上重要な城郭として温存されたため，それが，後北条期の土塁・空堀による中世東国的な城郭構成と，石垣と水堀による近世城郭の複合した縄張りを持つに至ったということである。

　この小田原城はすでに後北条氏関係の古文書，現在まで残された20枚を越える城絵図の系統的調査，さらに現地形の踏査，測量などによって，中世後北条期からの発展過程や，その後の近世化の変容過程の大筋が明らかにされており[1]，こうした城郭史的な成果は発掘調査を実施する際，極めて有効である。

　小田原城における発掘調査は1971年に奥田直栄氏による1次調査を出発点とし，現在までに50箇所を越える地点が調査されている。1970年代の調査は上記の史跡整備に伴う調査か，あるいは八幡山古郭や山地部三の丸の土塁・堀の調査が多いという傾向があったが，1980年代に入って調査件数が急増する中で，曲輪内部や武家屋敷，町屋といった生活の痕跡が残されている部分での発掘調査も次第に行なわれるようになった。その結果，従来の小田原城の発達史に疑問を投げかけるような発見や，従来の城の縄張り論では理解できない場所からの堀の検出などがあり，小田原城の発掘調査による成果が蓄積されつつある。

　ここではその好例である三の丸箱根口の調査[2]について紹介しよう。

1　三の丸箱根口の調査

（1）調査の概要

　調査地は三の丸箱根口門から二の丸南堀御茶壺橋手前までの県道内に位置する。箱根口は本丸の南約300mの位置にあり，東海道筋に面する重要な虎口で，後北条後期から江戸初期には大手門であった。調査地は正保図（正保年間1645～1647年に成立）以降の城絵図には箱根口門から御茶壺橋へと至る道として記載されている場所であった。

　下水道工事に伴って1986～1987年にかけて約200m²（長さは75m）が調査された。現在整理作業を行なっているところである。

　調査の結果，寛文から延宝年間にかけて改造された箱根口門櫓台石垣の一部やその下層より形態，走行，時期の異なる3つの堀が検出された。これらはい

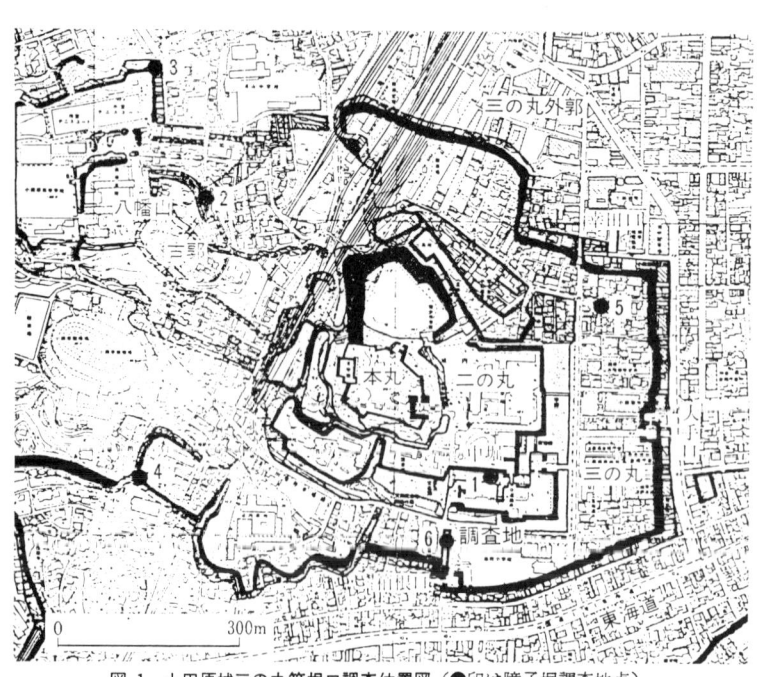

図1　小田原城三の丸箱根口調査位置図（●印は障子堀調査地点）
1：二の丸中堀，2：字八幡山枝堀，3：鍛冶曲輪北堀，4：新堀，5：本町1丁目
6：箱根口3号堀

ずれも正保図以降のどの城絵図にも描かれていないことから，正保年間以前に位置づけられる堀であることが理解できる。この他には石組水路や井戸，土壙，道路面，柱穴列などの遺構が検出されているが，この3つの堀とその出土遺物について若干説明する。

　1号堀　南北方向に走行を持ち，幅3m以上（東側法面は調査区外），長さ75m以上，深さ3.5m程度の規模を持つ。堀の堆積状況は最下層は砂礫層で下層は灰色粘土層，中層は砂層で，上層はローム層を一気に搬入し埋め立てた状況が理解できた。

　遺物は覆土下層を中心に陶磁器，かわらけ，漆器，木製品などが出土している。

　陶磁器は中国産では染付を主体に白磁，青磁，国産は瀬戸・美濃天目茶碗，同摺鉢，同鉄釉皿，常滑甕などが出土している。

　染付は口縁部が直立ないしやや内湾する碗が多いが（図3-2），それ以前からの系統を持つ端反のものもごく少量認められる（1）。文様は外面に蓮弁文を持つものや，見込みに十字花文を持つものが比較的多い。また，染付皿の底部は碁笥底を呈するものも特徴的である（3）。青磁は見込みに印花を持ち，高台内に及ぶ施釉を丸く掻き取るもの（6）などが認められる。白磁は口縁部が端反る皿がほとんどを占め（7），若干，高台からゆるやかに外反するものも認められる（8）。灰釉陶器は削り出し高台で腰以下が露胎となる皿（9）が主体を占める。天目茶碗は露胎部に鉄化粧を施すものである（10）。これらに多量のかわらけが伴う（11・12）。これらの陶磁器はある程度の時間幅は持たせる必要があるが，概ね16世紀初頭ないし，前半に位置づけられる。

　3号堀　形態は障子堀であり，1号堀を切って構築されている。調査範囲が狭かったため走行については断定できないが，東西方向に走る西側の立ち上がり部分を調査したのではないかと考えている。障子堀の規模は南北方向の堀肩幅3～3.6m，堀底幅1.2～1.5m，堀障子天端幅90cm，堀障子までの高さは1.2mを測る。堀法面の角度は50～55度を測る。覆土は堀障子までは灰色粘土層である。

　遺物は覆土下層より中国染付（図3-13～16），漆器碗約30個体分（17），漆塗陣笠1，漆塗小札2，下駄3，箸などが出土している。中国染付は濃い

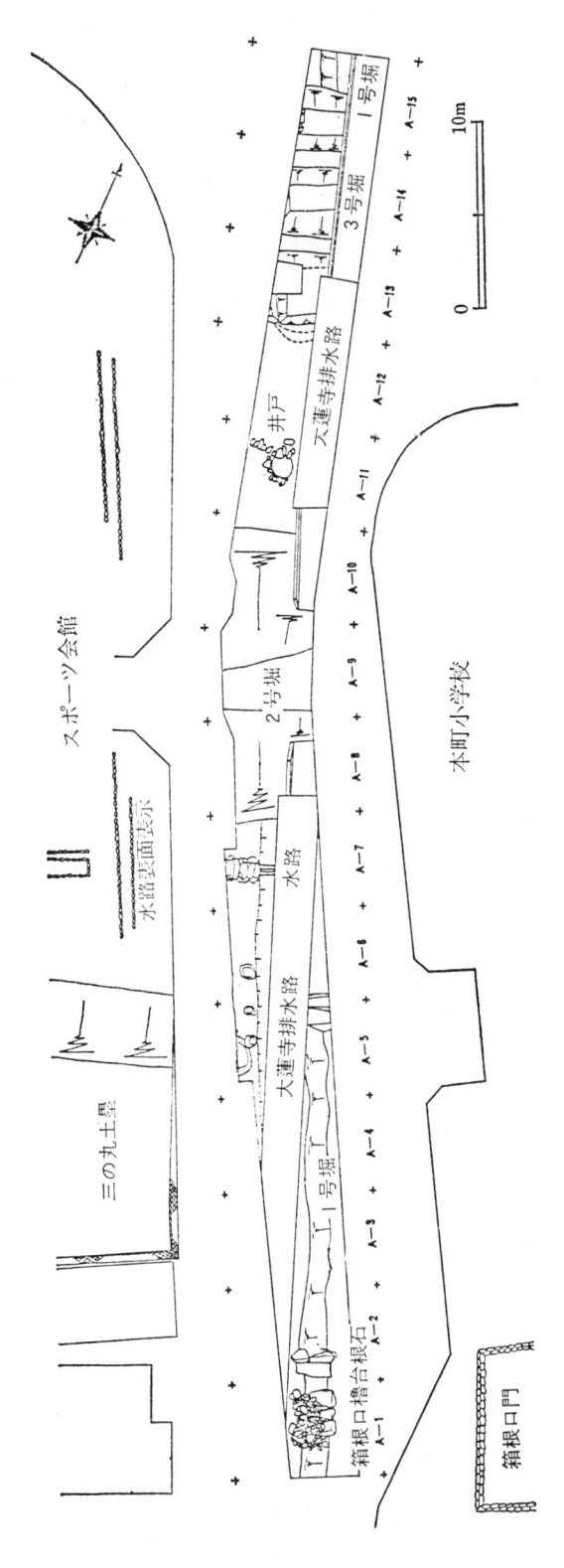

図2　箱根口全測図

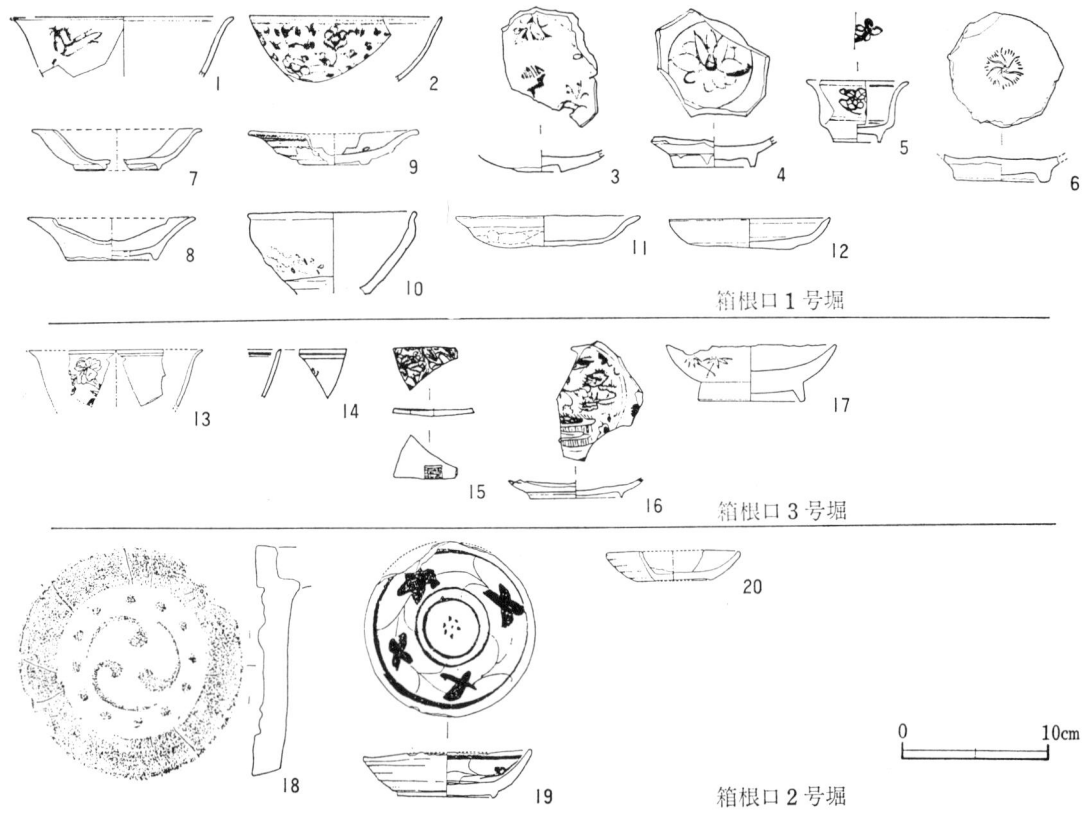

図3 箱根口1〜3号堀出土遺物

細線で輪郭線を描き，その内側を染め濃みするいわゆる万暦様式の中国染付である。この染付は中国の万暦年間に盛行するもので，八王子城や山中城では最も多く出土しており天正期の指標となるもので，16世紀末天正年間に位置づけられる。

　2号堀　幅約16m，深さ5.5mで東西方向に走行をもつ。法面の角度は約40〜50度を計り，堀底の幅は約3mである。

　覆土は最下層に灰色粘土層の薄い堆積(15cm程度)があり，水中堆積したことを伺うことができるが，その上層は多量の搬入土により埋め立てられている。遺物は多量の瓦（図3-18）をはじめ，漆器碗，志野皿（19・20），灰釉皿などが出土した。これらは17世紀初頭に位置づけられる。

（2）江戸時代の城絵図に描かれていない三つの堀

　これら3つの堀はそれぞれが多様な問題を投げかけている。

　1号堀は陶磁器の年代から16世紀前半に位置づけられた。この頃は従来の見解によれば，北条早雲が大森氏を追って，小田原城を奪取し，二代氏綱と城主が交替した頃に当たり，城域は大森氏時代の八幡山丘陵までか，あるいは現在の二の丸の範囲まで拡大していたかと考えられている時期に当る。少なくとも，この1号堀の存在は比較的早い時代に箱根口一帯を城域に取り込んでいった一つの証となる遺構であり，従来の小田原城の発達史に疑問を投げかけることとなった。このことは，調査地東100mに位置する本町小学校遺跡の調査結果でも追認できる。ここではV字溝に囲まれた建物跡や方形竪穴状遺構が検出されており，これに伴う陶磁器から16世紀初頭に位置づけられるものであった。

　次に3号堀は出土遺物に万暦様式の中国染付が存在し，志野・唐津は認められないため，16世紀末の天正期に位置づけられた。

　大正期の小田原城は永禄年間に武田氏，上杉氏の相次ぐ来襲を受け，元亀元年（1570）〜天正元年（1573）に低地部三の丸外郭の普請を行ない，引き続き，山地部三の丸外郭を天正10年（1582）頃に完成する。さらに天正18年（1590）豊臣秀吉の小田原攻めに際しては城下を取り囲むように周囲9km

図4 二の丸中堀の障子堀（左側は近世石積と中央は近世の堀底と重複）

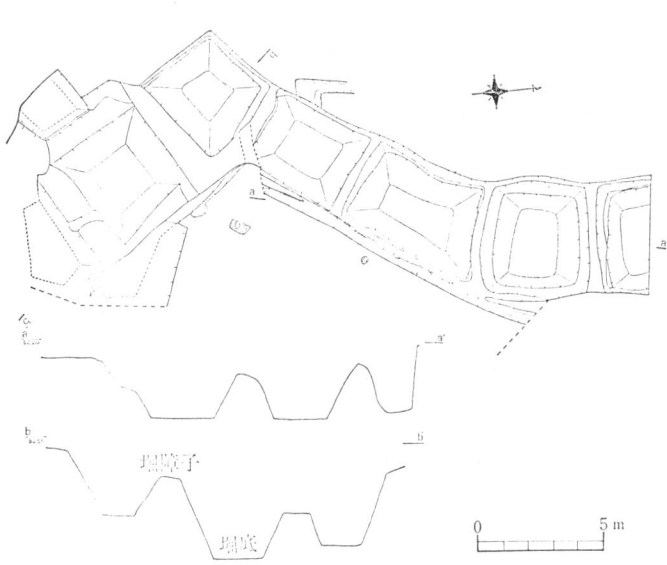

図5 字八幡山枝堀の障子堀（杉山1985を一部改変）

図6 箱根口3号堀陣笠出土状況

にも及ぶ大外郭（総構え）を完成する。このように天正期の18年間は三の丸外郭の整備，大外郭の構築と時が天下統一へと急転するまさに動乱の時代に当たる。3号堀から出土した陣笠や小札はまさしく戦国期であることを強く感じさせる。ところで，障子堀（軍学書「兵法神武雄備集」などには堀内の畝あるいは堤状の仕切りを「障子」といい，この障子を持つ堀のことを「障子堀」という）は小田原城を初め，三島市山中城，長泉町長久保城など後北条氏の城に多く検出されている。小田原城では二の丸中堀（図4）や字八幡山枝堀[3]をはじめ（図5），現在までに8地点（三の丸以内では6地点）が確認されている（図1）。この中で，現在までに確認されている障子堀のうち，鍛冶曲輪北堀，新堀は文献史によって天正10年までに，大外郭は天正18年に構築されたものであることが推定されているが，具体的に検証されるということはなかった。しかし，3号堀では障子堀の（存在した）年代を出土陶磁器の編年という考古学的方法によって初めて天正期に位置づけることができた。また，このことは三の丸内の本町1丁目内の

37

調査で検出された障子堀についても同様に確認されている。この堀は万暦様式の中国染付を含むかわらけの廃棄面を切って構築されており、天正期以降に構築年代を特定できる。

このように陶磁器による年代観と、後北条氏による障子堀の構築が天正18年(1590)までという文献史からの成果を併せて考えると、障子堀は天正期に盛行するというとりあえずの押えができそうである。

最後に2号堀は志野が出土しており、この年代観から17世紀初頭に位置づけられる。覆土は水中堆積を示す灰色粘土層はわずかに15cm程度であり、堀としての存続期間が極めて短期間であったと推定できる。また、その上層の覆土は一度に埋め立てられた状況を示し、その中には多量の瓦が含まれていた。このことは堀が構築され、短期間の存続の後、瓦を多量に含む搬入土によって一気に埋め立てられたと推察される。17世紀初頭は大久保忠世、大久保忠隣が小田原城の城主であった時代であるが、慶長19年(1614)に大久保忠隣が改易となる。この時、徳川家康、秀忠によって小田原城の門や櫓、石垣の一部が取り壊されている。この堀はこの改易に伴う小田原城の破却の状況を示すものではないだろうか。

2 小田原城における陶磁器の編年

以上、近年の調査から小田原城の変遷などに関して考古学的手法による成果を紹介した。やはり城郭研究においても、遺構の層位的な捉え方と、遺物の型式学的な捉え方、すなわち、層位と型式があくまでも基本であるといえよう。ここで、こうした諸成果に基づいて把握された小田原城における陶磁器の変遷について簡単に紹介しよう。

筆者らは小田原城および城下から出土する中世末から近世にかけての陶磁器群を特定の新出陶磁器の出現をもって大きく5期に大別する時期区分を行なっている[4]。この時期区分は偶然ではあるが小田原城の城主の交替や城の縄張りの変更を画期とした小田原城の歴史的変遷とよく合致することがわかり、遺構の年代的な位置づけやその性格などを検討するにあたり極めて有効な手段となっている。

これまでの検討の結果、消費地遺跡である小田原城および城下において、その時期区分の指標となる新出陶磁器は、Ⅱb期の万暦様式の中国染付が元亀元年(1570)、Ⅲ期の志野・唐津が天正18年(1590)、Ⅳ期の伊万里が1630年代、Ⅴ期の伊万里くらわんか手が1690年代以降にそれぞれ出現すると考えることができそうである。各期はそれぞれ、Ⅱb期は元亀元年より始まる小田原城の三の丸外郭造営、Ⅲ期は天正18年(1590)の後北条氏滅亡および大久保氏入城、Ⅳ期は寛永9年(1632)稲葉氏入城とともに開始される小田原城の近世化工事に、Ⅴ期は貞享3年(1686)大久保氏再入城以降の小田原城および城下に変化がほとんど認められない安定期にそれぞれ対比が可能である。これに従えば、さきの箱根口1号堀はⅡa期に、3号堀はⅡb期に、2号堀はⅢ期にそれぞれが位置づけられる。

こうした小田原城および城下における陶磁器の変遷が捉えられるようになったことは、近年の発掘調査の最大の成果である。これによって、発掘調査で検出された遺構の年代的位置づけが容易となり、小田原城および城下の歴史的変遷を再構成するための端緒が開かれるであろう。

3 おわりに

小田原城は城を囲み城下町が形成されており、それは小田原宿の宿場町としての性格も併せて持っており、いうなれば16世紀から19世紀までの長い間継続した都市遺跡である。

今後は堀、土塁さらには曲輪といった城郭遺構そのものに限らず、武家地、町屋といった三の丸やその外にも広がる遺構の調査を継続して行ない小田原城との構造的な関係や、両者の質的な差異についても検討していかねばならないであろう。

本稿は塚田順正、大島慎一の両氏との日頃からの検討をもとに執筆したものである。両氏に深く感謝する次第である。

註
1) 田代道弥「小田原城」『日本城郭大系』新人物往来社, 1980
　小田原城郭研究会「小田原城古絵図集」『小田原市郷土文化館研究報告』13, 1977
2) 諏訪間順「小田原城三の丸(大蓮寺排水路改良工事内)の調査」『第11回神奈川県遺跡調査・研究発表会発表要旨』1987
3) 杉山博久『埋もれた小田原城—その中世遺構を掘る—』小田原考古学研究会, 1985
4) 塚田順正・諏訪間順・大島慎一「小田原城及び城下における陶磁器群の変遷」貿易陶磁研究, 8, 1988

戦国城館跡の発掘
八王子城（武蔵）

八王子市教育委員会
■ 新藤康夫
（しんどう・やすお）

　北条氏の支城・八王子城の調査で巨石を利用した堅固な虎口遺構が
　検出されたことから大規模な普請が行なわれていたことがわかった

　八王子城跡は，東京都の西部，八王子市元八王子町三丁目および下恩方町に位置する戦国時代末期の城郭である。俗に後北条氏と呼ばれる小田原の北条氏の支城であり，その城主は第三代当主北条氏康の子，北条氏照である。氏照は後北条氏一族の重鎮として，中心的な活躍をしたことが知られており，天正期からは下野榎本・小山，下総古河・栗橋の諸城をも併有している。

　北条氏康は関東南半を制圧，その結果拡大した領国内の要衝，すなわち支城には一族を配するが，氏照は西武蔵に勢力を振るっていた大石氏の名跡を継承する。すなわち，大石定久の婿として滝山城（八王子市高月町・加住町・丹木町）に入城し[1]，滝山城を中心とする支城領内のみに通用する「如意成就」という印判状を発給し，在地支配を強化していった。

　その後，氏照は居城を滝山城から新たに築いた八王子城に移しているが，その動機については明らかになっていないし[2]，まれにみる大城郭を構想していたらしい氏照の意図は謎とされている。また，八王子城築城の時期についても諸説あり[3]，確定するには至っていない。いずれにしても，氏照が八王子城に居城を移した時期については，氏照文書の発給地が滝山から八王子に変わる天正12(1584)年から天正15(1587)年の間[4]，すなわち天正の末年と考えられている。そして，天正18(1590)年6月23日，豊臣秀吉の小田原攻めの一環として，前田利家・上杉景勝ら北国勢の猛攻を受け，小田原に籠城中の城主を欠いたまま，わずか1日で落城してしまうのである。

1　その後の八王子城跡と調査経過

　八王子城の落城が小田原の開城を促し，ここに戦国時代の幕が降りるわけである。さらに天正18年8月朔日徳川家康が関東に入国，武田旧臣大久保長安の差配によって新たに現在地に八王子の市町が建設されることになった。八王子城は廃城となり，「元八王子」という地名のみを残すことに

なった。八王子城の大半は幕府の御用林となり，現在では国有林となっている。

　その後八王子城跡は，まれにみる城郭の広さと，保存状態の良好なことから，1951年滝山城跡とともに国の史跡に指定されている。さらに隣接地の開発に伴って3回の追加指定を受け，現在約154万 m²という広大な範囲が史跡に指定され，保護の対象となっている。

　一方，1970年代に住宅の新築などによって史跡内の現状変更が急増したため，1977年度より国・都の補助金を得て遺構確認調査を継続して行なっている。家臣団の屋敷跡や寺院跡の伝承地を含む根小屋地区において実施したものであるが，これまでに地割りを示す区画と道路状遺構，堅穴状遺構，井戸などが検出されている。これらの分布や主軸方向から見ると，根小屋地区全体に一定の規則性に基づいた地割りが行なわれていたことが推定される。

　ところで，1990年は八王子城が天正18(1590)年に落城してから400年にあたる。落城が契機となり，現在地に八王子の街が創設されたことから，八王子市は各種の記念事業を計画している。史跡八王子城跡の環境整備もこの主要事業のひとつに挙げられ，1986年度より『基本構想』『基本計画』を策定している。発掘調査も整備事業の一環で行なっており，今回報告するものは1987年8～11月に実施したものである。

2　検出された遺構

　発掘調査を実施した個所は，慶安元(1648)年銘の八王子城古図に「北条陸奥守殿御主殿」と記載されているところにあたる。城主北条氏照の居館跡と見られるところで，今後の整備計画の中心に位置づけている。

　当該地は海抜460mの要害部より比高200m下位に設けられており，南北約40m，東西約100mの土塁に囲まれた削平地となっている。

　調査は御主殿の入口部分（虎口）から城山川に掛

かる曳橋の橋台部にいたる範囲を完掘し，御主殿内部の平坦面についてもトレンチ調査により遺構確認を行なった。

御主殿の入口部は予想以上に遺存状態が良好で，橋台部を除くと，ほぼ虎口の構造を明らかにすることができた。一般に，城や城内各郭の出入口は虎口と呼ばれ，厳重な防御と，さらに攻撃の拠点となるような工夫がこらしてあった。御主殿の虎口は，土塁に囲まれた幅約5mの通路が「コ」の字形に折れ曲る桝形構造を呈している。桝形とは，土塁で囲った四角い区画が桝に似ていることからそう呼ばれているものである。桝形虎口は，城内から左へ曲って外へ出るものは「左前」，右へ曲って出るものは「右前」と呼ばれている。当時，弓を引く左半身で進むことができることから，左前は城方が出撃するのに都合が良く，逆に攻める側には不利なため，左前にするのが良いとされていた。八王子城の場合は右前となっており，興味深い。

通路には橋台部に続く部分を除いて全面に石が敷かれている。高低差は約9mあり，この間が3ヵ所の階段と2ヵ所の踊場から構成されている。これを御主殿側（城内）から見ていくと，7段の階段，踊場を経て右へ曲り，13段の階段，長さ約11mの踊場へ続く。さらに6段の幅広の階段を下り，再び右へ直角に曲り石の敷かれていない通路を下がりながら，橋台部へと至る。

入口最上段では，土塁に接する部分から柱の礎石と思われるものが検出されている。これは角柱状の2本の石を枕木のように並べた上に乗せられていたもので，対になる部分（北側）は攪乱のため確認できなかった。桝形虎口の内の門として冠木門が想定される。

続く7段の階段は遺存状態はあまり良くなかったが，間口は下段で4.7m，上段で5.5mと御主殿に向かって広くなっている。各段の奥行（踏面）は1.1m，各段の高さ（蹴上げ）は約30cmを測る。

踊場は東西6m，南北5mの規模で，南側が流失している。西側の階段に接する部分に大きめの石が敷かれている他はほぼ平均しており，扁平な石が用いられている。踊場北東部では，石垣直下に側溝が設けられている。排水のためのものと考えられる。以上の階段から踊場へと続く部分の北側は，石垣の遺存状態が悪い。当時はその上に土塁が構築されていたと思われるが，崩落したらしく，多量の土砂や石が堆積していた。

13段の階段は，比高約5m，階段全体の傾斜は20度である。中央部は流失しているが，両側の石垣に近づくにつれ良く遺存している。間口は下段で5.1m，上段で6mとやはり上に向かって広がっている。踏面は0.9～1.1m，蹴上げは約40cmである。7段の階段と比較すると，やや狭くて急な階段となっている。

次に続く踊場は東西5m，南北11mと大規模なものである。この踊場では，南半部分で4ヵ所の礎石が発見されている。礎石は敷石面より約10cmほど高くなっており，周囲に石が敷かれていないのが特徴である。礎石間の距離は東西4.5m，南北3.6mで，これを基礎とする四脚門のような施設が予想される。事実この部分からは炭化物が多く確認されたり，敷石がよく焼けており，上屋施設の焼失を物語っている。桝形虎口の外の門ということになる。この踊場でも側溝が東西両側で，階段下から北側の礎石までの間に確認されている。

踊場に続く6段の階段は間口約8mと広くなる。これは東側に張り出すためで，これに続く通路部分も含めて，武者溜のようなものか，あるいは対岸を進んで来る敵に横矢を掛けるための施設などと考えられる。いずれにしてもこの部分の遺存状態はあまり良好ではなく，性格は不明と言わざるを得ない。階段の踏面はほぼ1m前後，蹴上げは30cmである。

この階段を下りて西へ進むと橋台部へ至る。この間の通路部分には他と異なって石が敷かれていないが，堅くつき固められている。通路の南側はおそらく土塁が存在していたと思われ，土留めの石垣が確認されている。北側も石垣が一部確認されているが，大半は上方の土塁も含めて崩落しており，大量の土砂で覆われているためこれ以上の追求は今回は断念せざるを得なかった。この通路は間口約4mで，西に向かって緩やかに傾斜している。

橋台部は石垣の崩落が著しいため未発掘であり，今後の調査を待たなければならない。今回の調査では通路面より高さ1.6mの南西に続く石垣が検出されており，また，橋台部の西側でも南東に続く石垣が確認されていることから，東西を石垣で築かれた台の間を抜けて左折し，橋を渡る構造ではなかったかと推定される。

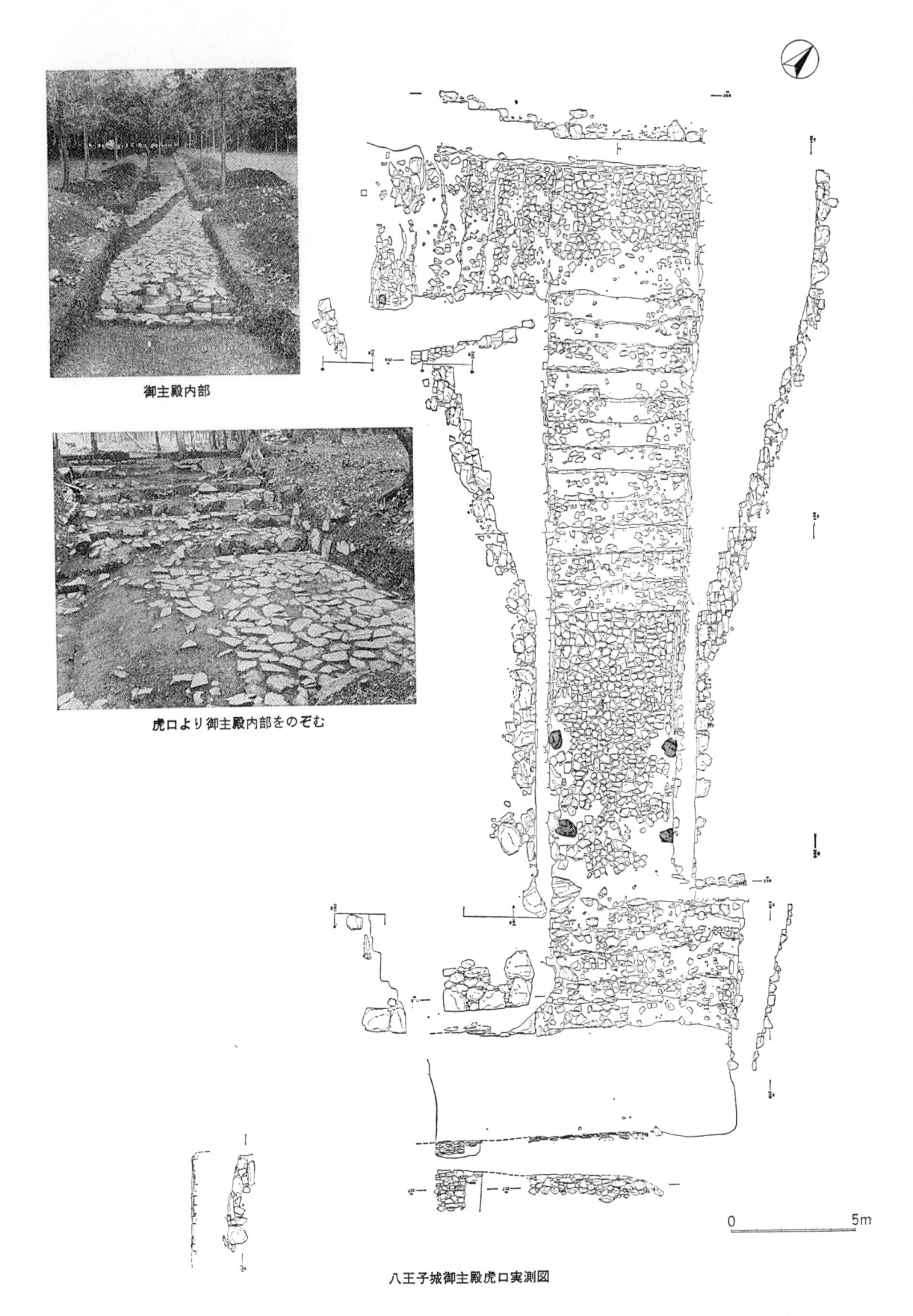

御主殿内部

虎口より御主殿内部をのぞむ

八王子城御主殿虎口実測図

以上，通路各部分について見てきたが，その両側には高さ2m前後の石垣が築かれている。土塁を支える基礎といった機能をもつものである。石の大きさは一定していないが，御主殿の南東隅にあたる部分には，一辺が1.1mもの大きな角石が配されている。石垣や裏込めに用いられた栗石は，すべて砂岩である。これは城山一帯に産するもので，小塊に割れやすい性質をもっている。いずれにしても，石垣の構築方法を追求するために，切開調査が必要であると考えている。

御主殿内部については，試掘調査の結果，西側に寄ったところから大型の礎石建物跡などを確認することができた。トレンチ調査のため礎石建物の全容は不明であるが，今回検出された14基の礎石から間口11間，奥行6間程度の規模と推定される。この建物に平行する石敷の通路，雨落溝，さらに直交する溝も検出されている。トレンチ北側では，北端の礎石の先に直径1～2cmの玉石が敷かれ，さらにその北側には立石などが検出されており，庭園遺構の可能性も考えられる。

この礎石建物の範囲は土がよく焼けており，火災に遭っていることがわかる。炭化穀類や焼けた壁土も多量に検出されている。

3 出土遺物

遺物の総点数は3,100点で，大半は礎石建物内部およびその周辺から出土したものである。舶載磁器類では，とくに染付，白磁が目立つ。染付は呉須が鮮やかな青色に発色したものが多い。その他に舶載品として，李朝の平茶碗と長頸壺と思われる破片が出土している。

国産陶器類では，日常雑器としてのカワラケの出土が多い。胎土は均一，薄手で焼成も良いという良質のものである。この他は瀬戸・美濃製品が多いが，大窯Ⅲ期の灰釉内面釉剥ぎ皿，志戸呂の鉄釉皿，多量の大皿といった従来の根小屋地区の調査では見られなかったものが出土している。信楽の水指も1個体出土しており，茶道具の種類も富んでいる。その他石臼（ひき臼）や茶臼，弾の鋳型，ルツボなども出土している。入山部からは土弾が多く出土している。

礎石建物跡から検出された炭化穀類は，全体で約1kgにものぼる。大半は大麦（大部分はハダカ麦）であることは，大変興味深い。まず食用に供されたものであろうが，味噌の製造にも欠かせないものであったろう。その他に少量の小麦・米・大豆・アズキ・アワが検出されている。文字どおり五穀が出土しており，戦闘に備えてあわただしく集められたものであろう。

4 成果と課題

従来，八王子城に関しては，築城後間もなく，しかも未完成のまま落城したとみられていた。今回の調査では，巨石を利用した堅固な虎口遺構が検出されたことから，城主の居館は大規模な普請が行なわれていることが明らかになった。防御施設としての機能に加えて，城主氏照の権力を誇示するかのような，一種の威嚇的な色彩をも感じとれるのである。

また，御主殿内部でも，良好な形で遺構が残されていることが明らかになった。今後の調査によって，居館内部の建物配置や空間利用のしかたを究明できる可能性が出てきた。

今後の史跡整備にあたっては，当時の御主殿への導入形態，すなわち城山川南岸に残る古道から曳橋を渡り，今回報告した虎口を通って御主殿へ入るルートを復原していきたい。

その目的に沿って1988年度は，城山川対岸（南岸側）の橋台部，および古道の確認調査を計画した。橋台部は北側の石垣は流失しているが，東西両側に高さ1～2mの石垣を検出し，その南西側では石垣の天端をおさえることができた。また，古道については，橋台付近で一部その痕跡らしきものを確認，現在調査を継続中である。

註
1) その時期は文書の発給から永禄2(1559)年前後，氏照20歳頃と推定されている。
下山治久「滝山城から八王子城へ」『八王子城』八王子市教育委員会，1983
2) 一般には，永禄12(1569)年10月，武田信玄率いる大軍に滝山城を包囲され，落城寸前まで猛攻を受けた（『甲陽軍鑑』）ことが，氏照に新城を決意させたとされている。
3) 八王子城築城の時期については諸説あるが，『八王子市史』によれば，主として(1)元亀から天正初年説(1570～1575年頃)，(2)天正6(1578)年前後説，(3)天正18(1590)年の落城に近い頃とする3説がある。
4) 杉山 博「滝山城から八王子城へ」多摩のあゆみ，10，1978

戦国城館跡の発掘
武田氏関係城（甲斐）

帝京大学山梨文化財研究所
■ 萩原三雄
（はぎはら・みつお）

武田氏関係の城には勝沼氏館のような日常性を物語るものと、笹尾・中山・古城山城のような非日常的性格をもつものが存在する

　戦国期における甲斐武田氏関係の城館跡の調査研究は、1973年に始まる勝沼氏館跡を嚆矢とする。この館跡は山梨県東山梨郡勝沼町に所在し、1977年までの7次に及ぶ発掘調査によってその大要を知ることができ、現在国の史跡に指定されて整備が行なわれている。
　この館跡の発掘調査以後、北巨摩郡小淵沢町笹尾砦址、同武川村中山砦址の学術調査が相次いで実施され、城館跡の研究が飛躍的に進展することになった。ここでは勝沼氏館跡の調査とそれ以後の戦国期城館跡の発掘調査の成果のいくつかを簡単に紹介し、今後の課題を探ることにしたい。
　勝沼町を東西に蛇行する日川の右岸の急崖を利用して築造されている勝沼氏館跡は、東西90m、南北60mの主郭を中心に、二の郭・三の郭が付設し、大規模な複郭形式を採る典型的な戦国期の城館跡である。また、主郭をとりまく格好で二重の堀をめぐらし、その間に土塁を併設している。調査によって土塁は数次の修築が考えられており、しだいに強固な土塁へと発展していった様子もうかがわせている。主郭内は、少なくとも三時期の変遷が認められ、発掘調査はその上層遺構を中心に実施されていった。主な出土遺構は、23棟に及ぶ礎石を用いた建物址と、その間を縦横に走る水路址や水溜址で、戦国の武将の生活をにじませる遺構群である。出土遺物も比較的豊富で、瀬戸美濃系の灰釉陶器を始め各種陶磁器、カワラケ（土師質土器）、刀子・カナヅチ・鋤先・釘などの鉄製品、茶臼・硯などの石製品、刀装具の切羽・鉄砲玉などの武具類、六器の台皿などの宗教用具、古銭など多種多様に及ぶ。
　この館跡は、『甲斐国志』などにより武田信玄の父信虎の同母弟次郎五郎信友の館と伝えられ、地元の地誌や伝承などにもうかがえる。信友は、峡東地方の支配と郡内方面に対する目付としてこの地に館を構えたと言われ、したがって政治的にも軍事的にも極めて重要な役割をこの館は担っていたものと思われる。

　さて、数次にわたったこの発掘調査は、従来文献史学を中心に展開されていた戦国史研究に新たな視点と多くの考古学的成果をもたらし、とくに戦国期の人々の日常生活の具体像を目のあたりにすることができたのはこの分野の研究に強い説得力をもつことになった。また、軍事的な拠点たる性格をもつ城館址であるにもかかわらず、出土する遺構や遺物は日常的、生活的な諸様相を帯びていることや、主郭をとりまく土塁の他にもかつてはいくつもの土塁や堀などの防御施設が張りめぐらされていることなどが確認され、発掘調査が中世戦国期の城館址研究にとって欠かせないことが認識されたが、一方では表面観察による縄張研究の限界をも知らされることになったのである。
　1978年には笹尾砦址、続いて81年には中山砦址が発掘調査され、軍事的色彩の濃い山城の具体的な状況の一端が把握された。この両者の堅固な土塁や堀切に囲繞された郭内部からは生活用具の出土がほとんどであったが、その量は極めて少なく、勝沼氏館跡に見る日常性に反し、非日常的・臨時的施設という性格を浮かびあがらせている。1987年8月に実施された市川大門町の古城山城址の調査でも、堅固な遺構群やすぐれた縄張をもつ山城にもかかわらず出土遺物は希薄で、先に述べた傾向は一致している。この城址は、甲府盆地と県南の河内地方を結ぶ接点付近にあり、領国経営上重要な位置を占める城館であるが、常時多くの兵力を配置した形跡は見当たらない。こうした特質は、山城は軍事的緊急時を中心に使用されるという非日常性を端的に示しているのであろう。
　武田氏の本拠地である躑躅ヶ崎館も、現状変更や遺構確認のために小規模な発掘調査が繰り返され、礎石や水路址などが断片的に確認されている。ところで、この館の東・南・北方面に通ずる虎口部分は武田氏関係の城館跡に顕著な特徴として見られる桝形形式を呈しており、武田氏の築城技術を探る上で欠かせない施設であるが、近年長野、愛知などの武田氏侵攻地域の城館でも注目さ

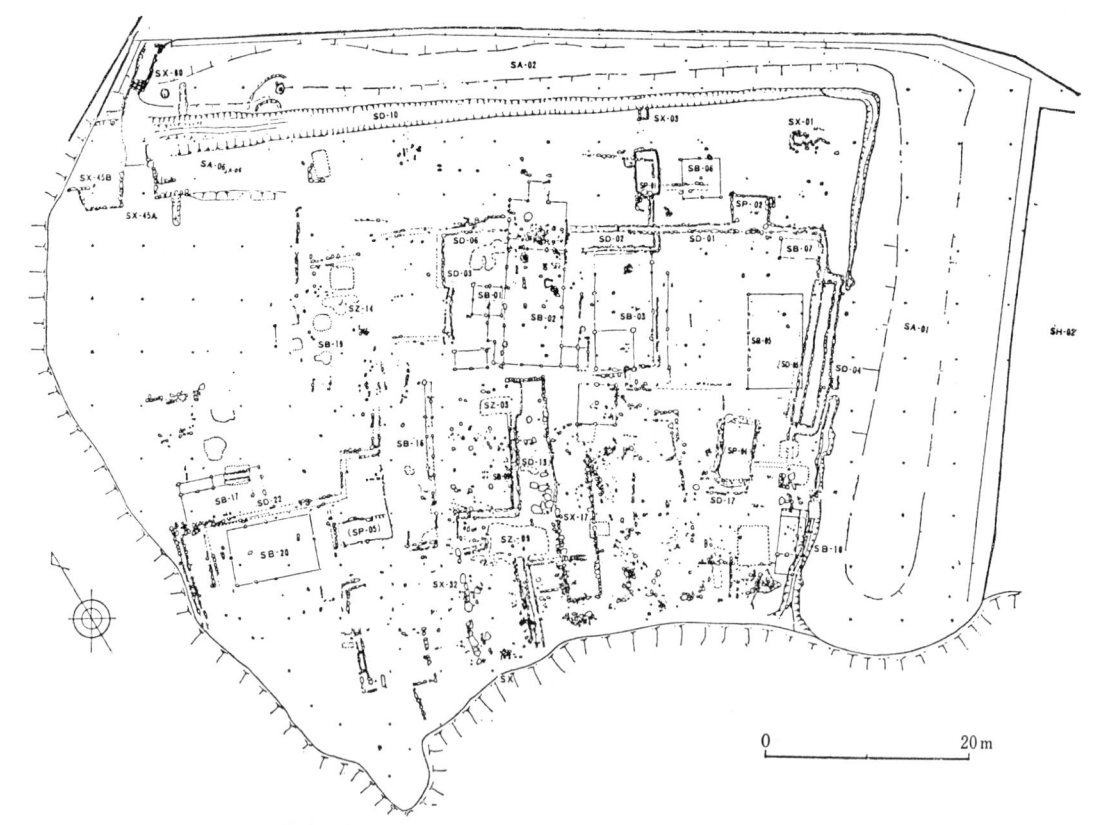

国史跡勝沼氏館跡内郭部遺構図（『勝沼氏館跡調査概報Ⅱ』より）

れ，枡形虎口の分布域と構造がしだいに明らかになりつつある。

長野県上水内郡信州新町にある牧之島城は，永禄年間に武田氏の有力家臣馬場信房が守備していた要害堅固な城館で，『千曲の真砂』にも「或軍師曰，牧之島城ハ甲州流軍者甚秘の城取となすなり」とたたえられるほど，甲州流築城技術をよく伝えた城とされている。この城の本丸部分が1974年に発掘調査され，枡形虎口が検出されている。虎口を形成するカギ形の土塁や，礎石あるいは石列の状況などに枡形虎口の構造が理解でき貴重な成果である。愛知県南設楽郡作手村の古宮城も，馬場信房の築城と伝えられる城館で，主郭に通じる虎口は枡形を形づくり，丸馬出とともに武田氏が虎口を重視し，侵攻地の城館に積極的に採用していった姿勢がうかがえ大変興味深い。

甲斐府中防衛の一翼を担い，躑躅ヶ崎館や詰城の要害城と一体となって築造された甲府湯村山城も1987年8月に発掘調査された。甲府市史編さん事業の一環で，遺構確認を目的とし部分的な調査にとどまっているが，いくつかの新たな所見が得られている。その一つに，虎口部分の検出がある。主郭から三の郭方面に通じる北側に設けられ，従来は形状が明確でなかったが，調査によって部分的に石積みを用いた枡形が現われた。この施設の検出によって湯村山城の役割の重要性が改めて認識されることになったのである。

以上，武田氏の城館跡の発掘調査とその成果の一端を述べてきたが，数少ない調査事例からもしだいに戦国期の様相が明らかになりつつある。

ところで，これらの城館址は，一面では軍事的機能を保持しつつ支配拠点としての役割を果たしているが，しかしそれ以上に，中世戦国期における在地土豪層や周辺の人々の社会相が秘められているのが理解できると思う。勝沼氏館跡に見た日常性を物語る諸遺物も多くの内容を語るであろうし，また笹尾・中山・古城山の各山城のもつ非日常的性格も，それらが誰の手によって支えられ，あるいはどの階層が維持経営していたのか問題を投げかけている。要するに，これらの城館の多くはそれぞれの地域の日常の生活と社会構造を鋭く反映しながら存在しているのであり，こうした認識を前提とした追究が今後の城館址研究にますます重要になると思われるのである。

戦国城館跡の発掘

郡 山 城（安芸）

広島県教育委員会
小 都　　隆
（おづ・たかし）

郡山城は戦国の山城として発展しながら政治性が強く，とくに
毛利輝元の時代には中国地方を治める城として周辺を威圧した

　毛利氏の居城として知られる郡山城跡は，広島県高田郡吉田町吉田にある。昭和15年に史跡に指定されているが，その後の社会情勢の変化は指定地域の拡大や，関係城跡の追加指定を検討させることになり，昭和63年には，毛利元就の育った多治比猿掛城跡をあわせた約60haが，史跡毛利氏城跡（郡山城跡・多治比猿掛城跡）として，追加指定および名称変更された。吉田町教育委員会では，この作業に平行して史跡毛利氏城跡の適切な保存と管理を期すため，保存管理計画を策定することになり，両城跡の1,000分の1平面図作成を行なうとともに，文書や地誌，絵図などの文献や出土遺物などの基礎調査があわせて行なわれた。その成果は報告書に記されたとおりである。

1　文献からみた郡山城跡

　毛利氏が安芸吉田荘を得るのは承久の乱（1221）以後とされ，実際に吉田荘に下向するのは時親のとき，建武3年（1336）である。この時の城は明らかでないが，暦応4年（1341）の毛利寳乗書状（毛利家文書14）では，時親の後を継いだ元春が「郡山殿」と呼ばれており，元春が郡山の一画にいたことがわかる。しかし，その後も毛利氏の城は吉田城と呼ばれており，大永3年（1523）の毛利元就郡山入城日記（毛利家文書246）まで郡山城の名称はでてこない。また，城の内容についても，後に郡山城内にくみ入れられる満願寺，興禅寺などがそれぞれ独立した寺院として記されていることなどからすると，それまでの郡山城は，郡山の東南端にある支尾根の「本城」といわれる部分であったことが想定できる。元就入城後，天文9年（1540）には尼子詮久（晴久）の軍が郡山城を攻め，吉田盆地をはさんだ青山に布陣するが，この時城下には祇園縄手，堀縄手などの街路があったことがうかがえる。郡山合戦は尼子軍の撤退で一応終結する。その後，郡山城は城域を拡大する。すなわち，山麓の堀を西に延ばすとともに，郡山東南端の支尾根（本城）から，背後の頂上部を中心に郡山全域に郭を配置していった。

　この後，元就は大内氏のもとで山陰に出兵（天文11年～，1542），小早川氏へは3男の隆景（天文13年），吉川氏へは2男の元春（天文16年）と，それぞれ養子縁組し，神辺城をはじめとする芸備攻略，大内氏に代った陶氏との厳島合戦（弘治元年，1555）や周防の攻略など，安芸国外での戦乱にあけくれ勢力を拡大するが，この頃の城内の記録はない。

　永禄年間の元就書状によると，元就は自身のことを嶝とよび，隆元は尾崎殿の表現があり，他に尾崎局，中の丸殿などが城内にいたことがわかる。とくに永禄10年（1567）の平佐就之あて元就自筆書状（毛利家文書548）によると"家臣の赤川元保と談合しようとして元保を呼んでも，耳が痛いといってこない。たまたま来るときは尾崎（隆元）のときはおれうの寺，かさ（元就）のときは桂元忠のところまでで，ついに上までこない"との記述があり，当時元就はかさ（嶝）と呼ばれ山上（本丸）にいたこと。この下に重臣桂元忠の預所があったこと。また尾崎には隆元がいて，その下におれうの寺があったことがわかる。この他，登城という語などからみても，元就は戦乱にあけくれたなかで，吉田に滞在するときは郡山城内，それも本丸に居たことが想定され，「春霞集」（毛利元就和歌連歌集，元亀3年）によると，その合間に城内の中の丸や興禅寺，満願寺などで和歌をよんでいる。つまり元就全盛時の居所は城下山麓ではなく山上にあったことがうかがわれる。

　元就は元亀2年（1571）に没し，その後は孫輝元が継ぐ。輝元は吉川元春，小早川隆景の助力もあってさらに勢力を拡大するが，天正13年（1585）には豊臣秀吉との間に境目交渉がなり，以後は秀吉旗下の一部将として平隠がおとずれることになる。郡山城はこの頃最終的な改修がなされたものと思われ，城下の整備もこの頃行なわれたらしい。それは天正16年（1588）に輝元の出した城下の掟でもわかる。さらに同年7月～9月，輝元は上洛するが（天正記：輝元公上洛日記），帰国後広島へ

の移城を決め，翌年には鍬始め，同19年には広島城へ移っている。慶長5年(1600)の関ヶ原合戦の後，安芸国へは毛利氏に代って福島氏が，さらに元和5年(1619)には浅野氏が入るが，浅野氏は寛永8年(1631)郡山を藩の御建山としている。したがって以後の改変はなく現在に至っている。

2 郡山城跡の遺構

郡山城は，安芸吉田荘の北を画す郡山（標高390m，比高190m）を利用した山城である。郡山は東西1.3km，南北1kmの独立丘陵状をなし，東，南側は可愛川およびその支流である多治比川によって画される。

城の遺構は，頂部の本丸を中心にそれからのびる尾根上に広がり，自然地形をうまく利用して計画されたことがわかる。構造的には，(1)頂部付近の高まりを道や堀切などにより区画して本丸などをおいた中枢部，(2)中枢部から周囲にのびる尾根上を，西側の谷や背後を堀切って区画した内郭部，(3)内郭部から派生した尾根を利用し，それぞれを独立的に配置した外郭部，(4)さらにそれらを大きく包む山麓の堀までの周縁部の，4重構造に計画されていたことがうかがわれる。

中枢部郭群は山頂部を利用したもので，本丸・二の丸・三の丸ほかからなる。内郭部からは5～20mの比高差があり，さらに石垣などで急崖としていることから独立性が強い。現在でも高さ2～5mの石垣がみられることから，総石垣づくりであったことが考えられる。本丸は一辺約35mの方形をなし北端に櫓台をもつ。二の丸は本丸よりやや小さいが，三の丸側に入口を開いた築地の基礎と考えられる石塁が周囲をめぐっており，内部に建物があったことが想定できる。三の丸は城内最大の郭である。内部は石垣，石塁などで4分割し，その西側には石垣や石塁で虎口郭をつくる。虎口郭からは本丸，二の丸の西北麓をめぐる帯郭への階段が石垣のなかに組込まれ，近世城郭的な様相をみせている。なお，二の丸・三の丸からは輸入

郡山城跡平面図

陶磁・備前焼などの陶磁器，皿・鉢・鍋などの土師質土器，瓦が採集できる。

中枢部郭群からは6本の尾根がのび，内郭を構成する。北から東まわりで釜屋壇（6段），厩壇（11段），妙寿寺壇（13段），勢溜壇（10段），釣井壇（1段），姫丸壇（7段）がならぶ。それぞれの基部は中枢部郭群を囲む通路で輪状に結ばれ，中枢部を守る。それぞれの郭の端部は切り落すか，その先端部との間を堀切で区切って，周囲からの独立性を強めているが，これら相互には通路がめぐり，独立しながらも連携して二重の防禦体制をしいている。ただこの内郭には，部分的に石塁がみられるほかは石垣はなく，基本的には土造りで中枢部とは造りを異にしている。なお，中枢部の正面直下に満願寺壇（6段）があるが，これは面積も広く，石垣造りの溜池を2ヵ所もつなど，単なる寺というより中枢部と密接な関係をもっていた郭と考えることができよう。

内郭のほかにも多数の郭があり，外郭を構成する。南側正面では勢溜壇の先端に矢倉壇（8段），一位の壇（10段），勢溜壇を堀切で区切って独立させた尾崎丸（17段），さらにその先端が独立した本城（16段）があり，東側では厩壇の先端に馬場（9段），背後には釜屋壇の先端を堀切で区切って独立させた羽子の丸（8段），さらに背後の甲山との鞍部を守る千浪郭（3段）がある。これらに特徴的なことは，主要な郭の背後を堀切などで区切り，独立しうる構造としたことで，それぞれはその内部に10〜20の郭をもち，中心には本丸的役目をもつ郭をおいている。なかでも本城は，尾根背後を3重の堀切で画し完全に独立しうる構造をなし，中世の軍艦型の山城の形態を残しており，元就入城以前の姿をとどめているともいえる。隆元の居所である尾崎丸は，背後を2重の堀切と土塁で画し，長大な郭を中心に独立性をもたせている。また，北の守りである羽子の丸も，中枢郭からは鬼門の方向にあり，北方の可愛川下流への見張りとともに本丸が落ちたときの詰の丸として独立性が強い。ただ，本城を除いてはいずれもそれぞれの郭の内を経由しなくてもその先端部に到達するよう内郭からの通路が続いており，それぞれは独立しながら互いに連携をもった構造であったことがわかる。

江戸時代後半期の絵図によると，これら山上の郭群のほか，南側山麓には大通院谷から御里屋敷をめぐり，山麓をとりまく堀が描かれている。これは現状の地形でもほぼその痕跡をたどることができることから，輝元時代の城下町形成時頃には堀もつくられたことが想定される。すなわち広義での城域は，南側ではこの堀ということになり，東は可愛川，北は甲山との鞍部が境となる。となると前面に比べ背後の守りは手薄である。

次に城域については，内，外郭ともに大通院谷で区切られ，その西には妙玖庵，洞春寺，東には常栄寺があり，大通院が毛利氏の墓所であったことから考えると，広義には城内としても，毛利氏にとっては墓所のある聖地として扱われていたことが考えられる。

なお，館については，大通院谷入口の東西200m，南北100mの微高地が御里屋敷とよばれ屋敷跡と伝えられている。しかし，この地の試掘調査では，当主の館の存在は確認できず，可能性としては里衆の屋敷跡が想定できる。このほか，堀の外には，清神社と郡山城本丸とを結ぶ線の延長線上を基点とした街路（祇園縄手）を中心に，それと平行して350m間隔で香取縄手，順礼堂縄手など4本の街路が作られ，それと直交しては城下を東西に貫く竪縄手がみられるなど，大がかりな都市計画に基づく城下町の建設が行なわれているが，これら山麓の遺構については元就時代に記録がないことから領国支配の安定した輝元時代に作られたものと考えられよう。

3 まとめ

郡山城は独立丘陵状をなす郡山全域を利用した戦国時代の大規模な山城である。内容的には全体として一体化しながら，その部分部分が個別に機能した4重構造をなし，単なる戦国大名の城としてはとらえられない性格をもっていることが考えられる。

構造的には，本丸のある中枢部を独立させ，その周囲に堀切で画した主要郭群を配置した内郭をおき，外側にはそれぞれ独立しうる本城，尾崎丸，羽子の丸などの外郭を配し，さらに外縁を堀で画している。この形態は天正19年（1591）の広島城移城直前の姿であり，建武3年（1336）の毛利氏入城以来，大永3年（1523）の元就入城，改修をへて輝元に至る長い改修の歴史が凝縮されたものである。遺構からみると，総石垣は中枢部のみであり築地や石段，枡形もここにしかみられないが，

こうした技術は永禄年間以降に発達するものとされている。これらの遺構の年代については，元就はその生涯に280余度の合戦をしたといわれるほど合戦にあけくれており，とくに弘治元年(1555)の厳島合戦以後ではほとんど吉田にいなかったようである。元就晩年の永禄10年(1567)には，前年に尼子氏の富田月山城を攻め落したために一時の平隠が訪れ吉田に帰るが，この時の元就の生理的な環境を考えれば，毛利氏の将来をたくす幼い輝元のため城をより堅固に整備したことが考えられよう。それ以後では元就の死後，秀吉の旗下として安定した輝元の時，それも天正16年(1588)の上洛後の改修が考えられる。いずれにしても，中枢部は虎口を除くと構造的に単純であり，中枢部をとりまく内郭にもその周囲に堀切や土塁がみられるのみで内部には防禦的色彩が薄いこと，内部に満願寺，妙寿寺などの寺をもつことなどから，城といいながら実戦的なものより居住性が強まった時期に，外郭の要所に郭を配置し，堀をめぐらすなど，周囲に威圧感を与える大名のシンボル的存在として，近世城郭の発想のもとに改修，整備されたと考えられるからである。

城内の様子については明らかでないが，郡山城から移城した広島城については記録が残されている。毛利氏時代の広島城絵図（毛利家文庫「芸州広島城町割之図」）によると，御本丸を囲む内郭部分では一族の吉川，小早川氏のほか，福原，桂，志道，粟屋，国司，赤川，口羽など譜代の近臣が配置されており，これから考えると毛利輝元のいる中枢部を囲む内郭にはこれら譜代の近臣の預所があったことが考えられる。なお，江戸時代後期に描かれた「吉田郡山御城下古図」には，本丸周辺に桂左衛門大夫（元忠），宍戸左京介，国司右京（元相），粟屋右京（元親）などの近臣，本城に粟屋縫殿允（元忠），城外に吉川元春，小早川隆景の御宿が描かれており，広島城に類似した点が多い。つまり郡山城では毛利一族が中枢に，譜代の近臣が内郭に常住し，その一部が外郭の本城，羽子の丸などに詰めて城を守っていたことが想定され，通常の城と異なり居住性をもった城であったことが考えられる。

次に郡山城の性格については，弘治元年(1555)の厳島合戦以後，元就は実質的に西中国6ヵ国を平定することから，その居城も単なる国人領主の城ではなく戦国大名の城となった。このため城の性格も実戦的なものから政治的なものへと変化していったことが考えられるが，毛利氏として特徴的なことは毛利氏から養子に出した吉川元春，小早川隆景がそれぞれ有力な国人領主でありながら，一方では毛利氏内にあってその運営に参画したことで，中国経営にあたっては，その中枢である郡山城を中心に，山陰地方は日山城（大朝町）を居城とする吉川元春，山陽・瀬戸内地方は新高山城（本郷町）を居城とする小早川隆景がそれぞれ統括しており，郡山城はそれらのまさに頂点として，以後極めて政治色の濃い城となったといってよい。すなわち毛利氏の領国経営では毛利氏の両翼に吉川，小早川氏がおり，国人領主はこれらを通じて毛利氏に関係をもったことになり，それぞれは周辺を威圧するだけの規模・内容をもった城をつくり，毛利氏はさらに強力なものをめざしたことが考えられる。

ちなみに日山城は，標高約700mの火野山に天文15年(1546)以前に築城後，改修が続けられ，最終的には総石垣とされた。城主元長（元春長男）は山上に居住している。また新高山城は，天文21年(1552)に築城後，日山と同じ頃まで改修が続けられ石垣が用いられた。山上に屋敷や寺院があり山上で居住したとされる。ともかく，それぞれに特色をもち周辺を威圧したこれらの城は，郡山城が優位にたちながら三者が一体となる毛利両川（吉川・小早川両氏）体制を城に移しかえたものとしてとらえられよう。

このようにみると郡山城は戦国の山城として発展しながら政治性が強く，とくに輝元時代には郡山全山を城塞化した総構の城となっており，城内も4重構造となって，中枢部では総石垣が採用されるなど近世城郭を思わせる内容となっている。この頃，畿内では総構，総石垣で天守を備えた安土城，大坂城などが築城されており，城内には家臣団の屋敷も配置されたといわれる。畿内からは離れるものの，戦国大名としての毛利氏の力を考えると同時期に同様な内容を備えることは十分に可能であり，郡山城は戦国から近世への過渡期における西国支配の城として位置づけることができよう。

註

本文に使用した図面は「史跡毛利氏城跡（郡山城跡，多治比猿掛城跡）保存管理計画策定報告書」吉田町教育委員会，1988より引用，一部修正したものである。

戦国城館跡の発掘

安岐城（豊後）

■ 玉永光洋・小林昭彦
（たまなが・みつひろ）（こばやし・あきひこ）
大分市歴史資料館　大分県教育委員会

田原氏が16世紀中頃に築いた安岐城は熊谷氏の入封後平城として
改変され，戦国末期の領国支配の拠点としての性格をもつに至る

　安岐城跡は，大分県北東部の国東半島東端の東国東郡安岐町大字下原に所在する。この地点は旧安岐川川口左岸の台地東辺部にあたり，海に面した堅固な立地条件を備えている。

　調査は国道213号安岐バイパス建設工事を起因として大分県教育委員会が調査主体となって，昭和58年9月8日～昭和61年3月の3年次にわたり実施された。調査対象範囲は従来より周知されていた安岐城跡の主郭を含む東端部分および北部地域である。調査の結果，土塁，溝，堀，隅櫓および構築時期を異にする3時期の建物群が検出され，それに伴う陶磁器，瓦質・土師質・須恵質土器，瓦類，金属製品，石製品などが出土した。遺構・遺物の示す内容には戦国時代のあり方に興味深い様相が窺われ注目された。

1 調査の概要

　調査は字本丸と地名が残る本丸地区と谷を隔てて北部の字熊谷寺，馬落となっている北地区の2個所に分けて実施した。本丸地区は，堀と土塁で囲った安岐城跡の主部東端にあたり，調査前より北，東の土塁，この土塁と北東隅で連結する櫓跡が残存していた。現存する遺構の下には大規模な整地層が形成されており，さらにその下部においても溝によって囲まれた掘立柱建物群が確認された。これらは3期にわたる遺構の変遷として把えられ，大きく居館段階（Ⅰ・Ⅱ期）と城郭段階（Ⅲ期）に分けられる。

（1）居館段階　第Ⅰ期

　安岐城跡で最も古い段階の居館跡である。
　溝　SD1およびSD2は安岐城跡の立地する台地の東端部に沿って南北方向に伸び，北端で西方面へ屈曲しており，この台地を南北約80m，東西約30mのいびつな長方形に区画することが想定された。この区画内に建物群が配置されている。溝は次の第Ⅱ期の整地作業によって埋められている。
　掘立柱建物群　建物は11棟検出された。建物の配置は，主屋と考えられるSB13が区画内の中央よりやや南に位置し，その南側に7棟が集中している。そしてSB13の北側には，SD1に平行して主軸方位を南北方向にもつSB16・17が配置されている。建物の構造は梁行，桁行柱のみの簡易なものがほとんどであり，庇をもつ例はない。しかし主屋と考えられるSB13については床束柱か間仕切り柱かと思われる柱穴が確認されているが，明確な機能を断じ得ない。建物の平面形は長方形がほとんどであり，方形はSB8のみである。建物の規模はSB13が最大で桁行6間（6間×2間か）あり，この期の中心建物と考えられる。他の建物は，4間×2間（1棟），3間×2間（2棟），3間×1間（2棟），2間×2間（3棟）と小規模である。これらの建物のなかでSB3～SB5，SB6，SB7，SB11は重複する建物であり，第Ⅰ期の時間幅のなかで少なくとも3回程度の建替が考えられる。

（2）居館段階　第Ⅱ期

　第Ⅱ期は，第Ⅰ期の居館をさらに拡大・拡充し強固な構造へ変貌した段階である。調査区の北半部に，整地層（厚さ30cm～50cm）が認められ，土塁と溝の構築が一連の作業で行なわれている。
　溝・土塁　溝（SD4）はⅠ期のSD1より北6mの台地北端でⅢ期の櫓下部において検出された。東辺部はSD1より東10mほどの位置に構築されたものと思われる。土塁は北辺で確認され，東辺ではⅢ期のSA1の下半に残存していた。このようにⅠ期と同様，土塁と溝によって居館を囲む機能を果たしたものと考えられる。
　掘立柱建物群　建物跡は7棟が検出された。建物群はⅠ期と比べ整然とした配置がとられ，全体として南へ移動している。建物の配置はSB10を中心として主要な建物が南側に集中する。その北側の3棟の建物によって，広場的空間をもつ逆コ字状の配置となっている。建物の構造はⅠ期と同様に簡単なもので，平面形は長方形を呈す。このうち主屋とされるSB10は床束柱，間仕切り柱かと思われる柱穴を確認したが，柱間距離，柱通など

49

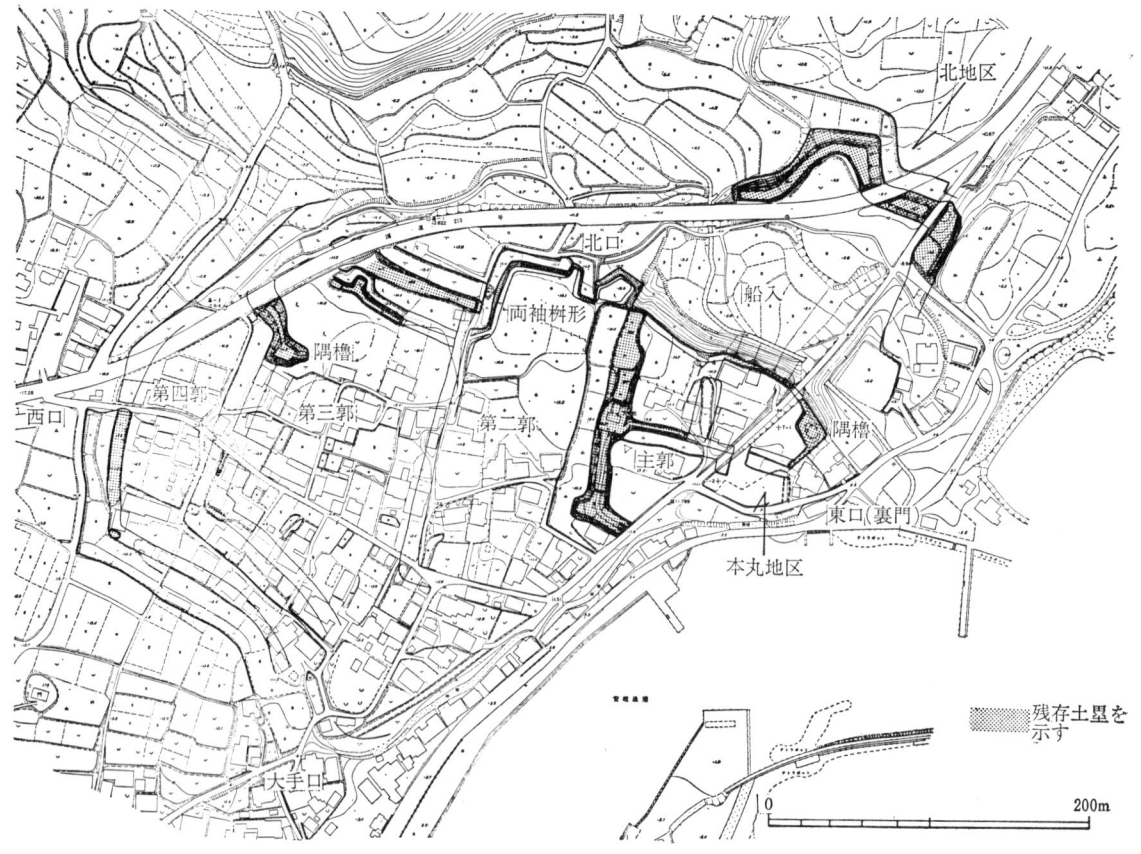

図1 安岐城復原図

その位置関係において不明な点が多い。建物の規模は SB 10 が最大で 6 間×2 間をもつ。SB 9 は部分的な確認ながら SB 10 と同規模と考えられ、その主軸方位と位置より主屋の建替かと思われる。その他は 4 間×2 間（1 棟），3 間×2 間（2 棟），2 間×2 間（1 棟），不明（1 棟）である。

居館段階の他の遺構として性格不明の竪穴遺構などがある。

（3） 城郭段階 第 III 期

安岐城がこれまでの居館段階とは全く異なる意識のもとに防衛機能の拡充が行なわれ，近世的城郭としての構造がとられる段階である。

調査対象地は安岐城主郭の東辺部防衛施設を中心とする範囲にあたる。この東辺部の遺構群は，SD 6・8 によって区画された主郭北東区に建物群，東辺に SA 2 の土塁，北東隅に櫓が位置し，堀の南面には柵列群が配置される。主郭防備の最終施設として堅固な構がとられている。

この範囲の整地作業は，第 II 期の遺構面に 0.1 〜 1 m の厚さで黄褐色土を主体として盛り，平坦面が形成されていた。とくに東端部，北端部は第 II 期の土塁との比面差をなくすため厚い盛土となっていた。

柵列　SD 6, SD 8 の南面の約 600 m² の範囲に柵列が，堀と平行あるいは直交する方向に配置され，門を中心とする防備の構となっている。

堀　SD 6・8 は主郭の南辺を画す堀となっており，SD 7 はこれを連結する溝である。堀の規模は幅 6 〜 9 m，深さ 2 〜 4 m で SD 8 は台地東端に向って約 25 m 残っていた。

土塁　土塁は主郭北東区を囲む，東辺部土塁である。北辺部土塁は北西より南東へ伸び隅櫓に連接する。土塁の構築は，第 II 期の土塁と同一の高さまでの整地作業とともに一連の工程の中で行なわれている。土塁は第 II 期土塁の北辺の溝を埋め，版築状の盛土によって形成されており，第 II 期土塁より北へ 5 m 拡張され，高さは約 1 m 高められている。

東辺部土塁（SA 2）は 2 段階の形成，補強作業が認められる。

1 段階では，第 II 期土塁に 1 m ほど盛土を行ない，前代土塁の補強という形で土塁が形成され

図 2 居館・城郭変遷図

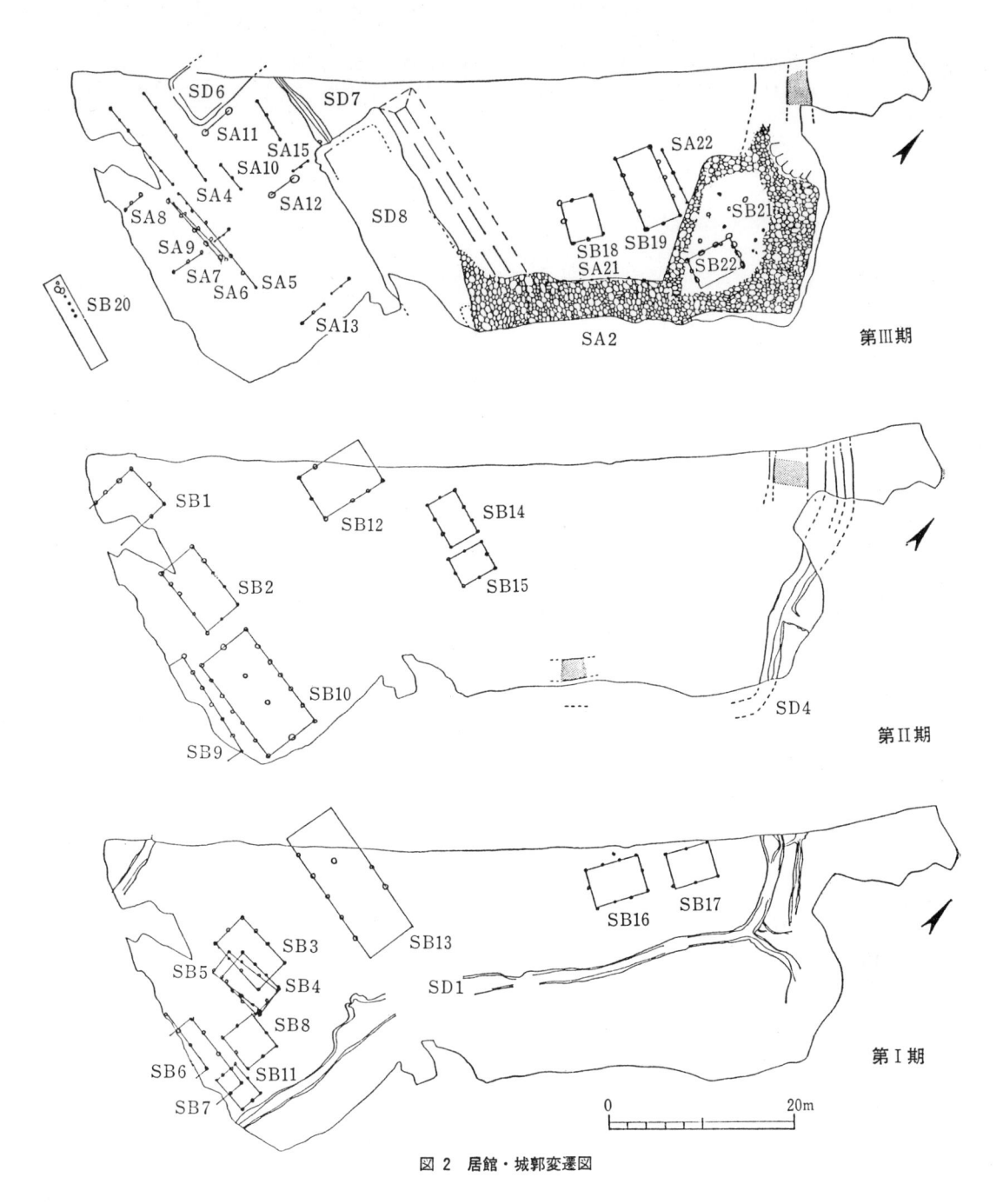

ている。しかし土塁の東面下部に石列を設け、土塁表面を礫によって覆う点は前段階の土塁に見られない構築方法と言える。土塁の内側にはSA21の柵列が石列にそって設けられ、その西側には小溝、ピット、土坑などがあり、土塁に伴う施設と考えられる。

2段階では、前段階土塁に約30cmの盛土を行ない拡幅、かさ上げを行ない補強がなされていた。この作業に伴って土塁の内側の施設はすべて埋められる。

隅櫓 北・東辺土塁が連結する北東隅に位置する櫓である。櫓は、基底部に0.5〜1mの石材を数段積み上げ石垣状の基礎をもち、版築状の土盛と礫の被覆によって形成されている。櫓上部は10m×7mの平坦面に3段階遺構の変遷が認められた。1段階に不整形建物SB21が建てられている。2段階には30cmほどの土盛を行ない礎石建物SB22が構築されている。このSB22は瓦葺で

51

あったと思われる。最終段階に瓦片を利用した瓦敷・土塁によってさらに0.7m高められ，この面には恐らく施設を伴わなかったと考えられる。

建物 主郭の建物はSB18（2間×2間），SB19（4間×2間）があり，SB19の北面にはSA22が伴う。2棟ともに櫓と近接した位置に構築されている。

以上のように土塁と隅櫓には，数段階の改造が行なわれており，その対応関係が問題となる。遺構の構築状態と配置より次のような見解を示しておきたい。まずSA2・隅櫓構築段階にSB18・19，SA21・22が作られる。櫓上部ではSB21が短期間存続し，主郭内建物と方位を一にするSB22が構築され，防衛機能の充実が計られる。

次の段階では，SA2と隅櫓に盛土によって防禦の補強が行なわれる。SA21および周辺遺構はSA2の盛土によって埋められる。SB18・19，SA22は存続したものと思われる。なお北地区において検出された土塁，石積み，溝，建物群は第Ⅲ期に属するもので，土塁，溝には本丸地区に同様の補強の状況が確認されている。

この大きな2段階の様相は，SD8南面の柵列の設置状況と併せて考えれば，極めて緊急かつ近接した時期の防衛強化のあり方を示すものと理解できる。さらに隅櫓上面で確認した瓦葺きの建物はこの時期に初めて出現したもので，城郭の全体像を考える上で重要な要素をもつと言える。

2 遺物からみた各期の年代

第Ⅰ期 出土土器の大半はこの期に属す。輸入陶磁器は15世紀後半〜17世紀初頭までのものを含む。量的には16世紀後半を中心とする。15世紀後半〜16世紀中頃の蓮子碗を中心とする青花，稜花青磁皿などの古い一群は，土師質の杯，皿が16世紀後半代を中心とするもので構成されているためセットとなるものがない。このことは居館の成立年代にも係わる重要な問題であるが，現段階では古い一群の磁器が新しい一群と重複する時期をもつと考え，Ⅰ期の中心時期は16世紀後半代としておきたい。

第Ⅱ期 遺物の出土量は少ないが，Ⅰ期と同じ遺物群で構成されている。現段階での編年では明確な細分ができない程度にⅠ期と近接した年代が考えられる。

第Ⅲ期 出土遺物は少ないが，瀬戸・美濃系の天目碗，備前揩鉢などの特徴から16世紀末〜17世紀初頭に推定できる。しかも文献に示されている落城の時期，慶長5年（1600）とも合致する。

3 安岐城の性格

出土遺物の検討によって得られた年代観に基づき文献資料の見解を併せて整理すると，第Ⅰ期は大友二階崩れの変（天文19年，1550）後，田原親宏（たわらちかひろ）が帰国し安岐郷の開発拠点として居館が成立した16世紀中頃の時期としたい。

第Ⅱ期は天正6年（1578）に大友氏が日向高城において島津軍に敗れ，支配体制の弱まり始めた16世紀第四半期頃を想定したい。それは田原親宏より親貴（ちかたか）へ代が替り大友氏に反旗する直前であり，居館の防備が土塁，溝などで強化されたことに反映されている。

最近，田原一族である吉弘氏の詰城屋山城跡が調査された。報告によると室町期の特徴である集落の中心に根子屋の居館を置き，その近くの山上に戦時の詰城がセットになることが想定されている。安岐浦に成立した居館はこれと同様に根子屋的性格をもち，詰城としての山城をもっていたと想定される。詰城は想定される地点もあるが実態の究明は今後の課題として残されている。

さて，安岐城が城郭として成立するのは，熊谷氏入封（文禄3年，1594）後である。この城は旧施設を全面的に改変し，新たな設計に基づいて築かれた「平城」である。

熊谷氏の築いた安岐城は主郭を川口の急崖を背にして片隅に寄せ，それを四重の堀と土塁で囲み，奥深く防禦する後ろ堅固の梯郭式の縄張をもち，主郭内における隅櫓や天主台，第二郭北虎口の両袖桝形，第三郭隅櫓，土塁基部の石垣状の石積みなどの特徴をもつ。このような構造は中世の根子屋的居館や山城とは一線を画し，近世平城的特徴を具有するものと言える。しかし，堀と石垣をもついわゆる近世城の段階ではなく，その直前の様相が示されている。

以上のように，安岐城は県内における戦国時代末期の領国支配の拠点としての性格と該期城郭遺構の一典型として重要である（『安岐城跡 下原古墳』国道213号安岐バイパス建設に伴う埋蔵文化財発掘調査報告，大分県教育委員会，1988年）。

戦国城館跡の発掘

浪岡城（北奥）

浪岡町教育委員会
■ 工藤清泰
（くどう・きよひと）

浪岡北畠氏が拠を構えた浪岡城は丘陵を単純に堀で区割しただけの
平場連立形態の構造で，戦国城下町の要件を整えた計画都市である

　北日本における戦国城館の発掘調査は，北海道上ノ国町勝山館・青森県八戸市根城・同浪岡町浪岡城などの史跡整備に関連した遺跡を主体に相当の成果を得るに至っている。戦国期以前の館跡についてみても，北海道函館市志苔館・青森県青森市尻八館・同弘前市境関館などではすばらしい遺構・遺物群が検出され，戦国城館に発展する基礎的社会構造が存在したという重要な成果を得ている。

　今回，昭和52年から継続している浪岡城の発掘調査の成果を紹介し，戦国期における城館を通して北日本地域の社会状況を提示できれば幸いである。

1　浪岡城の歴史

　浪岡城が城館として構築されたのは15世紀後半の長禄年間(1457～1460)から文明年間(1469～1487)と考えられている。しかしながら出土遺物をみる限り，10世紀代の土師器・須恵器および12世紀後半から13世紀頃の土師質土器・白磁四耳壺・須恵器系甕なども出土しており，古代・中世前半においても城館（遺跡）内に人々が居住していたことは確実である。

　城館構築の必然的要因は，15世紀中頃における津軽安藤氏と南部氏間に起きた津軽地域の覇権抗争にあったと考えられ，南朝の雄北畠氏を称する浪岡氏が津軽から南部氏に駆逐された津軽安藤氏の領地を受け継ぐ状況で，浪岡に拠を構えたものと思われる。以後，浪岡北畠氏は南部氏の庇護を受けるものの，16世紀前半代には京都にたびたび使者を送って官位を得たり，寺社修造事業も多く手がけ，次第に戦国領主としての経営基盤を固めていったと思われる。しかし，永禄5年(1562)に起きた川原御所の内乱を経て勢力は弱まり，天正6年(1578)〔弘前藩史料〕あるいは天正18年(1590)〔盛岡藩史料〕までに弘前藩始祖大浦為信によって攻め落されたことになっている。城館の破却が秀吉の「奥州仕置」によって強く厳命された点を考えると，城館主の問題は別にして浪岡城が城館機能を喪失した年は，天正18年以降と現時点で推測している。

2　浪岡城の特徴

　浪岡城は地形的に扇状地辺縁の丘陵を単純に堀で区割しただけの平場連立形態の構造である（図1参照）。城館南端は浪岡川の氾濫原として天然の堀となり，東側から新館・東館・猿楽館・北館・内館・西館・検校館そして北側の無名の館と呼ばれる八館（平場）が主要な居住域と想定される。現在，北館の四周には中土塁と言われる堀を分割する土塁が認められ，堀跡が二重・三重堀の様相を呈している（口絵）。この中土塁は北館のみならず，東館南側・西館南側でも確認でき，盛時に堀が水を湛えていたとすれば水路調整の役割もあったと思われ，堀跡から出土する多量の木製品やシガラミ状遺構はその証拠となる。

　また，浪岡城の位置は中世における主要街道の要衝にある。日本海交易による物資の搬入・搬出を津軽地域に限ってみると，外ケ浜（現青森方面）へ抜ける街道は浪岡城の中を通り，十三湊へ抜ける街道は浪岡城の支城原子館を通り，津軽平野内陸部への街道は浪岡城下・川原御所周辺を結節点として展開していることがわかる。浪岡城は津軽平野部の経済的喉元に存在していたのである。

3　発掘調査の成果

　浪岡城跡の発掘調査は昭和52年から継続中で，「史跡公園」として環境整備する目的で実施している。現在まで東館西半部，北館全域，内館全域，北館四周の堀跡を中心に調査し，史跡指定地面積138,000m²の18％に及ぶ約25,000m²が10年間の対象地である。主な検出遺構としては，掘立柱建物跡・礎石建物跡・竪穴建物跡・井戸跡・溝跡・土壙墓・竪穴遺構の生活遺構（口絵）と，堀跡・土塁跡・舛形遺構・門跡・柵列跡などの防禦的性格の遺構がある。また出土遺物としては，陶

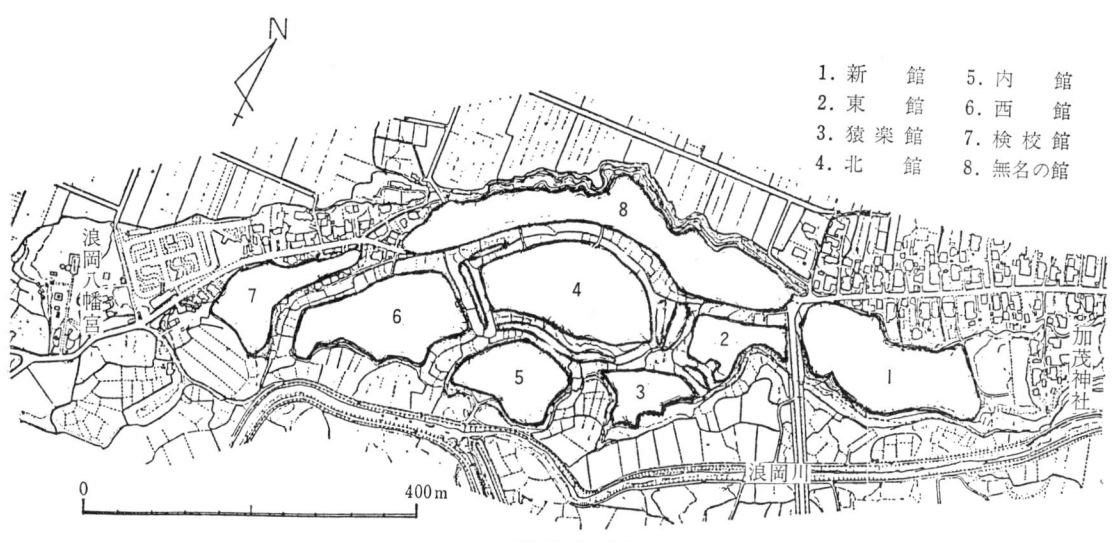

図1 浪岡城跡全体図

1. 新　　館　5. 内　　館
2. 東　　館　6. 西　　館
3. 猿 楽 館　7. 検 校 館
4. 北　　館　8. 無名の館

磁器・土器類15,800点，鉄・銅製品10,800点（口絵），石製品1,100点，木製品957点，銭貨10,113点，その他300点（昭和62年度までの台帳記載分のみ）があり，総数39,000点以上に及んでいる。

調査の概要を述べるにも紙幅と図の制限があるため，現在，筆者が調査成果に依拠して，主たる課題と考えている点にしぼり説明する。

(1) 平場における生活領域

検出遺構からみると平場における居住空間を構成する施設として掘立柱建物跡と竪穴建物跡そして井戸跡・溝跡などがある。東館西半の調査では，間尺6尺弱の6間×4間の掘立柱建物跡の周囲に5棟の竪穴建物跡が位置し，重複関係の少ない遺構配置を確認した。そして井戸跡の存在および平場を区画すると考えられる溝跡の検出により，調査区に16世紀後半代（出土遺物に美濃瀬戸大窯Ⅴ期の製品と唐津が多かった）の屋敷地が存在したことを推定せしめた。昭和53年の調査である。

当初，竪穴建物跡の性格についてどのように考えるべきか混乱していた。住居・倉庫・作業場・簡易兵舎など，発掘しながら理解できない遺構ほど困ったものはない。床面からの出土遺物はほとんどなく，量も少ない。掘立柱建物跡が中世以降において一般的住居であるという既成概念を除去できるのは全國各地で中世遺跡の進展をみた昭和55年以降のことである。浪岡城跡の竪穴建物跡は，規模・柱穴配置などから10形態以上に分類できるが，時期別配置の分析を進めるうちにいずれも掘立柱建物跡の位置に規制されて構築されていることを感じるようになった。

北館の調査がほぼ終了した昭和60年に至り，時期別遺構配置をある仮説のもとに作製する作業に入った。その仮説とは，

(1) 陶磁器の組み合せから，15世紀後半（第Ⅰ期）・16世紀前半（第Ⅱ期）・16世紀後半（第Ⅲ期）に大枠の時期区分をする。その根拠として，第Ⅲ期の遺構は唐津と美濃瀬戸大窯Ⅴ期および口縁内湾型の染付などを出土する遺構に限り，第Ⅰ・Ⅱ期をそれ以外とする。第Ⅱ期を染付が出土する遺構に限り，第Ⅰ期をそれ以外とする。その上で第Ⅰ期は第Ⅱ・Ⅲ期に包括される可能性，第Ⅱ期は第Ⅲ期に包括される可能性を，遺構の重複関係と配置関係から修正する。遺構の下限年代の設定である。

(2) 北館の地籍図（明治20年代）を参考にしながら，遺構のブロック別占地の可能性を探す。掘立柱建物跡の重複が地籍境界線の一区画内で検出される事例が多く，地籍が遺構ブロックの考えに有効であると考えた。さらに遺構として把握しづらい道路・通路などの施設も地籍境界線に添う形で進める。

というものである。その結果，第Ⅰ～Ⅲ期までの遺構配置の概略を把握することができた。図2は浪岡城最盛期の16世紀前半における「屋敷割」を確認したものである。

これらの屋敷割をみると，A－1区を除いて掘立柱建物跡・竪穴建物跡・井戸跡が一屋敷の中でセットとして把握され，それぞれ居住者の階層的姿も写し出されるように思う。すなわち，A－2・3・4・5区では核になる掘立柱建物跡が一棟に対

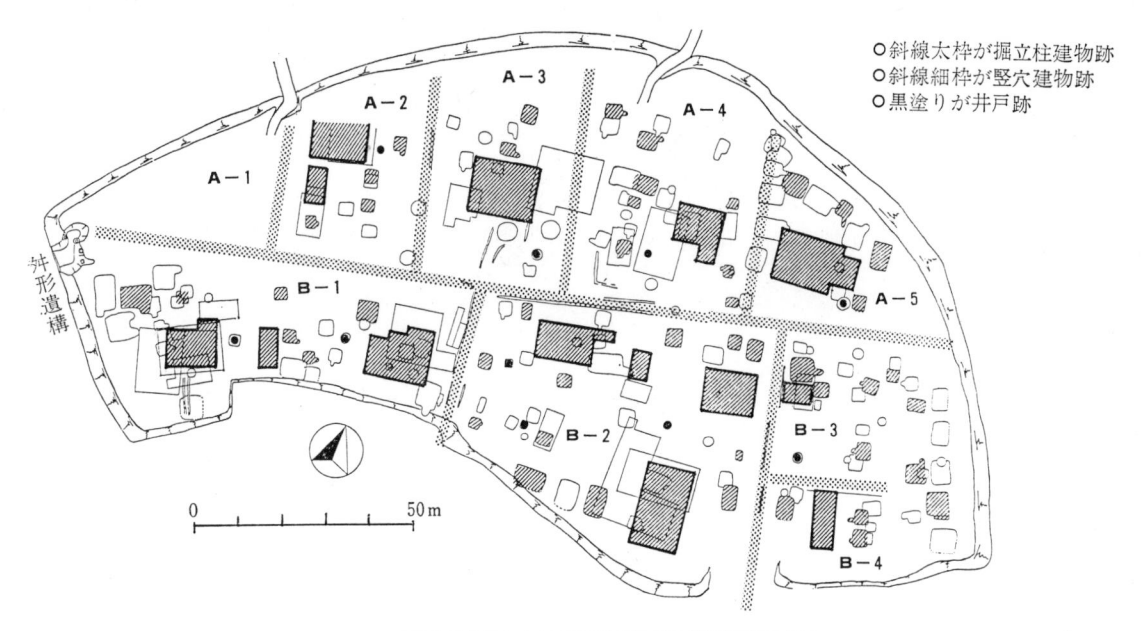

○斜線太枠が掘立柱建物跡
○斜線細枠が竪穴建物跡
○黒塗りが井戸跡

図 2 浪岡城跡北館における16世紀前半の遺構配置模式図

しB—1・2区では複核状況を呈し，B—3・4区では竪穴建物跡が主体的位置を占めている。もし「屋敷割」という概念が是認されるとすれば，これらの様相は浪岡城内における家臣層・城主関連層・それらに仕える下人層（職人なども含まれると考えられる）の区分と考えられるのではないだろうか。

ただし，注意しなければならない点は家臣層・城主関連層の屋敷地内であっても後述する鋳銅関連遺物が出土しており，戦国大名支配下の城下や近世的城下の区画制度とは別の概念があったと思われ，城館機能の問題として今後の重要な課題である。なお，内館検出の遺構配置は北館の様相とは相違が認められ，屋敷割のように分割状況でなく求心的な状況で城主居館の性格を示すと考えられるが，現在検討中のため後日に発表を期したい。

(2) 出土遺物と生活の様相

浪岡城跡から出土した陶磁器（口絵）をみると，15世紀後半代の組み合せと考えられる青磁無文碗・同稜花皿，白磁内湾小皿・同八角小坏，美濃瀬戸縁釉小皿，珠洲口縁櫛目波状文帯擂鉢などが主として内館から出土し，北館は量的に少ない。16世紀前半代として，青磁線描蓮弁文碗，白磁端反皿，染付端反皿，美濃瀬戸灰釉端反皿，越前擂鉢・同甕・同壺は内館・北館の相方から出土する。16世紀後半(末)として染付内湾型皿，美濃瀬戸灰釉折縁皿・志野皿・黄瀬戸皿・唐津皿，備前擂鉢は北館に多く内館もある程度の量はある。このことは浪岡城が最初から明確な縄張図によって構築されたと考えるより，勢力拡大に伴って内館を基盤に城館域を改修・拡張・整備していったと考えるのが妥当で，先の東館の例は16世紀後半代の屋敷割拡張のあらわれとみたい。

出土遺物はその点で，城館内における生活域の時間的変遷をたどることに有効であり，最盛期の人々の姿を具現してくれる。表1は機能の面から出土遺物の分類を行なったものであるが，経済活動によって多種多様な陶磁器を搬入して食生活を営み，武家とし武具・馬具の常備はおこたらず，茶の湯・聞香に親しみ，宗教活動に篤く，各種の作事を行なう城館の生活を理解できる。

ところが，浪岡城跡のみならず北日本の城館調査では，土師質土器（カワラケ）の出土が極めて稀であることに注目される。食膳具の主体はあくまで陶磁器であって，その出土量からすれば全国的な流通経済の枠組に組み込まれているにもかかわらず，京都的文物としての土師質土器を受容しなかったことは，北日本の城館を観る時の重要な視点と考えられる。

また，浪岡城跡出土遺物の中でとくに興味を引くものに土製鋳型の類がある。大部分は鐔の鋳型であるが，刀装金具の鋳型（石製）も出土し，土製坩堝・羽口も多くみられ，坩堝の付着状態から銅の鋳造を行なったと考えられる。図3に示した鋳型は，粘土にスサを混入した軟質の焼成で坩堝と

55

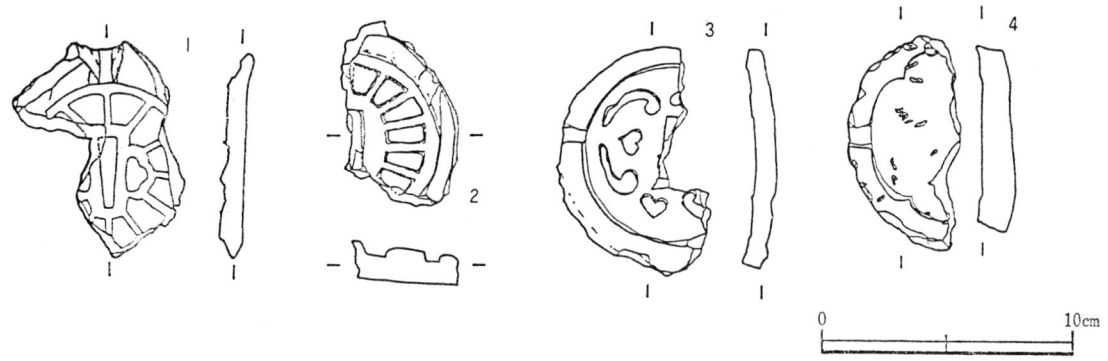

図3 浪岡城跡出土鐔鋳型実測図

表1 浪岡城跡出土遺物一覧表

食膳具	折敷，膳，漆塗椀・同盤，曲物，箸，箆，蓋——(中国製)青磁碗・皿・鉢・酒会壺，白磁皿・碗・壺・小坏，染付皿・碗・鉢・小坏，赤絵碗・皿，(朝鮮製)碗・皿，瀬戸美濃灰釉碗・皿・壺，同鉄釉碗・皿・壺，唐津皿・碗・鉢・壺——産地不詳品
調理具	越前擂鉢，珠洲擂鉢，備前擂鉢，唐津擂鉢?，瀬戸美濃灰釉鉢・卸皿——鉄鍋・皿——石製臼・鉢
貯蔵具	越前甕・壺，珠洲甕，瀬戸美濃壺，中国褐釉壺——木製曲物・桶
灯火具	鉄製火打金・燭台——石製火打石——鉢——瓦燈
暖房具	瓦質火鉢・行火——石製温石——木製行火——鉄火箸
道具	木製砧・箆——鉄製鋤・鍬・鉈・小刀・釘・かすがい・鎌・芋引金・鍵・錠前・鋏——砥石——土製坩堝・鋳型・羽口——銅製鋲・針
化粧具	銅製鏡?・毛抜鋏・耳掻——紅皿
茶の湯	中国製鉄釉壺・碗，瀬戸美濃鉄釉碗・天目台・茶入，瓦質風炉——茶臼
聞香	中国製青磁香炉，瀬戸美濃香炉，瓦質香炉
文房具	中国製染付水滴，瀬戸美濃水滴——硯
遊戯具	土製鈴——石製人形
宗教具	銅製仏像・金剛盤・五鈷杵・香炉・鈴・鉦・碗・高台——木製塔婆・柿経・形代——石仏
計量具	銅製分銅・秤皿——木製棹?
馬具	鉄製轡——銅製鞍——木製馬櫛
武具	鉄製刀・小柄小刀・鐔・槍・打根・胸板・小札・鏃——銅製鐔・切羽・小柄・笄・鐺・尾金物・返角・目貫・鞐・縁金具・八幡座・火縄банк・鉄砲玉——草摺
その他	銭貨，木製下駄・棒・墨書付札・井戸枠，鉄滓，銅滓，キセル，麻紐，縄紐，炭化米，堅果，人骨，獣骨，他

同様に銅の溶融物が付着している箇所もみられる。図3－1・2は車透し鐔と考えられ，図3－1は笄櫃孔も認められ，上端に湯口部分がある。図3－3は丸形の形状に猪目と巴形の透しを入れて

おり，左手に湯口が認められる。図3－4は木瓜形で左手に湯口が認められる。

これらの鐔を製作したと考えられる遺構は図2のA－4区とA－5区における竪穴建物跡と推定され，遺構内から破壊された鋳型・坩堝・羽口などが多数検出されている。また鋳型は発見できないが，坩堝などの検出される竪穴建物跡は意外に多く，すべての屋敷から出土している。このような状況を考えると，浪岡城北館においては常時鋳銅作業を行なっていた可能性が高く，鋳銅工場的様相も想像できるのである。

では，これらの鐔などはどのような使用目的で製作されたのであろうか。現在までに同范の鐔は浪岡城跡調査区からは出土しておらず，案外交易品として搬出していたのではないかと考えられる面もある。同時期の勝山館においては伝侍屋敷跡の調査から鍛冶作業を主たる職能とする集団を館内に組織し直接交易の対象としていたという見解もあり，北日本の城館が北方アイヌ社会と密接な関連を有して存在していたことは，どうも鋳型のような遺物から解明できるのではないだろうかと考えている。

4 おわりに

近年，浪岡城の縄張りは無秩序で辺境型と呼ぶ人もおられるが，城館と集落の接点を無視した用語使用と言わざるをえない。城館が防禦的観点のみで構築されているとしたら，それは非日常的遺跡として残っているのであり，歴史的価値は少ない。浪岡城跡の調査十年を経て，城館自体が教えてくれる歴史事象は戦国期の津軽，戦国期の北日本という，地域に生きた人々の姿そのものであった。

● 戦国考古学のイメージ

戦国時代の生活と経済

戦国時代の人々のくらしぶりと経済社会の
あり方を中国などから伝わってきた陶磁器
と銭貨，そして文房具によってみていこう

貿易陶磁器／文房具／出土銭からみた撰銭令

貿易陶磁器

専修大学助教授
■ 亀 井 明 徳
（かめい・めいとく）

城館における供膳用具として貿易陶磁器はかなり普遍的・日常的
に使用されていたがとくに中国産は明商船によってもたらされた

1 概括的な特徴

　15・16世紀の貿易陶磁器のわが国への輸入の特徴について，次の2点がまず注意されよう。

　第一は，15世紀代，とくにその前半代においての中国陶磁器の輸入が極めて少ないことである。現在まで15世紀前半において，まとまって中国陶磁器を検出している遺跡は，山梨県東八代郡一宮町新巻本村遺跡，大阪府泉南郡岬町沖海底遺跡（紀淡海峡海底）のわずか2カ所をあげうるのみである。もちろん数片の当該時期の陶片を出土している遺跡はあるが，これらを含めても，15世紀前半代の中国陶磁器の出土資料は極端に少ない。

　これ以降の，とくに16世紀代の著しい出土量の増加や，さかのぼって鎌倉時代における膨大な中国陶磁器の遺跡数に比較するとき，15世紀前半代の稀少さはむしろ異常ともいえる。しかしこの現象はひとりわが国に限られたものではないようである。マレーシアのボルネオ・クチン周辺は北宋時代から貿易陶磁器を出土する遺跡が多く，サラワク・ミウゼアムはその調査と膨大な収蔵品で著名であり，その研究報告も東南アジアの貿易陶磁研究にとって重要な資料となっている。ところが，その貿易陶磁器のなかで"Ming Gap（明ギャップ）"と称され，明代の中国陶磁器が欠落している。とくに明代前半代の出土品が少ないと，ヨーロッパの研究者が指摘している。実際に調査してみると，この時期の中国陶磁器は少ないながらもあり，一概に明ギャップというのは当をえていない。しかし，宋時代の出土量に比較すれば極めて少量にすぎないのは事実である。

　こうしてみると，15世紀前半代の稀少さは輸出国である中国にその因が求められる。基本的には明国の海禁政策による輸出量の稀少性によるものである。しかしながら，こうした状況下において，沖縄のみは例外である。かつて琉球王国は，中国への朝貢貿易船を171回出航させているが，この期間の日明勘合貿易船は19回，他のアジア諸国のなかでタイは73回などであり，いかに琉球の果たした役割が大きかったかを物語っている。したがって，明代前半期の中国貿易陶磁器の研究が，資料の多寡の点において沖縄県の遺跡，とくにグスク出土品の研究をぬきにしては考えられない。沖縄の出土品については，当面のテーマでないので，これ以上言及することを避けておこう。

　さて第二に注意されることは，中国以外の貿易陶磁器の輸入が増加したことである。すなわち，李朝とタイ・ベトナム陶磁器が，15・16世紀のわ

57

が国出土品のなかに，前代に比較して増加している。もっとも量的には中国陶磁器に比べて微々たるものであることは詳言を要しない。

福井県一乗谷朝倉氏館跡からは，象嵌青磁壺・水注・碗，白磁皿，刷毛目や藁麦釉茶碗，鉄釉徳利などの李朝陶磁器や，タイ製とみられる無釉タタキ文小壺のような出土例の少ないものもみられる。大阪府堺環濠都市遺跡においても李朝陶磁器の出土例は多いが，タイ陶磁器の資料が増加している。例えば，SKT60地点の第2層は，天文元年(1532)の火面とみられるが，この層から宋胡録合子が，中国製青・白磁，青花や，唐津，備前，志野と共伴している。

ベトナム陶磁器は，福岡県太宰府市推定金光寺跡にもみられ，簡素な花文を碗の内面に鉄絵で描き，口縁の内側に沿って唐草文を配している。ベトナム陶独特の渋釉を外底面に塗布するものと，それが見られないものも多い。ベトナム陶磁器は，熊本県菊池川河口部の採集品など九州各地にみられ，資料が増加しつつある。しかし，やはり全体的には今後資料数が急増するとは思えない。つまり沖縄におけるタイ・ベトナム陶磁器の出土量に比較すると，微々たるものといえる。

沖縄県においては，国頭郡今帰仁グスクの志慶真門郭跡の16世紀の層位から，タイ鉄絵合子，ベトナム青花壺が，明代の青花や李朝象嵌青磁と共伴している。同じく，かつて調査された勝連グスクにおいても鉄絵菊花文碗や，外面にラマ式蓮弁文をブルーで描く大型の碗など十数片がみられる。15・16世紀のタイ・ベトナムとの交易の状況をみると，日本国内の両国製の陶磁器は，琉球の「まなんばん」交易によってもたらされたと考えられる。

2 輸入品と国産品との組成

戦国時代のなかで，貿易陶磁器，とりわけ中国陶磁器の出土が多いのは16世紀代である。そこで国産の施釉陶磁器などと，どのような組み合せで使われていたのであろうか。あるいは器種別に異なった使用が行なわれていたのであろうか，などの問題を考えてみよう。

こうした問題を考える際，各々の城館の属性によって大きな相違が生じることが十分に予想される。一国を支配する城館の場合，郡規模の統治を預る人物の城館，さらに村々に居る在地土豪の館など，勢力の大小のもつ要因は大きい。さらに，貿易陶磁器の入手が相対的に容易であった西日本，とくに九州や畿内の城館主と，東国のそれとは異なる前提となる。

少し城館の例をあげて説明しよう。まず兵庫県姫路市御国野町の御着城跡から出土した資料をみたい。この城は，永正16年(1519)に播磨守護赤松氏の配下の小寺氏の築城になる。播磨の地は，山名氏と赤松氏の抗争と，その後は小寺氏，浦上氏，三木氏，別所氏などが分割して争乱をくりかえしていた。小寺氏は中央部を領し，当初は姫路城にいたが，御着城に移り，天正5年(1577)に羽柴秀吉によって落城するまでの約60年間，この城を維持していた。出土陶磁器をみると，全体の約半分の土師質土器を除くと，残りの半数を中国陶磁の青・白磁，青花と，国産の美濃・瀬戸，丹波・信楽・常滑，備前焼で分けている。大型の主に貯蔵用の器種は，備前焼などでまかなうが，碗・皿は中国陶磁器7に対して瀬戸・美濃1の割合である。すなわち，御着城においては，供膳用は，土師器が日常的に多いが，施釉陶磁器では，中国製品の占めていた割合が非常に高いといえる。西国の入口に位置しているが，一国支配ではない勢力の城館において中国陶磁器の占めていた比重に注意したい。

次に畿内に接し，一国支配の一乗谷朝倉館跡の状況をみたい。この城館はよく知られているように，文明年間(1470年代)から天正元年(1573)までの約100年間，朝倉氏の居城となっていた。出土陶磁器の組成をみると，武家屋敷や町屋などの遺跡の性格によって多少異なるが，おおむね土師器が50〜60％，越前焼が30％と，地元産の両者で80〜90％を占める。移入品の瀬戸・美濃焼，瓦質土器は1〜5％，中国・朝鮮製陶磁器は7％前後であり，中国陶磁器の移入品中に占める割合が高い。青磁，白磁，青花の各々の比率は，4：4：2くらいである。全体の陶磁器組成において，地元製品が優占し，移入品は地元製品のない分野を補完する形で用いられる。しかし当主の居住した朝倉館では様相を異にし，貿易陶磁器が30％と，武家屋敷の2倍の割合である。したがって，同じ城館内でも性格によって陶磁器組成は大きく異なっているが，越前一国支配を行なった朝倉氏は貿易陶磁器を日常什器として使用していたとみられる。こうした貿易陶磁器の量的な多さとともに，ここで

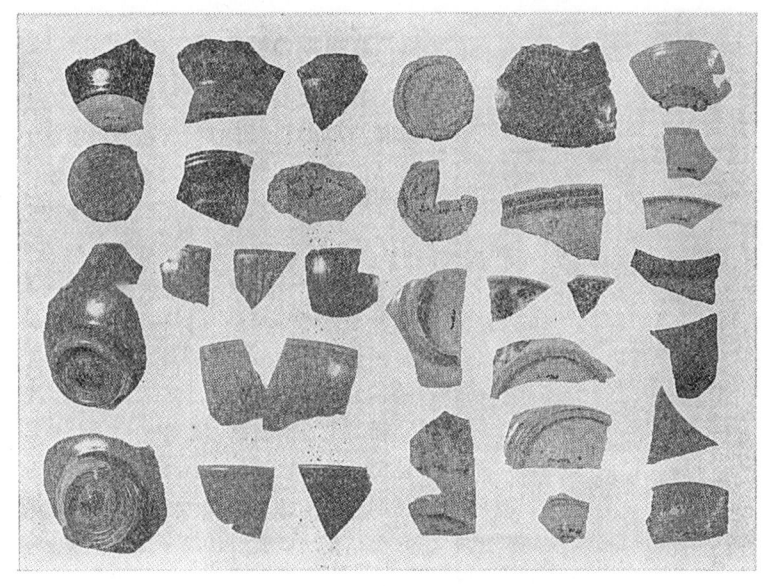

図1 福井市一乗谷朝倉館跡出土の陶磁器
（瀬戸・美濃焼と中国陶磁器，朝鮮陶磁器）（福井県立朝倉氏遺跡資料館提供）

図2 青森県八戸市根城跡出土の陶磁器
（八戸市教育委員会提供）

は質的にも優品を所持していた。その一例として，宋代の定窯白磁皿が発見されている。これは朝倉氏の時代にとってはいわばアンティークな陶磁器を購入したのである。同様な例は，天文年間に美濃一国支配を確立した斉藤秀龍（道三）の稲葉城（岐阜城）跡から唐代の越州窯青磁碗が出土している。こうした陶磁器は，価格はわからないが，入手し難い品物であったと思われ，茶の湯の席で珍重されたのであろう。

東北地方の例をみよう。青森県南津軽郡の浪岡城跡については別に詳論があるので，ここでは陶磁器の組成について考えよう。まず注意されるのは，土師器が極めて少量（1％以下）であり，陶磁器の99％を内外の搬入品でまかなっていることである。このうち中国・朝鮮陶磁器は，53％の高い比率で，残りを美濃・瀬戸焼，唐津，越前焼などの国産品でまかなっている。さらに供膳具の碗，皿だけをとり出すと，舶載品の比率は国産品の2倍にも達し，日常の城館生活において普遍的に舶載品を使っていることがわかる。東北，北海道の城館ではこうした傾向は共通してみられるようで，岩手県の大瀬川館，柳田館，北海道の勝山館などにおいて，舶載の陶磁器は全出土陶磁器の60〜70％の高率を占め，美濃・瀬戸焼や越前焼などの国産施釉陶器をはるかに凌駕している。国産品より舶載品の方が多いという一見異常ともみえる現象を呈している。

西国に眼を転じて，九州南部の城館ではどういう状況であろうか。東北，北海道とちがって土師器，瓦質土器が50％をこえているが，備前，常滑の大型品を除く国産施釉陶器，つまり他地方に多い瀬戸・美濃焼が少ない。その部分をすべて中国・朝鮮からの貿易陶

図3 鹿児島県大口市平泉城跡出土の明代青花磁

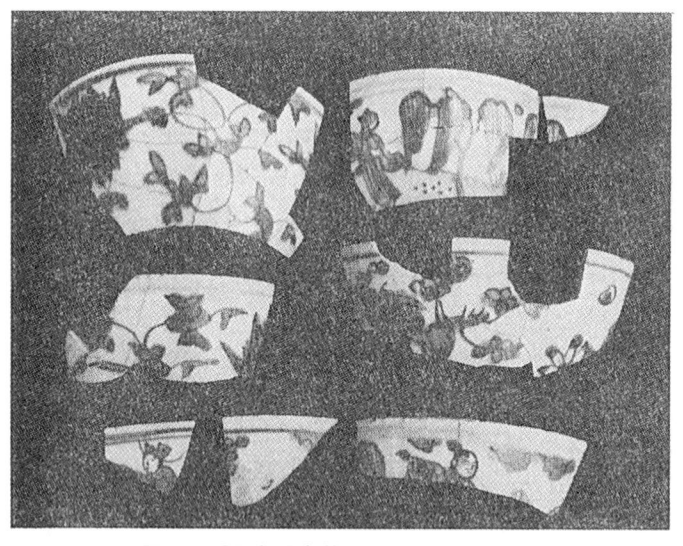

図4 大分県玖珠町切株山城跡出土の明代青花磁

磁器によっている。鹿児島県大口市の平泉城跡では，正確な数値ではないが，貿易陶磁器の全陶磁器に占める割合は40％をこえている。これが南九州の城館に共通している割合である。さらに沖縄に南下すると，勝連グスク跡では，土器類は21％で，他の79％は中国，朝鮮，タイ，ベトナムからの貿易陶磁器で占められている。

このように地域によって差異はあるのは当然であるが，戦国時代の日本の北と南の両端において貿易陶磁器の占める割合が高く，中部日本では美濃・瀬戸焼の生産・流通圏にありながらも，碗・皿だけをとると貿易陶磁器が3～5倍程度多い。平凡な結論であるが，城館における供膳用具として貿易陶磁器はかなり普遍的，日常的に使用されていたと考えられる。

3 嘉靖期の明商船

戦国時代の，とくに城館跡出土の中国陶磁器のうちでは，青花白磁器を中心として，16世紀前半から中葉前後に位置づけられるものが圧倒的に多数を占めている。すなわち，青花において嘉靖（1522～1566年）タイプが全体の大部分を占めており，この期間の陶磁貿易が最も活発に行なわれていたことを暗示している。

他方，日明貿易は勘合船によっていたが，すでに周知されているように，遣明船は宝徳3年度に9隻の多数になった結果，明側が10年一貢，3隻に制限しており，加えて陶磁器のように，生糸などの輸入とちがって，重量の大きいものは勘合船にとって有利ではない。また，盛んに行なわれた日朝貿易を通じて中国陶磁器が輸入されるケースも考えられるが，残存する詳細な輸入品目リストには記録されていない。

このように考えを進めてくると，戦国後半期に増加する明商船の来航によって，中国陶磁器が輸入されたとするのが妥当である。すでに小葉田淳氏の詳細な研究に示されているように，天文中期以降に，わが国の銀山の開発と産出量の増加が，銀を希求する明側の利益と一致し，明商船の来航が急増する。彼らは日向，薩摩，大隅，豊後などの南九州の諸港だけではなく，大坂寺内町や日本海岸など東日本にも来着している。天文年間すなわち1532～1554年は，明における嘉靖年間とほぼ平行した時期であり，嘉靖タイプの青花磁が多いことは，天文年間の明商船のひんぱんな来航と深く連動していると考えられる。

戦国時代の城館跡から出土する中国陶磁器は，わが国の勘合船の場合は少なく，明商船によってもたらされ，博多，堺，京都などのわが国の商人の手により全国各地にもたらされたものであろう。

参考文献
『貿易陶磁研究』No.4，日本貿易陶磁研究会，1984
『近世城館跡出土の陶磁』愛知県陶磁資料館，1984

文房具

福井県立朝倉氏遺跡資料館
■ 水野和雄
（みずの・かずお）

日本では文字の普及とともに硯，墨，水滴などの文房具が定着をみ，とくに中・近世の遺跡からは多くの遺物が出土している

　文房具の誕生は，人が生活の一部を文字で記録しだしたことに始まる。中国では，湖北省雲夢県睡虎11号秦墓から発見された卵形石硯，円筒形磨石具，墨のセットが最も古い遺品といえよう。日本の文房具の歴史は，漢字と仮名の関係と同じで，中国から文房具一式を輸入し，器用な日本人の手によって大量に模倣され，定着したとすることができよう。

　最近では，鉛筆をはじめボールペンやマジックペン，ワープロなどの普及もめざましく，毛筆は過去のもの，または書道という枠内へ追いやられた感が強い。昔の人が「文房四宝」として愛でた筆・墨・硯・紙，それに水滴，文鎮，筆架，小刀，硯屏，硯箱などの文房具に，私たちは今，正しい価値基準を与えて貴重な文化遺産として保護していく責務があろう。

　さて，「文房四宝」については，書家はもちろん，美術的立場からの論考も多くなされている。最近では，中・近世遺跡が多く調査され，硯や水滴の報告もかなりの数にのぼっている。筆者は，戦国時代城下町の跡として有名な特別史跡一乗谷朝倉氏遺跡の発掘調査に携っている関係上，ここでは日本各地の遺跡から出土し，報告されている文房具にウエイトをおいて，それらを簡単に紹介していきたい。

1　硯

　日本にはじめて硯が伝来したのは，中国の隋・唐時代で，蹄脚・円面・風字硯などの陶硯が主流の頃である。この形式の陶硯は，7世紀の飛鳥京・藤原宮・法隆寺・北九州などの寺院跡や官衙遺跡を中心に出土している。奈良県御坊山3号墳出土の三彩有蓋円面硯は，百済から将来された優品である。中国や朝鮮の風習では，文房具は墓の副葬品の重要な品物の1つとなっているが，日本では経塚に文房具が埋納される例は若干みられるものの，墓の副葬品としては皆無であることから，この古墳の被葬者が，日本人でない可能性を強くしている。8世紀以後11世紀までは，日本でも円面硯・風字硯・猿面硯などの陶硯が焼成され，使用されているが，需要の急増に対応するために，日本独自の須恵器の杯と蓋を利用した「杯蓋硯」も工夫され多用された。

　中国では，唐代武徳年間に端渓石が，開元年間に歙州石が相ついで硯材として採掘され，石硯の時代をむかえるにいたった。日本でも，福岡市鴻臚館跡出土の円硯の銘文が935年頃のものであることや，菅原道真の『菅家文草』に石硯を愛でる詩がみられることなどから，10世紀頃，陶硯から石硯へ徐々に材質が移行しつつあったことがわかる。なお，北九州の一部では，11世紀の後半頃に滑石で作硯する試みがあったようであるが，本格的に日本の各地で硯材が採掘され，硯工人が誕生するようになるのは，12世紀末から13世紀はじめ頃のことと考えられる。拙著「日本石硯考」（『考古学雑誌』第70巻第4号）の編年によると，13・14世紀には，楕円硯—入隅形の四葉硯（図2）と呼ばれるものも含む—や台形硯（図4）が主流であり，京都平安京をはじめ，鎌倉市内，広島県草戸千軒町遺跡などで多く出土している。これらの石硯に混って，裏面が浅く抉ってあったり，良質の石材を丁寧に加工してある中国石硯（図3）と一見してみられるものも少し出土することがある。硯工人が，これら中国石硯を模倣して裏面の平坦な硯を大量に作硯していた事実を示すものとみることができよう。

　15世紀になると，文献からは京都嵯峨石や若王子石，高知県土佐石の硯材が採掘されていたことが知られている。15世紀の石硯の特長は，台形硯で側面が上方に広がる14世紀タイプから，長方硯で側面が垂直に立ち上る16世紀タイプとを繋ぐもの，いいかえれば，側面が垂直の台形硯，もしくは側面が上方に広がる長方硯（図5）のどちらかのタイプであるとすることができる。

　16世紀になると，福井県の一乗谷朝倉氏遺跡の592点以上の硯片をはじめ，長方硯で，側面が垂

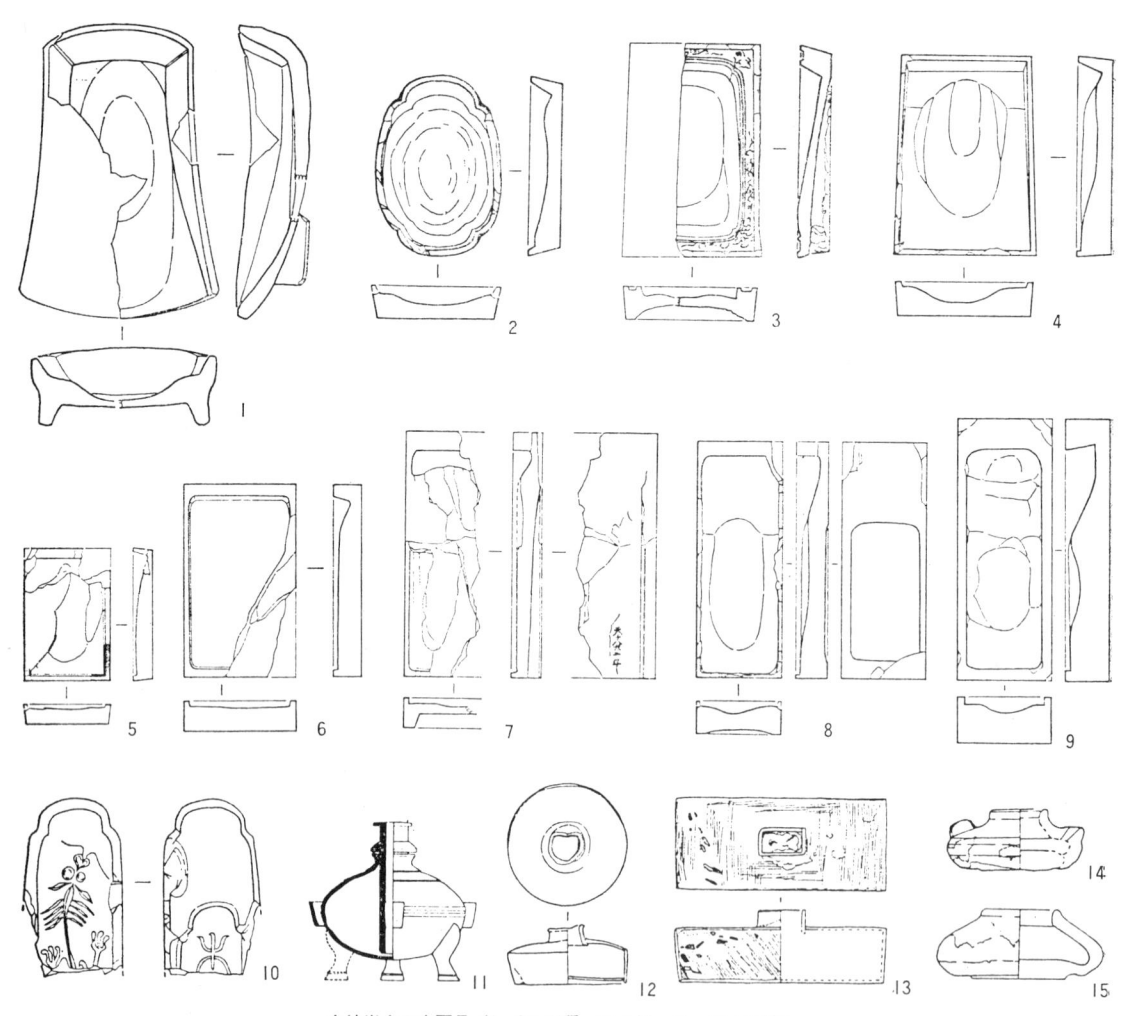

各地出土の文房具（1〜9：石硯，10：墨，11〜15：水滴）

朝倉氏遺跡出土の文房具

直に立ち上り，裏面が平坦（図6）か，もしくは2脚つく石硯（図7）が，全国各地の中・近世遺跡からも多く出土するようになる。この時期，硯頭部の縁帯幅は広くなり，海部にむかって垂直に削られるようにもなる。これに対して，18世紀の石硯は，海部にむかい鋭角に挟るように削った硯（図9）や，滋賀県高島郡の石硯（図8）が主流となっている。西口陽一氏の「人・硯・石剣」（『考古学研究』第128号）によれば，高島硯は，東大阪市西ノ辻遺跡で「天福二年(1234)」銘の石硯が出土したことから，鎌倉時代の初めに，はやくも作硯されていたことが判明している。しかし，高島硯が隆盛をみるのは江戸時代のことであり，細長い硯の裏面に方形の浅い挟りを入れ，そこに「本高嶋石・本高嶋虎斑石・高嶋長誠」などの銘の刻された例が，水野正好氏によって多く報告されている（『江州高島産石硯資料瞥見録』『滋賀考古学論叢2』）。今後は，中・近世の硯産地と，遺跡からの出土硯とを比較検討することによって，硯の生産と流通の問題にせまってみたいと思っている。

2 墨

墨の材料は，時代とともに石墨—松煙墨—油煙墨と変遷し，現在ではカーボン液墨なども多く用いられている。

石墨は，天然に産した顔料で，石硯の上に置き磨石具で磨りつぶして使用したようである。前述の秦代睡虎11号墓から出土したものが最古のものといえよう。日本では出土せず，中国でも三国時代頃までには固形墨にとってかわられたものと思われる。

松煙墨は，松の枝を焼いて煤を集め，膠(にかわ)で練って固形にしたものである。この墨の特長は，年月を経るにつれて色が青みを帯びてくる点であろう。日本書紀推古天皇18年（610）の記事「高麗王貢上僧曇徴法定曇徴知五経且能作彩色及紙墨」から，飛鳥時代に製墨法が伝えられたことが知られている。奈良時代になると，奈良正倉院に伝世墨としては世界最古の古墨14挺が大切に収められている。この墨は，日本で作られたものではなく，唐墨(からすみ)・新羅墨(しらぎすみ)である。平城京右京五条四坊の第100次調査では，唐墨が筆管，絹織物，和銅開珎などとともに須恵器薬壺形の胞衣壺(えな)に収められていたし，鳥取県米子市の諏訪遺跡群でも調査者の小原貴樹氏によって，奈良時代の掘立柱建物付近から，土師質甕の中に収められていた炭化した墨状の遺物，和銅開珎3枚，刀子1本，鋤先1本が報告されている。男子出産の場合，官吏として読み書きが上達するように，文房具を胞衣と一緒に埋納する風習については，水野正好氏の「想蒼籠記」（『奈良大学紀要』第13号）に詳しい。奈良時代にもなると，平城京跡から尨大な量の木簡が出土しており，下級官人までもが，支給された墨をちびちびと大切に使っていた様子が明らかとなっている。

平安時代の『延喜式』によると，墨は図書寮で年間400挺作られ，各官省へ配られたようである。植村和堂氏は，『筆・墨・硯・紙』という本の中で『延喜式十三 図書』の記事「凡造レ墨，長功日焼レ得煙一石五升，煮レ烟一斗五升，二日二夜乃得レ熱 中功・短功赤同 成墨九十三挺 長五寸，広八 分料膠一斤（以下略）」を引用し，「宮中の図書寮で松を焼く設備を作ったとは考えられませんし，1日に松煙1石5斗を製したと解するより，油1石5斗を焚いたと解する方が，量のうえからみても妥当」とされ，『和硯と和墨』でも「日本では延喜式造墨式にすでに油煙墨の記述があるので，中国より日本が油煙墨に関しては先鞭をつけたことになる」と述べておられる。しかし，筆者がこの『延喜式』の記事を調べた限りでは，油煙墨と断定する材料は見あたらず，かえって松煙墨作りの工程を示した貴重な資料であったと推察できたのである。

次に油煙墨であるが，麻油，菜種油，桐油などを焚いて煤を集め，膠(にかわ)で練り，型押ししたものである。中国では桐油が主として用いられたが，日本では菜種油が多く用いられた。油煙墨は，中国で南唐の李廷珪がその基礎を開き，宋の熙豊年間（1068〜1085）に張遇によって多く造墨されたというのが定説になっている。松井藤次氏は，『奈良の墨』という本の中で，鎌倉鶴岡八幡宮所蔵の国宝源頼朝ゆかりの硯箱に残されていた天徳年号が陽刻されている墨片を電子顕微鏡にかけて，その炭素粒子の大きさから油煙墨であると断定され，その他の資料をも合わせて，「日本では平安時代末に油煙墨が作られていた」と考察された。しかし，この墨が油煙墨であったとしても，「天徳」の年号（日本では957〜961，中国では1149〜1152年）から，日本製油煙墨を論じるのには無理がある。逆に，この墨は中国製油煙墨が日本に将来されたものと考えた方がより良いように思われる。さらに，前述したように，『延喜式』の記事も松煙墨の造墨記事と考えられることから，筆者は，13世紀頃の鎌倉時代に中国から油煙墨の製作技術が伝えられ，奈良の興福寺をはじめとした各種「座」を統轄している有力寺社によって油煙墨が作られるようになっていったものと考えている。

油煙墨に関する最も古い文献は『大乗院文書』の元応2年（1320）9月28日の大夫法眼に油煙2廷を贈るという記事である。15世紀も中頃以降になると，『実隆公記』や『多聞院日記』などに油煙墨の記事が多く散見されるようになり，とくに『大乗院寺社雑事記』では「明応6年(1497)10月20日」の条に「北国定使常徳法師下向，糧物一貫下行之，朝倉方御書・巻数・油煙三十廷，同下野守息虎松御書・巻数・油煙卅廷，青木専之状・油煙十廷，印牧同十廷，杉若同十廷，石田同五廷（以下略）」などとあり，戦国大名朝倉貞景(さだかげ)をはじめ，その家臣たちに95挺もの油煙墨が贈答されたことが記されている。明応3年（1494）には85挺，また

『興福寺文書』の文明年間には45挺の油煙墨が,同じように贈答されている。興福寺が越前に所有した寺領荘園の年貢納付を朝倉氏に催促する目的のために,これら225挺もの油煙墨が手みやげとして渡されたことがわかる資料といえよう。

一乗谷朝倉氏遺跡からは,2点の油煙墨が出土している。第40次調査のもの(図10)は,下部は欠損しているが,幅1.7cm(5分7厘),厚さ0.9cm(3分)を測る。上端隅は入隅形を呈しており,表面には「龍」文様が,裏面には,一段さらに深く入隅にした中に「李」とみられる文字が型押しされていた。『物類品隲二』の「二諦坊墨 是南都油烟墨創造ノ古法ヲ以テ造タルモノナリ,長サ三寸,廣サ八分,某形世ニ所レ謂油烟形ト称スルモノニシテ,表ニ蛟龍背ニ李家烟ノ三字ヲ篆書ニテ記セリ(以下略)」に相当するものと思われる。第44次調査の1点も,形が少しゆがんでしまっているが第40次調査のものと同形で,幅2cm(6分7厘),厚さ1.1cm(3分7厘)を測る。

3 水　滴

水滴は,磨墨するための水を硯へ運ぶ「水そそぎ」の器で,古くから「スズリカメ・スミスリカメ・硯瓶・水亀・硯滴・水滴」などいろいろと呼称されてきた。

最近では,中国三国時代の安徽馬鞍山市東呉朱然墓から出土した銅製水注(図11)をもって,水滴の最古の例とするむきもみられる。この水注は,漆砂硯と共伴したもので,胴部径7.9cm,高さ8.3cmを測り,3脚のとりついた壺である。口縁部には水管が壺内に円筒状にとりつき,傾けると一定量の水しか一度に出てこないようになっている(『文物』1986年第3期の11頁)。また,東晋時代の青磁羊形水滴も古い例であるが,水滴が文房具の中で確固たる格づけがなされるようになるのは,唐・宋時代になってからのことであろうと思われる。

日本では,奈良時代平城宮跡から出土した須恵器の小型平瓶,箱型水滴などが古い例であろう。大阪府和泉市槇尾山施福寺の経塚から出土した平安時代後期の水滴は,底径6.1cm,金銀を渡金し,胴部全面に鳥・蝶・草花を線刻したものである。釣手座や注口座は菊花形に作られている。同じような水滴は,鳥羽離宮跡をはじめ,『古事類苑　文学部49』の鶴ヶ岡蔵,奈良国立博物館図録『経塚遺宝展』の坂本五郎氏蔵などで知られている。鎌倉時代になると,銅製で肩部に波頭文などを配し,注口が上面に1個みられるもの,青白磁龍頭装飾や瓜形の水滴などが,鎌倉市の諸遺跡から出土している。また,朝鮮新安沖海底の沈船からも,青磁や青白磁の道士形,魚形,牛形,水牛童子形などの水滴が引き上げられている。

室町時代には,福井県の一乗谷朝倉氏遺跡から数多くの水滴が出土している。まず,銅製のものでは長方形(図13)のものと円形(図12)のものとがある。注口は,上面中央に1個みられる。側面は,上方にむかって広がっており,石硯の場合と同じく硯箱に収まりやすいように作られているものと思われる。陶器では,瀬戸製の鉄釉壺形(図15),注口形(図14),水鳥形,猿形,あるいは灰釉の水鳥形などの水滴が多く出土している。注口形のものは,把手や注口部がただ付けられているだけで,穴が貫通していないものも認められる。中国製のものでは,交趾三彩の水鳥形,魚形の優品が出土している。擬宝珠形の水滴も出土しているが,これは,二次的な火を受けて釉薬が完全にとけてしまっていた。朱然墓出土の銅製水注とは逆に,底部から上部に向って円筒形の水を入れる穴を設け,注口と直角方向にとり付けられていた把手を傾けると,注口部から一定量の水が出るという構造になっている。中国や安南の染付磁器の中に類例が認められるものである。江戸時代になると,それまで主流だった動物形水滴に加えて,果実や植物形のものも多種類作られるようになり,文房や机の上を飾るワンポイント美術品として文人の間で広く愛玩されたものとみられる。

4　その他の文房具

毛筆は,前述の平城京右京五条四坊の第100次調査と,御坊山3号墳出土のガラス製筆管,長野県で筆の穂先(『考古学ジャーナル』No.257)などが出土している。正倉院には,17本の筆が伝世されており,大平筆として貴重な資料となっている。

大阪府菱木下遺跡からは,14世紀頃の遺物と共伴して亀形石製品が出土している。長さ5.9cm,両眼・口・4脚・尾などが線刻されていて,報告では文鎮と考えられている。東京都文京区白山4丁目遺跡からも,江戸時代の石製棒状の文鎮が出土しており,表面には「定」の字が刻まれていた。

出土銭からみた撰銭令

広島県埋蔵文化財調査センター
是 光 吉 基
（これみつ・よしき）

全国各地で発見される備蓄銭の存在は渡来銭の大量流入による
蓄財のあり様を示し，撰銭令発布の増加を顕著に裏づけている

　平安時代の後半頃，中国から多量に輸入されるようになった渡来銭は，室町時代になると国中に銭満ちる状況が生まれ，多くの有徳人の出現をみるにいたった。このような状態は，戦国時代に入っても変わることなく，さらに富の集中に奔走する多くの人々があらわれ，また，種々の方法を用いて悪銭をつくりだし，流通させて蓄財に向った人々も多く存在していたと考えられる。とくに室町時代中期以降，各地で撰銭令の発布が増加していった事実は，その様相を顕著に物語っているものであろう。

　本稿では，このような点に視点をおき，戦国時代の遺跡より出土した銭貨から導きだされるいくつかの問題について若干の検討を加えてみたい。

　なお，取りあげた資料が地域に偏りをもっていることを最初におことわりしておきたいが，将来的には各地で十分な分析が行なわれることを期待したい。

1　出土銭遺跡の概要

　ここでは管見にふれた主要な遺跡から出土した銭貨の概要を記しておきたい。

浪岡城跡[1]（青森県南津軽郡浪岡町）

　現在も継続調査が行なわれている城跡で，多量の銭貨が出土している。とくにSP10遺構からは903枚の，またSP11遺構からは5,971枚の銭貨が出土した。

　SP10遺構出土の銭貨は，縄紐状の部分が若干遺存しているところから考えるとさし銭の状態であったことが窺われる。銭種は35種で，これに無文銭がある。最も新しいものは朝鮮通宝である。最多枚数の銭貨は洪武通宝で275枚，次に無文銭が257枚，判読不能銭120枚で，以下の銭種は35枚から1枚までである。

　SP11遺構の出土銭はさし銭の状態で検出された。銭種は無文銭を含めて56種で，その他に判読不能銭がある。最も新しい銭貨は永楽通宝で，最多銭は皇宋通宝の546枚，以下洪武通宝の533枚，

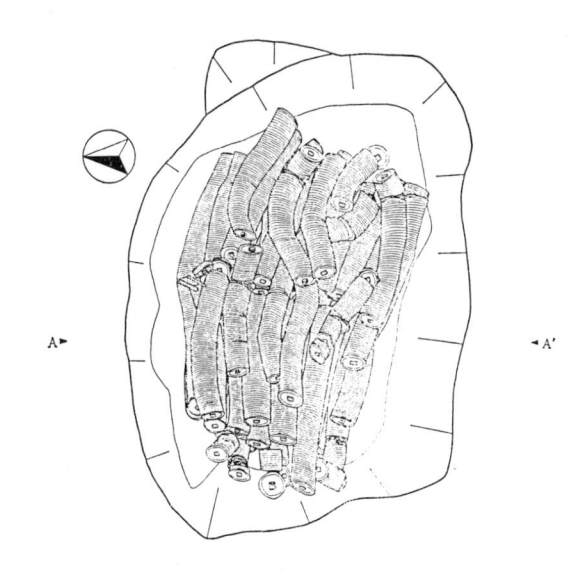

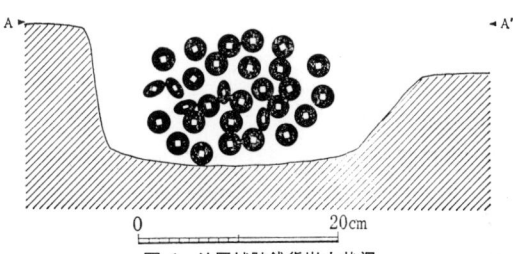

図1　浪岡城跡銭貨出土状況

元豊通宝500枚，永楽通宝483枚，熙寧元宝407枚，元祐通宝401枚，無文銭378枚，開元通宝367枚，判読不能銭276枚，天聖元宝225枚，聖宋元宝200枚で，それ以外の銭種の枚数は194枚から1枚までである。本城跡の出土銭のなかで注目されるのは無文銭がかなりの部分を占めていることと私鋳銭の多いことが指摘されている点である。

笹間館跡[2]（岩手県花巻市北笹間）

　本館跡からは462枚の銭貨がさし銭の状態で出土した。銭種は38種で，2枚の判読不能の銭貨がある。最も新しい銭貨は永楽通宝で，最多枚数の銭貨は元豊通宝48枚，開元通宝44枚，洪武通宝41枚，皇宋通宝40枚，元祐通宝39枚，永楽通宝39枚，熙寧元宝37枚で，残りの銭種は25枚から1枚である。このうちの洪武通宝，永楽通宝は磨耗が少な

65

いという特色がある。また，無文銭は2枚と非常に少ない。

石白遺跡[8]（新潟県南魚沼郡湯沢町）

木箱が2箱発見され，271,784枚の銭貨が検出された。銭種は83種で，最も新しい銭貨は朝鮮通宝である。最多枚数の順に記すと皇宋通宝28,551枚，元豊通宝27,751枚，永楽通宝25,196枚，熙寧元宝23,547枚，元祐通宝20,793枚，開元通宝17,885枚，洪武通宝11,939枚，天聖元宝11,298枚で，以下9,761枚から1枚である。出土銭のなかに明らかに私鋳銭とわかる天宋宋宝1枚が含まれている。また銭種の多さも注目に値する。そして，永楽通宝，洪武通宝の明銭がかなり多量に出土していることは注意しておく必要がある。

葛西城跡[4]（東京都葛飾区青戸）

第83号井戸跡からさし銭状態の銭貨が4,771枚出土した。最も新しい銭貨は宣徳通宝で，58種の銭種がある。最大数量の銭貨は元豊通宝で547枚，永楽通宝488枚，皇宋通宝479枚，熙寧元宝428枚，元祐通宝356枚，開元通宝322枚，天聖元宝303枚，洪武通宝213枚で，以下銭貨の枚数は172枚から1枚である。このなかには淳元通宝1枚があり，私鋳銭と考えられる。

秋山遺跡[5]（埼玉県児玉郡児玉町秋山）

出土銭は2個体分の常滑焼甕に埋納されていたもので，現在，5,206枚の銭貨が確認されている。銭種は62種類で，最も新しいのは大世通宝である。出土銭のうち最多のものから列記すると皇宋通宝の520枚，元豊通宝500枚，熙寧元宝450枚，開元通宝449枚，洪武通宝441枚，元祐通宝389枚，永楽通宝382枚，元聖元宝209枚で，残りは186枚から1枚である。これらのなかにはかなりの削銭が含まれている。

大井城跡[6]（長野県佐久市大字岩村田）

当城跡では，172点の銭貨が出土しているが，このうちの97枚はTa4号竪穴遺構からさし銭の状態で出土している。最も新しい銭貨は宣徳通宝である。最大枚数の銭貨は永楽通宝で16枚，次に皇宋通宝の13枚，開元通宝10枚，熙寧元宝9枚で，残りは5枚から1枚である。本城跡の出土銭は全般に磨耗したものが多く，また，私鋳銭がかなり存在していることは留意されよう。

下右田遺跡[7]（山口県防府市大字高井）

東・北・西の三方をコの字状に溝で囲った屋敷地内の西隅の土壙18より備前焼壺に納入された状

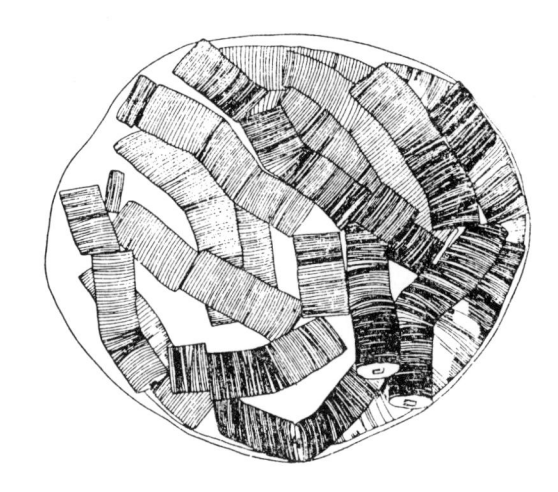

図2　宮尾遺跡銭貨出土状況

態で銭貨が出土した。出土銭は13,495枚で，最も新しい銭貨は宣徳通宝で，銭種は63種である。最大枚数の銭貨は永楽通宝の1,709枚，以下，元豊通宝1,382枚，皇宋通宝1,297枚，元祐通宝992枚，開元通宝891枚，洪武通宝650枚，天聖元宝514枚と続き，残りは461枚から1枚である。なお，本遺跡では永楽通宝がかなりの部分を占めていることは興味深い。

宮尾遺跡[8]（島根県隠岐郡西郷町大字東郷）

銭貨は，曲げ物の容器に入れられた状態で出土した。出土銭は8,716枚で，二本縒りの紐を通して，束ねられて納められている。最も新しい銭貨は宣徳通宝で，銭種は58種である。最多枚数の銭貨は永楽通宝の928枚，次に元豊通宝706枚，皇宋

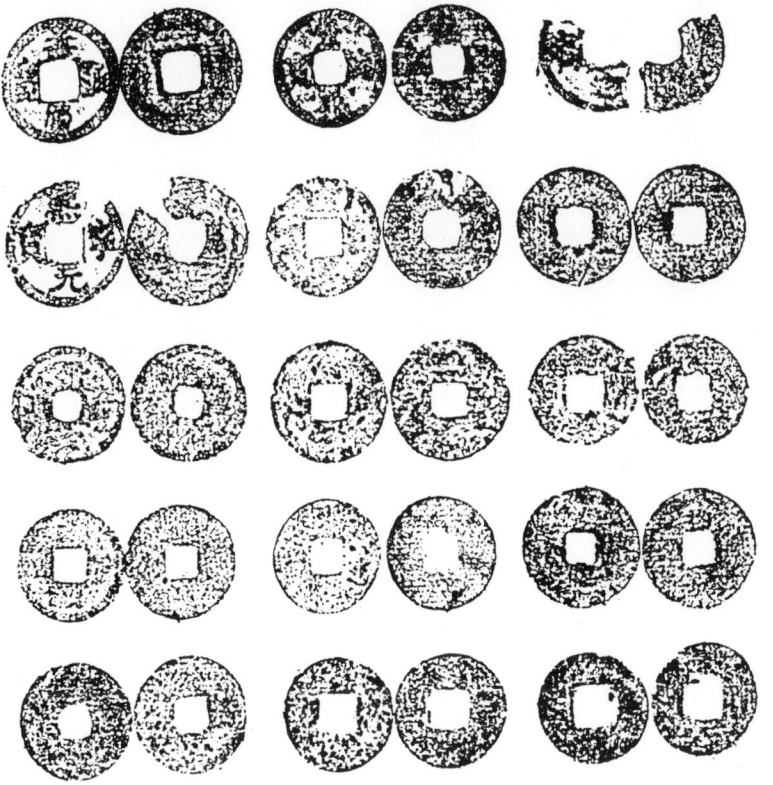

図3 根城跡出土銭拓影

通宝612枚，開元通宝498枚，熙寧元宝492枚，元祐通宝488枚，天聖元宝297枚，洪武通宝273枚で，後の銭種は254枚から1枚である。本遺跡でも永楽通宝が最も多いことは注目される。

2 出土銭からみた撰銭

限定された資料ではあるが，戦国時代における出土銭について瞥見してきたところである。以上の点よりまず第1に注意されるのは，出土銭のなかに無文銭が含まれていることであろう。ただ，この銭貨は，すべての遺跡から出土しているのではなく，例えば北海道志海苔遺跡[9]，青森県根城跡[10]，同県浪岡城跡，あるいは宮崎県五ケ瀬町三ケ所遺跡[11]など京畿より遠隔の地での出土例が圧倒的に多い。第2には，銭貨の縁や内郭部分を削り取ったり，放射状に刻目をいれたりして手を加えた削銭が多く認められることである。第3は，さし銭で出土した銭貨の枚数についてである。一例をあげるならば，浪岡城跡では，1さし100枚のもの36さし，1さし99枚のもの5さし，1さし101枚のもの3さし，1さし87枚，89枚，91枚，93枚，94枚，97枚，98枚，102枚，119枚のもの各1さしずつとなっている。このように，1さしの枚数が一定でなく，かなりばらつきがみられることは注意されよう。

これらの点からまず想起されるのは，戦国時代に著しく増加した撰銭の実態であろう。すでに小葉田淳氏[12]は，該期に撰銭が多くなった要因として次のように考えられている。

1. 明銭は概して皆優良で，在来の銭貨のある種のものとの間に優劣の差が顕著となった。
2. 流通銭の主体は宋銭で，罹焼禍乱の争闘により銭貨の自然的摩損に加えるに人為的な破壊によることが多くなった。
3. 私鋳銭の流通の増大にともない銭貨の選別行為が盛んになったことによる。

また，不正な使用数量の検出に対しても撰銭の語が用いられていると論じている。

それでは，実際にどのような銭貨が撰銭の対象になったのか検討が行なわれなければならないが，現状ではまだ不十分な状況にある。永禄3年(1560)の撰銭令では，京銭，うちひらめが撰銭として掲げられている。京銭については中国・南京周辺で鋳造された私鋳銭や日本で鋳造された私鋳銭であると考えられているが，一般には状態の悪い私鋳銭が該当しよう。うちひらめは文字のない無文銭が想定できる。京銭と考えられる私鋳銭の場合，当時の人々はこれをどのように認識し，選別していたのか現段階では具体的に把握することはできないが，銭銘が不分明な状態の銭貨や重量の軽いもの，また，小穴などが多い鋳上りの悪い銭貨はこの範疇でとらえることができる。

沢田正昭氏[13]は，青森県根城跡より出土した銭貨の分析を行ない，日本製の銭貨は重量が軽く，銭径も小さいことを明らかにされている点は注目されよう。そして，この種の銭貨は，無文銭の多く出土した遺跡では認められるが，これ以外の地域の遺跡では少量程度の出土で，撰銭が行なわれていた可能性が推定できる。しかしながら状態の良い私鋳銭の場合には選別することは困難である。例示するならば，葛西城跡出土の淳元通宝は

鋳上りも良好で，流通銭のなかからこれを私鋳銭として識別するのは難かしく，善銭として流通していても何ら支障のない銭貨である。当時の技術をもってすれば，この程度の銭貨の鋳造は容易で，各地で大量につくられたことは想像にかたくない。ただ，ここで注意を要するのは私鋳銭を鋳造する際に銭種が限定されていたのではないかと考えられることである。つまり，いずれの銭貨も鋳上り後の状態は燦然とした輝きをもっており[14]，古色を有す銭貨とは一目でみきわめができるために，ふる銭に似せて鋳造してもそれが私鋳銭と容易に判明するからである。そうすると私鋳銭をつくる場合，自ずと当時輸入されていた銭貨が手本となり，戦国時代においては永楽通宝や宣徳通宝などの明銭であった蓋然性が高く，文明17年（1485），大内氏によって発布された撰銭令にみられるように永楽通宝や宣徳通宝が善銭としてみなされなかった原因をこのあたりに求めることができるのではなかろうか。そして，明銭の私鋳銭が莫大な量であったとみても差しつかえないであろう。そのことは一般に出土銭のうちで宋銭の占有率が80～90%を占めているといわれるが，個々の銭貨では洪武通宝，永楽通宝が高い出土率を示し，私鋳銭の多いことからも窺知できる。

一方，うちひらめと考えられる無文銭は，前記した遺跡などから大量に出土しており，無文銭は善銭と同様の価値をもって該地で広く流通していたと思われ，撰銭令の必要のない地域であったといえよう。

また，関東地方の遺跡からは大世通宝や世高通宝の琉球銭や安南銭が比較的多く出土しており，他地域における様相とはやや異なっていると思われ，これらの検討も必要となるであろう。

次に，さし銭の枚数であるが，浪岡城跡出土のさし銭でみてきたように100文を中心にして幅があり，一定した枚数でつくられたものではなかったことから一さしは重量でつくられたと推定できる。そして，削銭や無文銭などの悪銭が含まれた場合には，枚数の増加を促したと考えられ，これらのさし銭を分析することによって善銭と悪銭の抽出も可能となるであろう。

3 おわりに

以上，戦国時代における出土銭から派生する若干の問題について述べてきた。現状では出土銭の分析も不十分で，今後に期すことが大であるが，撰銭の実態を把握する場合，各地から出土した銭貨の検討が十分に行なわれなければその様相を明らかにすることは困難である。そしてとくに撰銭令の発布がされている近江の浅井氏，甲斐の武田氏，下総の結城氏，相模の北条氏，あるいは中国地方に勢力をもっていた毛利氏などの支配地域における出土銭の詳細な分析が行なわれることによってそれを反映しているのか否かを詳らかにすることができ，戦国時代における銭貨の流通状態などを具体的にとらえることができるのである。それはまた，戦国時代の後半頃にかけ各地で貫高から石高に変わっていた状況を明らかにすることにもなるであろう。

註
1) 浪岡町教育委員会『浪岡城跡Ⅷ』1986
2) 岩手県文化振興事業団埋蔵文化財センター『笹間館跡発掘調査報告書』1988
3) 湯沢町教育委員会『伝・泉福寺遺跡―石臼中世備蓄古銭の報告―』1976
4) 葛西城址調査会『葛西城 葛西城址発掘調査報告』1983
5) 栗原文蔵「児玉・秋山出土の備蓄古銭」研究紀要，8，1986
6) 佐久市教育委員会『大井城跡（黒岩城跡）』1986
7) 山口県教育委員会『下右田遺跡 第4次調査概報・総括』1980
8) 隠岐島後教育委員会『宮尾遺跡発掘調査概報』1984
9) 市立函館博物館『函館志海苔古銭』1973
10) 八戸市教育委員会『史跡根城跡発掘調査報告書Ⅱ』1980
11) 三谷美徳「宮崎県五ヶ瀬町三ヶ所坂本城址出土銭について」ボナンザ，200，1982
12) 小葉田淳『日本貨幣流通史』1969
13) 沢田正昭「第Ⅷ章 岡前館出土古銭の材質分析」『史跡根城跡発掘調査報告書Ⅲ』1981
14) 「備蓄銭の埋蔵年代」ひろしまの遺跡，30，1987 東広島市志和町善福寺南遺跡から約20,000枚の銭貨が出土している。このうちの永楽通宝は1,700枚余をかぞえ，鋳造直後の光沢をもっているものが約1,200枚ある。

● 戦国考古学のイメージ

戦国時代の信仰

新しい秩序を求め混沌とした戦国時代は信仰の事相もこの動向と切り離せないが，では いかなる信仰の形態が存在しただろうか

供養塔と納骨／一字一石経の世界

供養塔と納骨

元興寺文化財研究所
藤澤典彦
（ふじさわ・ふみひこ）

戦国時代は墓塔の急激な増大と，有名な霊場への納骨が盛んになる。ともに中世村落の経済的発展に根ざした動きである

1 戦国時代の信仰的諸問題

　戦国時代はその「戦国」のイメージとはことなり，信仰的には日本全国的な動きの活発な時代であった。例えば江戸時代において庶民信仰として定着する信仰の多くのものの庶民化の基礎がこの時代にできあがっているのである。例えば，西国三十三所順礼，六十六部回国納経，高野山を代表とする諸国霊場への納骨などがそれである。これらの巡礼的信仰とは異なり，在地に根づいた信仰においても，念仏講を代表とする講組織は各村落において急激な展開をとげる。

　その背景には中世村落の経済的発展があったと言われる。それは自治的村落である惣村の成立と軌を一にした動向であり，その背景には自己意識の確立がともなっていた。その結果は必然的に新しい秩序を求める動きとなる。戦国時代とはその新しい秩序を求める混沌たる時代であるとともに，その動きの根元が在地に根ざしたところに発している新しい英雄時代でもあった。信仰の問題もこの動向と切り離して考えることは出来ない。

2 供養塔の諸問題

　上述の諸信仰以外に，戦国時代になって急激な展開を示すのが墓地の問題である。とくに墓塔の急激な増大が顕著な特色として挙げられる。畿内の場合，戦国時代以前の墓塔としては五輪塔が数量的に最も多く，ついで宝篋印塔・名号板碑・宝塔などの順になるであろうか。数量的増大とともにこれらの墓塔は小型化してゆく。それと同時に新しいタイプの塔が出現し塔形が多様化する。新しい塔の代表が一石五輪塔と舟形光背板碑といえる。一石五輪塔は普通の四石彫成五輪塔とは異なり一石に五輪塔形を刻んだもので，高1尺〜2尺のきわめて小型の五輪塔である。舟形光背板碑は五輪塔を浮彫したものが数量的には最も多く，最初は五輪塔の省略形として成立したと考えてよいが，少数ながら宝篋印塔・宝塔を刻んだものもみられる。初出は一石五輪塔の方がやや早く室町中期頃に考えられる。

　この他に半截五輪塔・石龕五輪塔・圭頭状五輪板碑なども，塔ではないが舟形光背石仏・石龕仏・圭頭状仏像板碑・自然石板碑などがみられる。これらは前代からの形の系譜を引きながら小型化し，また形態的に混合しあってさまざまなタイプのものが出現してくる。例えば石龕や圭頭状板碑では塔が単基のもの，双基のものがあり，仏像が単体・双体・三体のもの，また塔と仏像の並

列したものなどさまざまなものがみられる。また これら各形式の分布もそれぞれに特徴をもち，その分布の背景に文化的背景の異なりがみられる。

例えば舟形光背板碑は大和中北部を中心に展開し，山城南部・河内などにも比較的濃い分布がみられる。一石五輪塔は大和南部および和泉地域に大きな分布をみせ，高野山との文化的関連の強さをみせている。このように，大和・河内においても地域によりその地の主流になる石塔に相違がみられるのである。また石仏でも大和と京都では大きな相違がみられる。大和の場合，地蔵立像が多くどちらかといえば阿弥陀は少ない傾向にある。その阿弥陀もほとんどが来迎印の阿弥陀立像である。ところが京都では地蔵より阿弥陀坐像の方が圧倒的に多く，印像も来迎印ではなく弥陀定印なのである。信仰史的には来迎印の阿弥陀に対する信仰の方が新しく，定印の阿弥陀の方が古いといえる。京都の石仏は伝統的な古い信仰を伝えているのである。また石龕仏の場合，大和・山城地域のものは屋根部分が軸部とは別石になったものが主流であるが，京都では屋根まで一石で造ったものがほとんどである。このように地域の文化的背景によって主流になる石塔・石仏はその相を変えるのである。

このことは全国的にみられる現象であり，塔の種類としては基本的には五輪塔の所が多いようであるが，所によっては五輪塔より宝篋印塔が多くみられる地域，四石彫成の五輪塔しかみられない所とか，一石五輪塔が集中的にみられる地域，板碑の多い地域，自然石板碑の集中する所など地域によりさまざまな特色がみられる。

どの種類の塔が主流になるかについては地域によって異なるが，どの地域についても共通するのが，石塔の急激な量的増大と小型化である。この現象の示すところは，造塔階層の拡大と個人墓塔造立風潮の成立である。室町中期までは個人の墓塔を造立するのはせいぜい貴族・武士・僧侶までであったが，必ず塔を造立したものかどうか正確なことは不明といわねばならない。戦国時代に入ると上層農民＝名主階層，下級武士階層まで，都市においても上層町民にまで造塔の風が広がったと考えられる。それは戦国時代の活力がこのクラスの人々の動向そのものであったことをよく示している。

新しい時代の到来は戦国大名や土豪層にとっては一面では一族の消長を賭けた大きな試練の時でもあった。全国的に戦国時代末で途切れる多くの墓地がみられるが，それらはこの状況を反映したものと考えられる。例えば四国香川県の弥谷寺は鎌倉時代以来の納骨霊場である。山内各所に磨崖の五輪塔浮彫が崖一面に見られる（口絵1）。その五輪塔の水輪部や地輪部に大きな穴があけられており，遺骨が漆喰などで塗り込める形で納められていたと考えられる。それらの五輪塔は鎌倉時代の形をしており，弥谷寺の納骨の古さを示している。その弥谷寺に香川氏の墓所（口絵2）が営まれている。香川氏は天正13年に秀吉の四国攻略により滅ぼされ，以来墓地は廃絶していたが，それが近年掘り出されて境内の一角に集められている。そこには室町時代を通じての五輪塔が多数みられる。

長野県須坂市井上には戦国時代に井上氏なる土豪がいたが，その館跡とされる近辺から室町時代の五輪塔・宝篋印塔が掘り出され集められている（口絵3）。館近辺に一族墓を形成していたものと考えられるが，いずれの石塔も戦国時代までのものであり，戦国時代で廃絶した墓地と考えられる。このように戦国時代で途切れる墓地は全国いたるところに見られる。それらは戦国期における土豪の消長に関連したものとして捉えられる。

3 墓地と納骨

遺骨の一部を墓地以外の所に納める納骨は，平安時代末から文献にみられる。大和周辺にみられる墓地の場合，石造遺品などから起源を平安時代末から鎌倉時代初期に考えられるものが多く，墓地埋葬と納骨の営みが本来一体のものであったことを示唆している。家・一族の範囲を超えて墓が集合する墓地の成立は平安時代末以降になる。その場合，墓地点定の重要な要因はその地が，その墓地に結集する周辺の人々にとっての聖なる地＝霊場であることが必要であった。墓地とは霊場への埋葬・納骨として成立したと言える。その核となる霊場性は在地の人々にとってはいわずもがなの了解事項ではあっても，その地が霊場であることの印が求められる。その印が総供養塔と呼ばれる石塔であり，また別の場合には経塚の造営がそれであった。これらの営みはその地を霊場として聖別することでもあった。

畿内とくに大和・河内・南山城地域の墓地にお

いては墓地中央に総供養塔とされる大型の石塔が建てられている例が多く見られる。有名なものとしては山城木津惣墓の五輪塔がある。この塔には「泉木津僧衆ホ，十二人同心合力，勧進五郷甲乙諸人，造立之各毎二季彼岸，光明真言一万返，阿弥陀経四十八巻誦之可，廻向法界衆生，正応五年壬辰八月日」の銘文および追刻銘がある。毎年二季の彼岸に執り行なわれた仏事内容がよく知られる。この石塔は元来覆い屋の中に入れられていただろう。多くの総供養塔と考えられる石塔はほとんどのものが覆い屋に納められていたと考えてよい。同様の石塔で現在覆い屋に入っているものとしては奈良県生駒市の興山墓地総供養五輪塔（口絵4）がある。これは行基の墓上に建てられているものであり，行基の供養塔であると同時に総供養塔としての役割も担っているのである。興山墓地の霊場性は行基墓の存在にあり，行基墓の近辺への埋葬・納骨として墓地が成立したのである。興山墓地にはこの五輪塔以外に総供養塔と考えられる宝篋印塔（正元元年＝1259）が1基ある。

一般に解放されたいわゆる墓地ではなく性格的にやや異なるが，同様な構造が興山墓地のすぐ近くにある竹林寺境内にある忍性の供養塔の場合にも認められる。忍性の供養塔も忍性の遺骨を鎌倉極楽寺・額安寺・竹林寺の三寺に分骨したものの一部であり，近年，額安寺・竹林寺ともに発掘調査がなされており，忍性の遺骨を納めた舎利瓶とともに弟子たちの遺骨を納めた分骨容器が出土している。極楽寺の場合はすでに蔵骨容器が出土しており，その舎利瓶記からこの三寺に分骨したことがわかっていたが，近年の発掘でこの銘文内容が裏づけられた。ちなみに竹林寺から出土した蔵骨容器にも極楽寺のものとほぼ同内容の銘文が刻まれていた。忍性供養塔はそれぞれに巨大な石塔であるが，極楽寺の場合は境内絵図から覆い屋の中に入っていたことがわかる。竹林寺の場合も発掘の結果を見ると覆い屋があったことが推定でき，堂内の塔の前方部に多くの納骨容器が埋納されていた。額安寺の場合は覆い屋の痕跡が明瞭ではないが，おそらくあったと考えてもよいだろう。額安寺の場合も塔下に追納骨が行なわれている。忍性墓の場合は寺院内および弟子たちという閉ざされた範囲の人たちにとっての聖地への納骨であり，その覆い屋は納骨堂でもあった。

一般に開かれた納骨の例として，元興寺極楽房納骨がよく知られている。元興寺の場合は奈良時代の僧智光の感得した智光曼荼羅に対する信仰を室町時代まで受け継ぎ，『大乗院寺社雑事記』に「当房ハ西方有縁之地也，可仰可信」と見られる霊場性を有していた。この極楽坊にも，かつてその中心に塔の建っていたことが『極楽房記』の「中央方一間四面に各々，安養を図し，中心に石浮図あり」の記載から知られる。この石塔は江戸期になって五重小塔にとって変わられたようで，五重小塔の基礎と考えられる石組が確認されている。

このように堂内に五輪塔を安置したあり方は個人の墓塔の場合にも見られるが，その個人がきわめて聖性をもった人物である時にはその塔・堂ともに納骨の施設になり得るのである。堂の中心に五輪塔を配する構造は，後の納骨堂に受け継がれて残ってゆく。例えば西大寺骨堂は方1間の小さな堂であるが，その中心に五輪塔があり，堂内の柱などに納骨五輪塔が打ち付けられ，不用になった位牌が投げ入れられていた。

さて墓地の総供養塔が覆い屋を有するものであり，そこへの納骨が行なわれたことについて述べたが，総供養塔とされる塔には，地輪の下辺中央，または返り花座下辺中央部に径2寸程度の円形繰り込みの施された物が多くみられる。例えば大阪府河南町の寛弘寺神山墓地塔，奈良県天理市中山墓地塔，奈良市称名寺塔（口絵5），奈良市大慈山墓地塔，奈良市十念寺塔，奈良県都祁村来迎寺塔などに見られる。

中山墓地塔の場合，返り花座の中心を大きくくり抜いてあり，地輪下部から挿入した遺骨が下に落し込める構造になっている。元の位置を保っている塔がどれだけあるか不明だが，このような納骨のための穴がくってある塔は地輪下に瓶または石組などで納骨為の施設がなされていたと考えられる。これらの例を見るとき，基本的には総供養塔およびその覆い屋は納骨塔・納骨堂であったと言える。祖師の墓塔に遺骨を納骨していく禅宗の海会塔にならったものとしてよいだろう。この時期にどの程度まで個人の墓塔を造立したかいま一つ明瞭ではない。『餓鬼草紙』に見られるように木造塔婆だけであったものも多かったと思われる。石造墓塔を造立しなくても総供養塔下に納骨することによって，墓塔と同じ意義を有した。また墓地に会する者すべての納骨を受け入れることによ

りまさに墓地全体の惣供養塔であったと言えるのである。すなわち総供養塔とされる塔は塔自体に納骨施設が施されていなくても基本的には納骨塔であり、その覆い屋は納骨堂であったといってよいだろう。そして平安末から南北朝までの間に、総供養塔が多く造られたのである。

そして総供養塔が納骨塔あるいは納骨堂としての機能を果たしている間はそれほど多数の個人墓塔は造られなかったということが言えるであろう。南北朝からほぼ100年後の戦国時代頃になって急激に墓塔が増大するが、背景には総供養塔が本来の納骨堂としての機能を果たさなくなったことが考えられる。それは多くの名主層の台頭により墓地への結集基盤が分裂解体したからであろう。それとともに総供養塔は単なる墓地の標識的性格を強め、個人の墓塔が必要とされるにいたるのである。同時に墓地自身が有した霊場性が希薄になり、より有名な霊場への納骨が盛んになってくるのである。

4　納骨の展開

納骨信仰とは墓地以外に遺骨の一部を霊場に納めることにより、死者の極楽往生を願うことである。故にその地は浄土あるいはそれに近い所と意識されていなければならない。そのような場所の代表は高野山だといえる。各地にある納骨霊場はほとんどが小高野なのであり高野山の地元版であるといってよい。高野山納骨は文献的にみるとき万壽3年（1026）の上東門院の納髪、嘉承2年（1107）の堀川帝の納髪、仁平3年（1153）の御室覚法法親王の納骨などに始まる。11世紀前半にほぼ高野山納骨は始まっていたであろう。堀川帝の納髪の場合、『中右記』に納髪を合理化する論理が開陳されていて、納骨・納髪の風習が始まらんとする時期の状況が記されており興味深い。覚法法親王の場合は『兵範記』にその様子が記されているが、「法橋覚深奉御懸御骨，直登高野山，奉殯彼山御塔」とみられる。この中の「御懸御骨」の

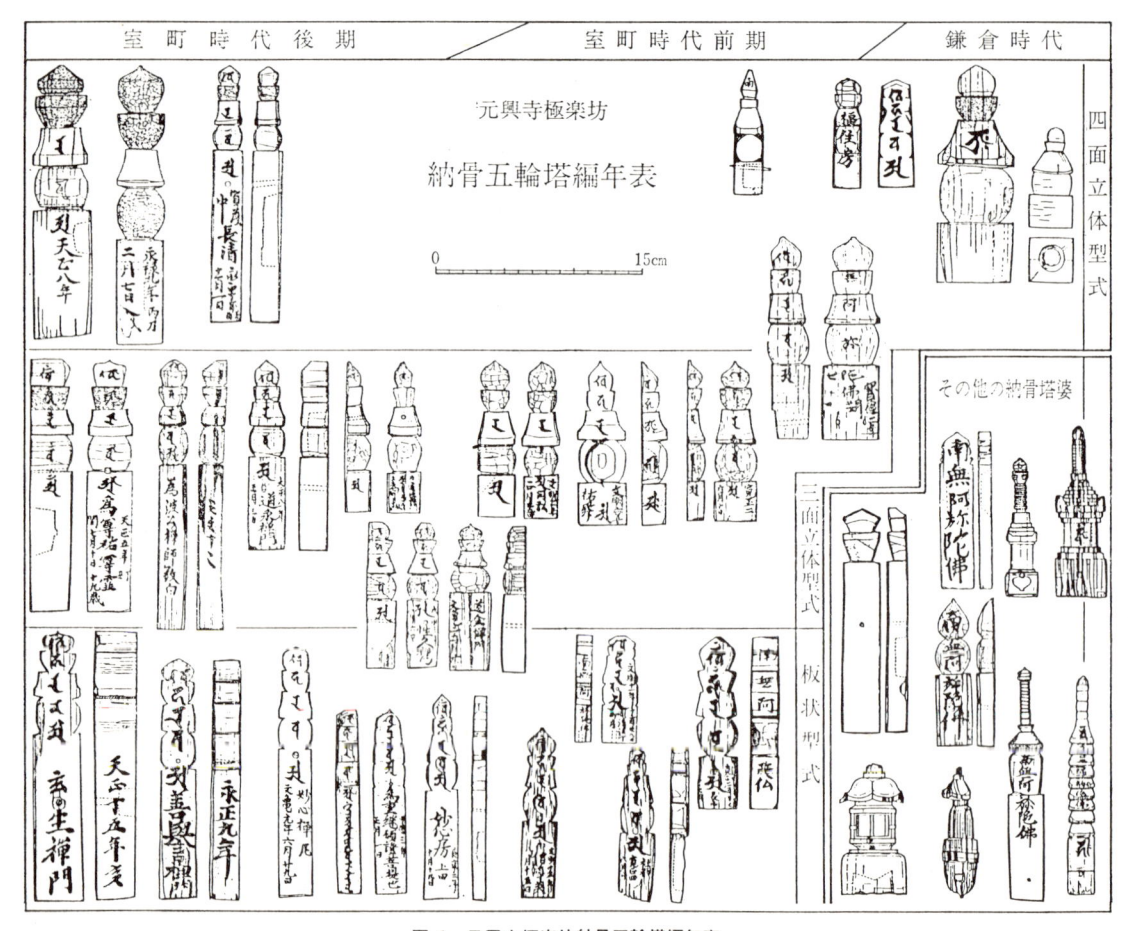

図 1　元興寺極楽坊納骨五輪塔編年表

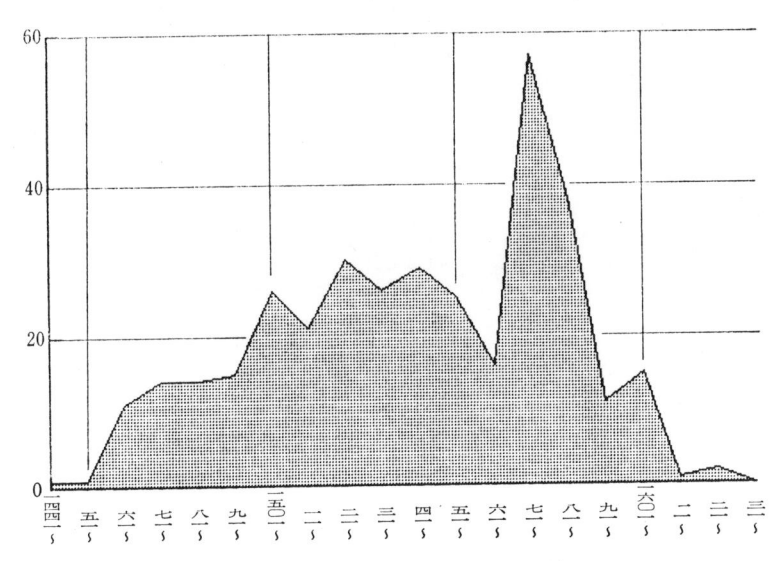

グラフ1　元興寺有紀年納骨塔婆年代別分布グラフ

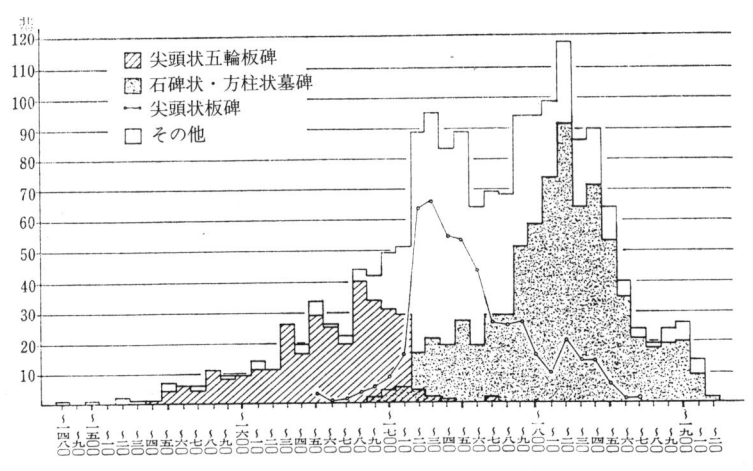

グラフ2　木津惣墓有紀年墓標年代別分布グラフ

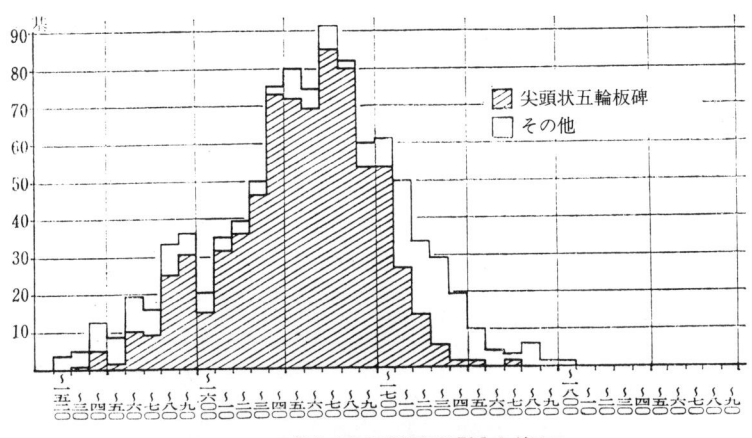

グラフ3　元興寺有紀年墓標年代別分布グラフ

表現は納骨に行くときのスタイルであり，資料的にはよくみられる。この表現がこの時点に見られることは高野山納骨が12世紀半ばにはすでに定着したものになっていたことを示しているだろう。平安時代末の末法思想の広がりと浄土教的思考の広がりの中で，より確実な浄土への往生が求められた。高野山が本来彌勒浄土を待つ所から浄土そのものと考えられるにいたり，そこへ納骨するようになったのである。

奥の院周辺は二度にわたって発掘されており，遺物も多く出土している。それらの遺物は埋教関係遺物と納骨関係遺物とに大別出来る。埋教と納骨は同時に行なわれていることが文献的に認められ一連の行為であったが，大きな流れとしては埋教遺物から納骨遺物への流れが認められる。納骨の場も弘法大師廟の近くから時代が降るにつれて徐々に離れた所まで広がりを見せる。

大師廟から離れた地である新燈籠堂の建設の事前調査では上層に多数の一石五輪塔が折り重なるように見いだされ（図2），その下層には小さなピット状に遺骨がたくさん見いだされた。それらの遺骨はおそらく有機質の容器に入れられており，容器の腐食したあと遺骨の詰まったピットとして検出されたのである。その遺骨と一石五輪塔はセット関係にあり，埋骨した上に一石五輪塔が建てられたのである。さらにその下層から13～14世紀の中国製白磁・青磁蔵骨容器がみられた。遺物の量から見るとき燈籠堂建設に伴う調査では，一石五輪塔は5,000基を超

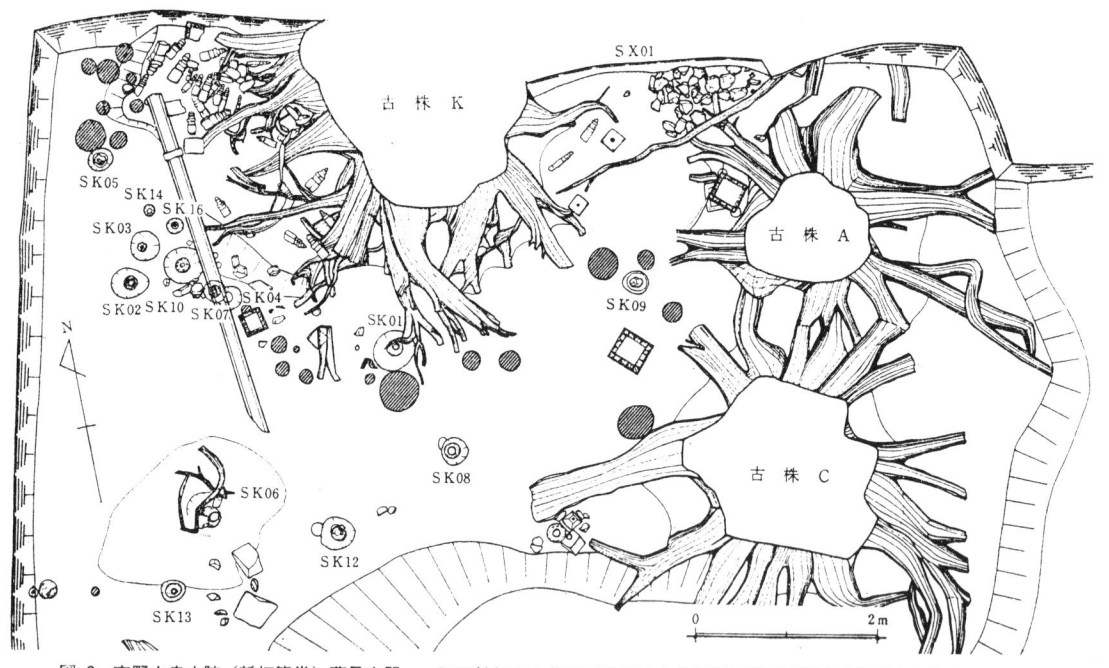

図2 高野山奥之院（新灯籠堂）蔵骨容器・一石五輪塔出土状況（元興寺文化財研究所『高野山発掘調査報告書』より）

える圧倒的な多さであり，一石五輪塔を造立するようになった15世紀半ごろになって高野山納骨が急激な展開を遂げたことが見いだされる。

この一石五輪塔の完全な調査はなされていないが，見通しとしては16世紀になってから数量的には急激な展開を示すと考えている。高野山納骨を鼓吹し全国に広めたのは高野聖たちであった。またこうした聖たちによって各地に小高野としての納骨霊場が形成される。

そのような納骨霊場の中で，元興寺極楽坊の場合は残されている資料も多く，納骨信仰の展開を見る上で重要な資料を提供する。元興寺は智光曼荼羅に対する信仰を中心に平安時代後期には百日念仏が行なわれていた。寛元2年（1244）に僧坊から極楽堂を切り離している。念仏会に連なる人々のための墳墓堂的なものへの転換であり，それ以降極楽坊納骨が開始されたと考えられる。納骨の容器としてはおもに納骨塔婆（90％以上が五輪塔）・竹筒納骨容器が使用され，遺骨の一片を入れて本堂内に納めた。元興寺には約2,000基の納骨塔婆が残されているが，その形式から見るとき鎌倉時代のものが見られ，元興寺納骨が鎌倉時代に開始されたことが裏づけられる。しかし，最初の頃はごく限られた範囲の人々のなかで行なわれていたと考えられる。それが一般に解放されるのは，おそらく室町時代になってからのことと考えられ

る。グラフ1は元興寺在年号銘納骨塔婆年代別分布を示したものである。古い納骨塔婆には年号銘の記されているものはなく，このグラフに鎌倉時代のものが入っていないが，15世紀半ば以降の納骨の展開はこのグラフに見えるパターンがほぼ実態を示していると考えてよい。ただ元興寺の場合，江戸の始めに堂内の清掃を行なっており，堂内遺物を本堂前の池に埋納している。現在残されているのはそれが発掘されたものであって，清掃以降の遺物は残されていない。江戸時代についてはもうしばらく納骨が継続した可能性はある。

このグラフには大きな三つの高まり＝時期が認められる。15世紀後半のなだらかな高原，16世紀前半の凹凸の激しい山々と1570年代の急激な高まりとである。このグラフの軌跡は高野山の一石五輪塔の出現の軌跡と相似たものと考えられる。すなわち高野山納骨・元興寺納骨の盛行も同じ社会的背景を有する同一の動きであったことが結論づけられるのである。またこれは元興寺・木津惣墓の尖頭状五輪板碑の消長とも相似たカーブをしめしている（グラフ2・3）。石五輪塔では詳細なデータを持ち合わせないが，同じ消長のカーブを示すと考えてよいだろう。また元興寺では同一人の墓塔と納骨塔婆が数例見いだされており，墓塔と納骨が一対のものとして機能していたことをよく示している。

一字一石経の世界

高知県教育委員会
■ 岡本桂典
（おかもと・けいすけ）

中世末から造営数が増え江戸時代に最盛期を迎える一字一石経は
手近な材料で埋経ができることから，広く庶民に受け入れられた

経塚とは，「経典を主体として，仏教的作善業の一つとして埋めたところ」[1]をいう。埋納される経典を書写した材質には，一般の写経と同じ紙に筆で書いた紙本経，粘土板に刻し焼成した瓦経，銅板に彫った銅板経，滑石に彫った滑石経，河原石に筆で書いた礫石経，貝殻に筆で書いた貝殻経などがある。なお，緑泥片岩の河原石に経典を彫ったもので愛媛県に分布する青石経などもある。

礫石経は，一石に一字ずつ書写したものが多いことから一字一石経とも呼称されている。この一字一石経を埋納した経塚は，一字一石経経塚あるいは，礫石経経塚と呼ばれている。さらに，一石に多字を書写している場合は，多字一石経などとも呼ばれているが，ここでは後者のものも含めて，一字一石経の名称を用いることにする。

この仏教的作善業の一つである埋経は，平安時代に始まり現在まで続いている。平安時代には紙本経，あるいは数は少なく分布地域なども限られるが瓦経・銅板経・滑石経を埋納する経塚が営まれ，後，紙本経経塚は，鎌倉時代から室町時代にも多くみられる。さらに，16世紀には六十六部聖による廻国納経が盛行し，廻国納経に伴う経塚が多く営まれる。一字一石経経塚は，室町時代から江戸時代にかけて多く営まれ，江戸時代には広く庶民の間においても営まれるようになる。

1 一字一石経経塚の経碑

石に経典を書写しまた刻することは，中世以降から認められ，滑石経・青石経などがある。一字一石経経塚は，北は北海道から南は沖縄まで，ほぼ日本全国に分布している。この一字一石経経塚には，地上標識として経碑を伴うものがある。

経碑を伴う一字一石経経塚の早い例として，大分県大野郡朝地町上尾塚普光寺参道に建つ八面石幢が知られている。この塔には，正面より右廻りに「金剛界大日・地蔵・毘沙門・若耶・阿弥陀・釈迦・不動・薬師」の種子を刻し，「大日（種子）」の下に「浄土三部経一石一字」，「阿弥陀（種子）」の面より，順に「奉読誦法華経三十三部」「□□□光明真言万三千暦応弐己卯三月三□」「奉書寫法華経七部」[2]とあり，暦応2年（1339）に浄土三部経の一字一石経を書写し，埋経が行なわれていたことが想像される。また，岩手県宮古市和見の経碑には，「五部大経／一石一字／雲公成之／永和第二」[3]とあり，永和2年（1376）に五部大経（法華経・涅槃経・華厳経・般若経・大集経）を一字一石経に書写したことが考えられる。鹿児島県姶良郡蒲生町米丸の板碑には，「奉造立石塔婆一基／右意趣者為十方施主現世安穏後生／善処及至童子戯□行為仏塔□巳／仏道何説□□一字一石経／応永九壬午年十月吉祥日　施主」[4]とあり，応永9年（1402）に一字一石経を書写したことがわかる。

16世紀の経碑の例をいくつか紹介すると，以下のようなものがある。大分県宇佐市仁聖寺の地蔵石仏の光背には，「法華千部□塔同一字一石／永正八辛未二月日」とあり，永正8年（1511）に法華経の一字一石経を書写したことがわかる。鹿児島県揖宿郡開聞町上野神社境内には，大永5年（1525）銘の経碑があり，「理趣品一部／奉書写一字一石／大永乙酉十一月十二日」と刻している。同県指宿市池田仮屋菅山には，碑伝形の角柱塔があり，正面の円相に「心」，そして銘文は，正面から両側面にかけて，「六万九千三百字　真文尽是莫非金／大乗功徳不応極　一句一言皆妙言／奉寫一字一石之妙典一部有志者／為龍溪玄守居士／天文十八年己酉十一月十五日／沙門敬白」[5]とあり，龍溪玄守の菩提のために一字一石経を書写したことがわかる。しかしながら，これらの銘文には，一字一石経のことはみえているが，埋経が行なわれたかについては，明確に刻されていない。

これら経碑は，16世紀以降全国的に多数造立されるが，一字一石経の埋納が確認されている例は少ないようである。16世紀以前のものになるとその数は，極めて少ない。

図1 福島県中目経塚出土経石(1)

図2 福島県中目経塚出土経石(2)
（図1とも註10より）

2 一字一石経

　一字一石経の中で紀年銘の確認されているものは少ない。一字一石経の初見は新潟県南魚沼郡六日町余川出土のものとされ、銘文には、「長寛三年（1165）六月廿四日／為後生菩提也」[6]とある。さらに経碑を伴ったものに、愛媛県伊予市宮下の文永2年（1265）のものがある。また、宮城県宮城郡利府町菅谷道安寺境内の横穴式石室から検出された経石には、「弘安六年四月」[7]とあり、弘安六年（1283）に埋経が行なわれたことが想定される。同時期頃のものとして、和歌山県高野山の三十七町石の下から出土した一字一石経がある。書写された経典は、鎮護国家の妙典として知られる金光明最勝王経で町石建立当初の文永・弘安期のものと考えられている[8]。

　次に15世紀中頃から16世紀後半にかけて営まれた一字一石経の2、3例を紹介してみたい。

　熊本県熊本市健軍町では、昭和34年の開墾の際に一字一石経および種子を墨書したものが出土している。さらに、経石埋納に用いたと考えられる漆塗りの木片が採集されている。また、経石の上には板碑が立っていたといわれ、その銘文には「奉造立念仏六百万遍之所　妙椿／善阿弥禅定門逆修善根／妙仏　弘治四年戊午／七月吉日　施主敬白」とある[9]。この一字一石経は、漆塗りの木箱に納められ、逆修のために弘治4年（1558）に埋経されたことが考えられる。

　福島県河沼郡会津坂下町五香中目(なかめ)経塚では、昭和49年に発掘調査がなされ、一石に一字を墨書するものと、長い銘文をもつ経石が出土している。経塚は、墳丘の高さが80cm、東西約7m、南北9mの長方形をなし、経石は頂上付近周辺の斜面に厚さ20cmほど堆積した礫層中に包含されていたものである。経石を埋納した土坑などの施設は確認されていない。

　中目経塚で検出された一字一石経は、長径約10cmの偏平な礫の表面に「南無妙法蓮華経／バク

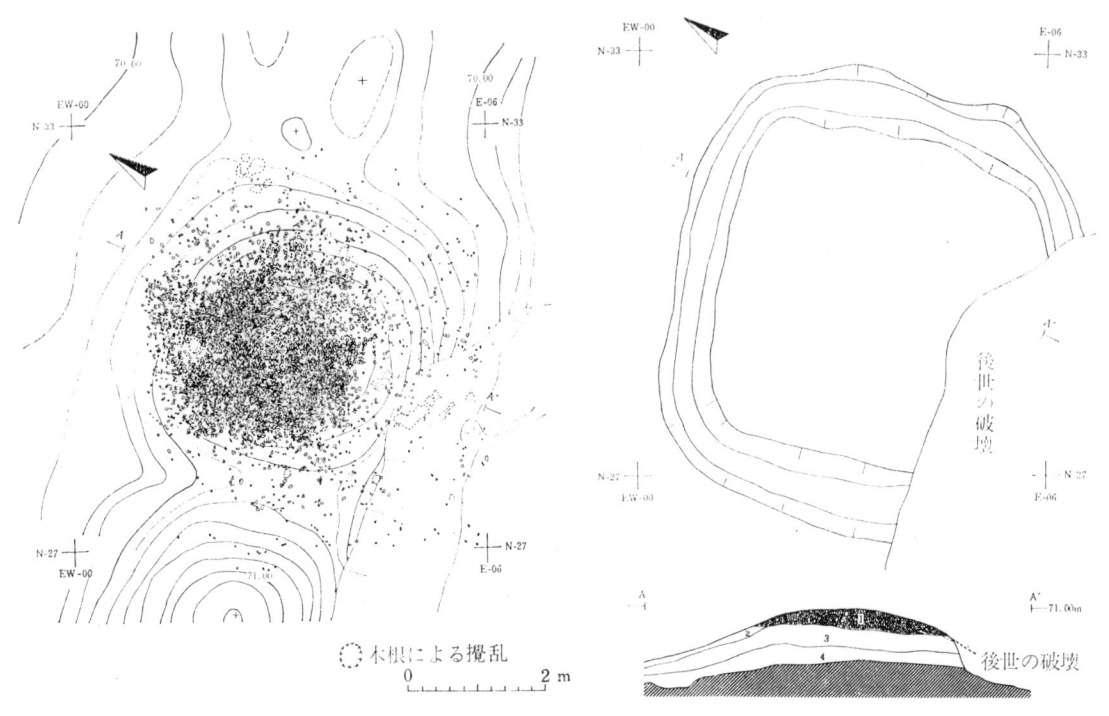

図3 岩手県南館遺跡（註13より）

(種子) 為妙□□□／(種子)アビラウンケン」，裏面には「願以此功徳／普及於一切　我等与衆生／皆共成仏道也／天文十三年甲辰／九月十八日」とある。また長さ12cmの礫には「バク(種子)　為明□禅？　／□正？□□□□」とある。その他の銘文を墨書したものをあげると，「□□□□　道　為□妙尼／為□□□□　道　為□妙清／南無妙法蓮華経　貞性大井／壹綏□□一　□□□□／亡□之□　　母□□□□　道／清山月□□□□明／為二□□□□」と墨書するもの，「逆修□□／青木□□衛」「□□□十三戈」がある。また，3～10cmの石に一字を墨書したものには「若・有・三・羅・亦・一・其・経・命・重・如・億・天・衆・量・佛・阿」などがある。これらの経石の銘文から中目経塚は，天文13年（1544）に営まれたことが知られる。さらに，法華経の名がみえていることにより，書写された経典は，法華経であることが考えられる。しかし，埋経が天文13年1回のみではなく，経石の筆跡および銘文より考えると，何回かの追加埋納が行なわれていたことが想定されている。さらに造営の背景として考えられることは，銘文にみるごとく追善，逆修，あるいは法華経の一節が銘文にみえているように自他平等利益のために埋経が行なわれたことが考えられる。さらに，「九月十八日」の造立日が示すごとく，地蔵信仰を前提として造営されたことが考えられている[10]。

次に鳥取県東伯郡大栄町妻波古墓では，墳墓形成途上の時期，墳墓形成が終了した時期[11]の二時期に一字一石経経塚が営まれていたことが想定されている。この妻波古墓は，方形の墳丘と周溝をもつ16世紀中葉から後半にかけて営まれた墓で，五輪塔・宝篋印塔が出土している。本墳墓の時期はV期に分けられており，一字一石経の造立された時期は，Ⅲ・Ⅳの時期とされている。妻波古墓は特定の個人・集団のものから，複数の集団への移行がみられる墓で，優位性をもつ墓であることが想定され，この時期の有力層の墓として位置づけられると考えられる。この経塚が墳墓と共存することは，死者・先祖に対し総供養的な形で一字一石経経塚が営まれたことを想定させる[12]。

先の妻波古墓に類似する例として，岩手県北上市相去町南館遺跡で調査された一字一石経経塚がある。この経塚は，5基の墳墓の中に位置し，やや時期の下がるもので，近世初頭にほぼ位置づけられるが，幅をもたせてとれば中世末から近世初期のものと考えられる。本経塚はほぼ東西に並ぶ墳墓の中央部に位置し，埋納施設をもたない覆石型態の一字一石経経塚である。銘文の判読出来

たものは77個と少なく,「大・之・千・山・不・佛・尼」などの墨書が確認されているが,経典名は明確でない。この経塚も明確な時期は確定されていないが,これらの墳墓とほぼ同じ時期と想定され,供養的意味で造営されたものと考えられる[13]。さらに,江戸時代前半の築造とされている富山県富山市上千俵の塚根経塚[14]では,一字一石経に骨粉が付着するものが127個も検出され,骨片が経石埋納施設にも検出されている。この経塚は7mの方形プランをもち,塚中央部に方形の掘り込みを構築しそこに埋納したもので,経石70,380個が確認され,埋納経典は法華経と考えられている。塚根経塚は,墳墓と経塚が密接な関係にある経塚であることが考えられる。

3 一字一石経と信仰

一字一石経経塚は,中世のものは少なく近世のものが多く,江戸時代に最も多く造営される。一字一石経の経典書写方法は,一石に一字あるいは多字を書写する方法があり,墨書・朱書がある。筆跡をみると書写する人の数は意外と少ないようである。埋納方法は,そのまま埋納するものや土坑,木箱や甕に納めるものがある。埋納の願意については,追善・逆修・現世利益にもとづくものなどが多くみられる。

そこで,墳墓に伴う経塚,いわゆる追善供養的なものについて若干述べてみたい。『続史愚抄』三五の永享元年(1429)七月十六日条に「奉_為先帝(称光天皇)_公卿殿上人等向_西院辺_書一石一字法華経_云」[15]とあり,追善的なものが見受けられる。さらに,『親鸞聖人正明伝』巻三上には,「寺ノ中ノ墓ヨリ女ノ姿ナル妖霊出テ,人ヲ悩マス,……是ハ其カミ山賊悪八郎ト云シ者ノ墓ナリ,……東国ノ風ナレバ,小石ヲアツメ,三部ノ経典ヲ書キ,カノ墓所ニ埋ミ……,其後果シテ妖災アルコトナシ」とある。この中で「東国ノ風ナレバ,小石ヲアツメ,三部ノ経典ヲ書キ,カノ墓所ニ埋ミ」とあることは,埋経のことと考えられる[16]。また,東国とある事により,これが東国にみられる宗教行為であったことが想定でき,さらに埋経を背景とする信仰的なものを知ることができる。これらの記述は,先の埋経例と比較して興味深いものであり,高度な仏教教義よりも生活の中で意識された死者の世界がウエイトをもっていたことが窺える。埋経思想の一つの背景を知る事のできる重要な史料である。

六十六部廻国納経の衰退[17]と相反して一字一石経が中世末から造営数が多くなり,広く庶民に受け入れられたのは,手近な材料で埋経ができ,多くの人々が参加できたからであろう[18]。それは多数作善業の思想がたやすく庶民に受け入れられた結果であると考えられる。

埋経という文化現象が時代という時間の流れの中で,庶民信仰の中にどのようにとけ込んでいったかを考古学的な調査方法をもって解明していくことも重要な課題である。

註
1) 三宅敏之「経塚研究の課題」考古学ジャーナル, 153, 1978
2) 多田熊豊秋『九州の石塔』下巻, 1978
3) 関 秀夫「礫石経と経碑」『経塚』1985
4) 註 2)に同じ
5) 註 2)に同じ
6) 奈良国立博物館『経塚遺宝』1977
7) 関 秀夫「経塚遺物の紀年銘文集成」東京国立博物館紀要, 15, 1980
8) 愛甲昇寛「高野山の町石率塔婆」『高野山町石の研究』1973
9) 乙益重隆「藤崎台出土の埋納経石」『熊本県文化財調査報告』2, 1961
10) 中目経塚調査会「会津坂下町中目経塚」福島考古, 17, 1976
11) 坪之内徹「中世における墳墓と葬制」『摂河泉文化資料』24, 1981
12) 植野浩三・市本芳三・益田雅司『妻波古墳発掘調査報告書』大栄町文化財調査報告書 第21集, 1985
13) 菅原弘太郎「南館遺跡」『東北新幹線関係文化財調査報告書Ⅵ』岩手県文化財調査報告書 第50集, 1980
14) 富山市教育委員会『富山市塚根経塚発掘調査報告書』1978
15) 『新訂増補国史大系』14―続史愚抄中編, 1966
16) 小原 仁「中世における埋経の展開とその基調」『日本歴史』307, 1973
17) 廻国納経の衰退の原因としては,戦国大名と参詣統制,聖の乞喰化,読誦への変化などが考えられる。
18) 奥村秀雄「経塚遺宝」『春日 日吉 熊野』日本美術全集 11, 1979

第二部
中世を考古学する

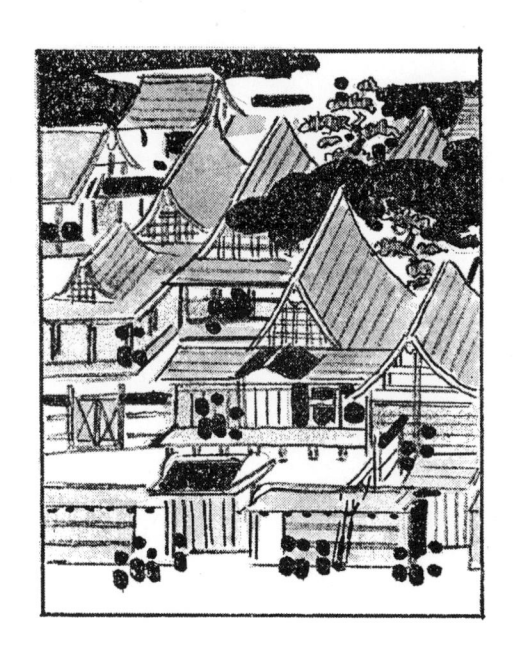

● 中世を考古学する

中世考古学を考える

立正大学教授 　坂詰秀一
（さかづめ・ひでいち）

中世の考古学研究は古くより始まるが，近年考古学と文献史学，民俗学などの関連分野による連携研究は新視点を提供している

1　中世史と考古学

いま，日本における中世史の研究は，新たな視角をもって躍動を続けている。それは，かつての中世史研究が，文献史料にもとづく方法が主体的であったのに対して，考古資料を積極的に活用し，さらに絵画資料，民俗資料をも加えて"中世学"の様相を呈しているからである。

中世史の研究にとって考古資料の活用が着目されたのは，決して新しいことではなかった。それにもかかわらず，日本の考古学界においては中世を対象とする分野について冷やかな対応がなされてきていた。

このような傾向は考古学界のみでなく，文献史学の方面においても同様であった。考古学は文献史学の補助学であり，文献史学者は考古学側より提供される考古資料を活用して歴史を構成する，と言う潜在意識が必ずしも払底することなく生き続けている。

中世の考古資料に刮目し，中世考古学の必要性を機会あるごとに喧伝し続けたのは赤星直忠であった。鎌倉の地を中心として中世考古学の調査研究にとり組んだ赤星は，1980年に『中世考古学の研究』と題する論文集を刊行した。同書に跋文を寄せた三上次男は「かつての中世考古学に対する不当な評価をものともせず，半世紀も遡る昭和の初期からこの方面の研究をすすめ，大きな成果をあげてこられた」と赤星考古学の精髄を評した。

1920年代の後半より30年代にかけて，中世考古学の分野を開拓した赤星とともに同じ神奈川県にあって考古学の研究を進めていた石野瑛は，1928年に『考古要覧』を刊行した。赤星の研究が個別具体的であったのと対照的に石野の提言は総括的な見解を披瀝したものであった。石野は，考古学の範囲を人類の出現以来，現在にまで及ぶべきである，と主張し，中世の考古学についての示唆をあたえていたのである。

この2人の先学にとって，中世史を考古学の資料と方法によって究めることは自明のことであった。しかし，学界の反応は必ずしも肯定的ではなかった。ただ，1937年に『日本歴史考古學』の大著をものした後藤守一など一部の学者にとって，中世の考古学研究の必要性は理解されてきていたのである。

このような中世の考古学が考古学界において市民権を得るようになったのは，1970年代以降のことであった。その一つの切っ掛けは，1973年に開始された草戸千軒町遺跡の組織的発掘調査の着手である。松下正司を中心とした関係者は"草戸文化財教室"を開催し，発掘による成果を多くの人びとに提供することによって中世の考古学理解を深める努力を重ねたのである。とくに，1980年より1981年にかけて開催した埋蔵文化財研究講座"中世の考古学"は，草戸のみに止どまらず，全国の中世考古学の現状を一室に開陳する画期的なものであった。その記録『中世の考古学』(1981)は，講座の発表要旨・資料を収めたものであるが，新しい中世考古学の夜明けを告げる一書であった。中世考古学の原点と称されている草戸の発掘は，たしかに調査研究所の設置がなされて恒常

的な体制が確立されたことに有効性があったが，それ以前における村上正名の地道な努力に裏打ちされたものであったことは言うまでもない。他方，一乗谷朝倉氏遺跡の調査も組織的に開始され，広島と福井において本格的な中世考古学樹立の基礎づくりがなされていったのである。

これに呼応して1970年代の後半より1980年代にかけて多くの雑誌が中世考古学の特集号を編み，考古学界においても次第にそれの存在が注目されるようになっていった。このような風潮は，文献史学の研究分野にも大きな影響をあたえ，その気運を醸成していったのである。

『よみがえる中世』シリーズの刊行は，文献史学の研究者が主となって編集する方向を示したものであり，中世史の研究にとって考古資料の存在を看過し得ぬ状況を明敏に反映した象徴的な出版として理解されよう。

2 中世考古学の現状

日本中世史の研究にとって，考古資料の提示する歴史事実はきわめて大きなものがあり，多くの中世史家の注目するところとなっている。

考古と文献と民俗，この3分野の研究者が一堂に会して中世考古学の現状と展望をめぐってシンポジウムが開催されるようになってきたことは喜ばしい。そして，その成果があいついで公けにされてきていることも望ましい方向であると言えよう。

このような傾向は，考古学側のみの努力によっては，決して実りある成果を挙げることができないが，文献史学畑の研究者の積極的な対応を得ることによって初期の目的が達成されることになる。考古学側の呼びかけに対して，当代一流の文献史学者が参画され，また率先して意見を開陳してシンポジウムを盛りあげる様子は，かつては見ることができなかった。考古資料に寄せる並並ならぬ関心の度合いがそこにあらわれている。

中世の考古学にとって，現在的に直面しているテーマは山積しているが，なかでも都市についての関心が高い。中世史の研究において都市研究が一世を風靡したことは記憶に新しいが，考古学の分野においても都市の遺跡調査が注視されている。また，都市とともに荘園遺跡についての関心も増えてきている。日本の中世都市を考えるとき，その大部分は荘園と有機的関係のもとに形成

されていることもあって，とくに地域における集落の実態究明は荘園遺跡の調査と重複する。さらに，加えて地域の集落のあり方を考えるとき城館跡の存在が着目される。城館それ自体，地域において単独で形成されているものではなく，地域における集落の構造体の一つとして機能している。したがって，城館跡の調査と研究は，すぐれて地域における集落形成と関連づけることが肝要であると言えるであろう。

墳墓の研究も都市研究にとって重要である。かつての墳墓研究は，墳墓の分析に主体がおかれてきていたが，墓域の空間領域は都市域との相関関係で成り立っているものであり，都市と集落とは無縁の存在ではあり得ない。

さらに，都市と集落をめぐる政治的・経済的背景についての関心も見逃すことのできないテーマである。そこに集結される多くの物質は，それなりの意味をもっているはずである。土器の類，銭貨が考古学の対象として研究が進められ，多くの成果が挙げられている。

なかでも土器に関する研究の進展が著しい。ごく最近にいたるまで，中世の土器類と言えば，六古窯中心であったが，いまや中世陶器の生産地が，各地域において追究されるようになり，ついで，それぞれの在地産の土器の実態についても明らかにされつつある。近年，大和における中世土器についての研究が"大和古中近研究会"によって精力的に進められ，瓦器と土師についての知見が飛躍的に増加したのはその顕著な一例である。また，貿易陶磁についての研究も"貿易陶磁研究会"に集う各地の研究者によって新知見が陸続ともたらされるにいたっている。

中世考古学の研究にとって，土器を基準とする年代判別は必須の基礎的作業であり，この種の研究の深まりはおのずから，中世考古学としての発言権を強化することになっていくことは疑いない。

都市・集落の研究にとって墳墓とともに注目されるのは信仰の場としての神社・寺院の存在である。中世に限らず，信仰の場のあり方は，人びとの生活空間と無関係ではない。ただ，中世の神社なり寺院なりの多くは，近世を経て現在に法燈を続けているため，考古資料のみによる把握には限界がある。ために，その調査研究は，都市・集落のなかに空間的に位置づけることは可能であって

も，具体的に人びとの生活の接点をナニに求めるかが検討されなければならないであろう。

都市をめぐる中世考古学の研究は，対象遺構の相異はあるにしても着実に進められている。そして出土する多くの遺物にまつわる研究も進展している。このような動きは，中世の考古学研究に対する理解の深まりであり，より将来の進展が期待されているのである。

3　中世考古学の展望

中世の考古学は，各地域において着実に進んでいる。文献史料の存在が認められぬ地域にあっても，そこに人びとの生活の痕跡を考古資料の認識によって想定することができる。したがって，各地域において寧日なく実施されている発掘によって出土する中世遺物の存在は，明らかに中世史の展開を物語る物証であり，中世考古学としての対応が必要になってくることは言うまでもない。

中世の考古資料は，即出土物である，という認識もたしかに一部に存在するが，考古資料とは考古学において対象とする研究資料であり，それは物質的資料である。したがって，歴史的な存在物である物質的資料は，地下あるいは水中に存在するものであれ，地上に認められるものであれ，存在の状態によって峻別さるべきものではない。中世考古学の研究資料はとかく発掘資料に眼が注がれる傾向があるが，地上の資料にも留意することが必要である。地上資料に対する正当な評価こそ，発掘（地下）資料の学問的な分析にとって必要欠くべからざるものであると言えよう。

中世史の研究に民俗学的視点の導入が試みられ，豊かな成果がもたらされつつあるが，地上の物質的資料の活用において考古学の領域と重なりあうことも少なくない。それは，発掘資料の場合においても同様であり，一つの共同研究の方向が認められる。

また，現在，絵画史料の活用による中世史の復元が展開しているが，それに考古資料を介在させるとき，より具体的な説明がなされることになることは明らかである。ただ注意すべきことは，絵画史料そのものに表現されている場景が歴史的な断面を正しく切りとったものであるか否かの検討がなされなければならないであろう。とくに絵巻物を史的復元に用いるとき，このような視点を設定することが肝要である。絵画史料は，とかく臨場感を醸し出しているものであり，その情景を歴史的検討なしに鵜呑みすることは危険性をともなうことになる。絵画史料を考古資料の解釈に用いる方向は顕著であるが，史料そのものの性質を充分に理解することによって，より具体的な歴史事象の復元に有力な効果を発揮することは疑いない。絵画史料そのものの活用は，考古資料の歴史的意味を考えるとき，きわめて重要であり，それは都市における市場の光景，信仰の情景，墳墓の場景などのイメージアップに連動する。考古資料を歴史の一駒として位置づけるとき，絵画史料との対比検討はますます重要視されてくるであろう。

中世考古学の研究が，いまほど高揚しているときはない。とかく，中世の考古学研究がごく最近において開拓されたかのごとき言辞も側聞されるが，日本考古学の学史を紐解いてみるとき，その関心が古くよりなされてきていたことが判然とする。しかし，それは一部の識者による先駆的な対応であって考古学界そのものの展開のなかにおいて占める度合いが小さかったことは事実である。

1970年代以降，考古学と文献史学，それに加えて民俗学などの関連分野による連携研究は，日本の中世史研究に新しい視点を提供するところとなった。とくに，ここ2〜3年来の動きは活発であり，各地域において中世に視点を絞った意見交換の場が設定されてきている。そこでは考古資料を俎上にのせて，関連する分野の解釈論が展開されている。たしかに地域における歴史像の復元にとって考古資料は有力な歴史的物証として登場するが，考古学側による発言は，あくまで歴史資料の年代的な位置づけ，その時点における空間的な資料のあり方の実態についての説明に主力が注がれることが多い。一方，それを踏まえての文献史学側の対応は，躍動した中世史像の復元へと展開していく傾向がよく認められる。考古学は，考古資料の提供者であると同時に歴史像そのものに対しても果敢にとり組んでいく方向が大いに期待される。それは，明日の中世考古学の確立にとって不可欠のことであり，"中世学"の一つの方法としての役割りを果すことになるであろう。

中世の，とくにその前半に視点をおいた本特集の意図は，中世考古学の現状について主として考古学側にたつ研究者よりの意見開陳である。

● 中世を考古学する

中世考古学の方法

中世考古学研究の方向は，現在どう示されており，今後どう考えていかねばならないだろうか。中世史と歴史民俗学から考える

中世史研究と考古学／歴史民俗学と中世考古学

中世史研究と考古学

比治山女子短期大学教授
■ 松下 正司
（まつした・まさし）

中世考古学の進展によってその成果は編年研究だけでなく，交易や民衆生活の実態，さらには精神生活の一端をも解明しつつある

　与えられたテーマは，考古学研究者よりも中世史研究者の執筆すべき題材のような気がする。考古学的な研究に取り組んでいる筆者がこのようなタイトルのものを引き受けるには，いささか抵抗がないでもない。しかしこれは考えてみると，これからの研究の方向を的確に示しているのかもしれない。考古学の関係者からみた，中世史研究としての考古学について考えてみたい。

1 研究史的にみた中世の考古学

　筆者は中世の遺跡調査に約30年かかわってきた。本格的に取り組んだのは18年前であるが，現在の中世の考古学の進展と共に歩んできたといってもよいであろう。中世の考古学は，この30年間に大きく発展した。遺跡も研究者の数も，研究への取り組みも飛躍的に増加しており，20年前いや10年前と比べても質・量ともに雲泥の差がある。
　1961年に草戸千軒町遺跡の調査が始まった頃には，もちろん中世集落跡の調査例はほとんどなく，当時としては珍しい取り組みであった。この時の調査に参加した筆者の正直な感想は，「こんな面白くもない遺跡を掘って」と思った。今考えれば誠に恥ずかしい限りである。これは，当時は出土土器の産地や年代が全くわからず，遺構も余

り明確なものが検出されなかったからである。変化の乏しい土師質土器（その時はそう思ったわけであるが……）や，当時の遺跡調査で新しい時代のメルクマールになっていた青磁や白磁に考古学的な面白さを感じなかったのである。また集落跡は当時のような小規模なトレンチ調査で検出できないのは当り前の話で，若気の過ちであったことは間違いない。その後，手探りの中で関係者の努力によって陶磁器の産地研究や年代の推定が行なわれ，少しずつ解明が進んで中世の遺跡の重要さも認識されるようになり，全国各地で取り組みも始まるようになってきた。
　この段階での研究は，出土遺物の考古学的な研究すなわち産地同定や編年的研究に主眼がおかれ，まず時代の手掛かりを得ることをめざしている。遺構の調査も小規模な調査であったため，考古学的な究明が中心で，中世史研究者の見解や成果を取り入れるまでもなかった段階といえよう。
　1972年の朝倉氏遺跡調査研究所，1973年の草戸千軒町遺跡調査研究所の設置による城館跡・集落跡の大規模な調査の開始は，中世の遺跡の重要さの認識と，調査研究の本格化を促した。両研究所とも調査の中心は考古学研究者であったが，調査員には中世史研究者や建築史研究者が加わり，調

査に当たっての指導委員会にも考古学者のみならず，文献史学者，建築史学者，古陶磁学者，保存科学者などが加わり，一応総合的な研究体制を整えて行なわれるようになった。

この段階で中世遺跡の調査は発掘という考古学的手法で行なわれるが，中世研究者の見解や考え方も取り入れて調査・研究が行なわれるようになった。ただそうした研究法が，両者相まってうまく行なわれたかどうかは見解のわかれるところであろう。また小規模な調査や地域の調査体制によっては，従前通り考古学関係者のみで調査が行なわれていたのも確かである。

こうした中で，草戸千軒町遺跡から4,000点にものぼる多量の木簡が出土し，古代と同様中世にも木簡が使用されていたことが明らかになった。文書史料の全く無い遺跡であるだけにその解読が期待されたわけであるが，古代の木簡と異なり仮名で走り書きされているため解読が困難であること，呪符などの特殊な資料もあることがわかった。この解読にあたっては，研究所の史料担当者のみでは手に負えないため中世史研究者の協力を願った。これに応えて中央大学の佐々木銀弥教授を代表とする中世木簡の解読のための研究グループができ，科学研究費を受けて解読と研究が行なわれた。これで中世の考古学には，歴史学や民俗学など諸学との共同研究が必要であることがわかってきた。

また，各地で中世の遺跡の重要性が認識され，発掘が行なわれるようになってきた。とくに都市の再開発に伴う中世都市遺跡の調査，道路建設に伴う中世村落遺跡の調査など，大規模な調査が次第に行なわれるようになってきた。こうした調査の増加に呼応して1980年代の初めには，中世の考古学をタイトルとした出版物が刊行され，雑誌も特集で中世考古学を取りあげるようになった。歴史学者の巻頭言や歴史学者と考古学者との対談で，遺跡の重要さと文献史学・考古学の共同研究の必要性が説かれている。こうした方向とともに，歴史関係の学会・研究会などで中世遺跡の調査成果が発表されるようになってきた。

この段階では，考古学研究者は中世史研究者の見解を聞き，中世研究者も中世考古学の成果を受け入れようとするようになったといえよう。考古学研究者は，発掘による成果を中世史の中にどのように位置づけ，また研究成果とするかに苦慮し

ていた段階と言える。しかし，お互いの研究方法の違いや取り組みの違いから両者が一体化して研究が進むというわけには行かなかった。

1980年代の後半になってくると，各地で大きな成果が出始めた。とくに都市遺跡の調査成果は急激に研究を進展させた。出土遺物の増加に伴って考古学の研究会も盛んになり，土器・貿易陶磁器・漆器・呪術の研究会などが盛んに開催され，資料の収集や情報の交換が行なわれるようになった。こうした研究会に中世史研究者が参加されるようになり，意見交換も盛んになってきた。

また，歴史学の面では文献史料や絵画資料による中世史の研究が進み，中世史関係の研究書や一般向けの本も多くなった。そして，中世史研究者による発掘成果を取り入れた積極的な発言が行なわれるようになってきた。

2　中世の考古学と学際研究

最近は中世の遺跡調査や研究が進展し，その成果が雑誌の特集や著書・講座本などで盛んに紹介されるようになった。本誌のこの特集もその一つであるが，雑誌の特集は考古学者の企画・編集となっている場合が多い。これは各地の発掘成果を中心に編集されることが多いので当然といえばそれまでである。ここで注目されるのは，平凡社の「よみがえる中世」シリーズで，企画・監修が中世史の代表的な学者で，編集も比較的中世史関係者が多い。「刊行にあたって」のなかで「文書・史料にあらわれることのない世界が，歴史のなかで大きな役割をはたしているのです。……歴史学と考古学，さらに民俗学の協同によって，このもう一つの世界に光をあて，私たちのあしもとに埋もれていた〔中世〕を今によみがえらせることをめざして企画されました」と述べられている。中世史研究者の意欲がよくわかる。

ところで講座といえば，岩波講座の『日本考古学』が中世の考古学的成果をほとんど取り上げなかったことが話題になっている。ある意味では現在の考古学界における中世の考古学の評価なり，位置づけの一端が表われているようにも思われる。このことは中世史研究者から批判されているが，中世の考古学に取り組んでいるものにも大きなショックであったことは間違いない。これに対して講談社の講座『古代史復元』が最終巻を「古代から中世へ」として，15年前の講座『古代史発

掘』では無かった中世の考古学が取り上げられた。これを手にした時，中世考古学の意義と役割を疑う人はもはやいないのではなかろうか。

　こうした出版物の現況に，中世の遺跡に対する考古学研究者と中世史研究者の見方や考え方，方向の違いなどがうかがえる。中世史研究者が注目し評価してくれているわりには，考古学界の中での中世あるいは近世の考古学に対する位置づけは，残念ながら未だ評価されているとはいえないように思う。中・近世の遺跡の取り組みが近年全国的にこれだけなされながらのこうした状況は，先史考古学を中心に歩んできた日本考古学の歩みに起因するのであろうが，中世の考古学に関わってきたわれわれの責任もあるのかもしれない。考古学研究者にも認知され，中世史研究者の期待に答えられるようにならなければならない。両者相まって研究が進められなければ，成果は期待できないし研究は進展しないであろう。

　ところで，最近この問題を正面から取り上げた報告集が出版された。今回のテーマにかかわっているので，紹介がてらこの中から問題点を探ってみたい。石井進編『考古学と中世史研究』（名著出版，1991年）である。これは1990年4月に帝京大学山梨文化財研究所主催で行なわれたシンポジウムの記録である。残念ながら，筆者は参加していないので生々しいシンポジウムの様子はわからないが，「―中世考古学及び隣接諸学から―」と副題のついたその会の全容は，本書から十分うかがうことができる。基調講演は中世居館・陶磁器・鋳物師・両墓制・板碑などについて，考古学・民俗学・歴史学研究者からの問題提起とともに石井進氏の「中世史と考古学」が行なわれ，最後に主題の「考古学と中世史研究」の討論がなされている。石井進氏がはしがきで開催の趣旨を「近年，歴史考古学，特に中世考古学の著しい発展と，文献史学，民俗学等隣接諸学との学際的協同研究が進むなかで，中世史研究に多くの成果や新しい課題が生れている。しかし，その研究体制の充実と研究方法論の確立にはなお一層の努力が必要とされている。」とし，「関係諸学の研究者が一堂に会して〔考古学と中世史研究〕にかかわる諸問題を討議したことは，未だかつてなかったのではないか」と述べておられる。これは確かに中世の考古学にかかわっている者の現在直面している課題であり，画期的なシンポジウムといえよう。

　さて，この討議のなかで話題となっているのはまず発掘調査報告書の問題で，読みずらい，使いにくいという批判である。報告書に格差があり，中世史の成果を取り入れていないため使えない報告書があること，報告者の個性で精粗があり出土状況の不明なものもあること，記載の内容を均一化してほしいなどの意見が，文献史学・建築史学・民俗学の研究者から出されている。また，考古学の研究者も自戒を含めて記録化が充分でない，分類の基準もその精粗も違うと述べられている。つまり，発掘資料の客観化がなされていないのではないか，それでは使えないではないかという批判である。また，古文書などは調査後にも見直すことができるが，遺跡の場合は調査後に見直すことは不可能なので，発掘中に現場で学際的な共働が必要であるとする意見などであった。

　これらの指摘は，考古学に携わる者としては誠に頭の痛い問題である。常にわかりやすい報告書をと，誰しも考えてはいるのではあるが現実はなかなか難しい。発掘に追われ，取りあえず調査概報で切り抜けている現状は深刻である。広大な面積の大規模な調査で，細大もらさずしかも遺漏なく記載することはなかなか至難の技である。勿論，だからといっていい加減な報告書で済まして良いということではない。こうした現実のなかでどのように客観化した，濃密な報告書を作成するかが大きな課題なのである。関連諸学の人たちが期待しているように，報告書をみればすべてがわかるのが理想ではあるが，現実にはなかなか難しい。これは中世の考古学に限らず，発掘調査報告書のすべてにいえることで，完成された報告書の作成は考古学界全体の課題といえるのではなかろうか。もっとも現在の問題は，使える報告書を作成するとともに洪水のごとく出版された報告書をどのように入手し，読み，資料として生かすことができるか，そして中世史の成果とすることができるかにあるように思う。

　なお，報告書の問題であえて発掘者の立場から一言いわせていただくならば，同書の中でも海老沢衷氏が述べておられるように，報告書でわからない点は発掘者なり調査機関に出かけるのが最良であると思う。最近の発掘は大規模であるが調査方法や記録は細かく，報告書に細かく記載されていない点も調査日誌や実測図には記録されて残っており，わかることが多いのではなかろうか。文

献史学者が実史料に当たって自分の目で確認されるように，考古学の場合も実物や調査記録にあたってみることが重要であると思う。研究者として遠慮は不用ではなかろうか。

次いでこの討議の中で話題になっているのは，やはり学際研究の問題である。考古・歴史・民俗をはじめ，地理・美術史・建築史などとの共同研究の必要性が話されている。この中で，報告書にかかわるわけであるが成果の資料化の問題がでている。用語の不統一や概念の違いなどお互いが同一の土俵で語り合えない問題である。そこにはそれぞれの方法論の違いもあり，相互の成果を取り入れて大きな成果になしえない点がある。こうした点を解決したり進展させるために，お互いが研究会やシンポジウムで意見を出し合うことの必要性が話合われている。このことは誰もが考えながら実現していなかったことである。そうした意味で，このシンポジウムの果たした役割は大きく，こうした学際的な研究会やシンポジウムを今後継続して進める必要があり，またこのような記録集の発刊も重要であることを痛感した。

3 中世史研究と考古学

近年の中世遺跡における考古学的な成果は目覚ましいものがある。中世の遺跡は，大きく集落遺跡・城館遺跡・生産遺跡・宗教遺跡に分類できる。代表的な調査を簡単に紹介してみよう。まず集落遺跡は都市と村落にわけることができる。都市遺跡の代表的な調査をあげれば，政治的都市としての京都・鎌倉，国際的な港町である博多・堺，瀬戸内の港町尾道・草戸千軒などがある。こうした都市遺跡の調査では，記録との対比研究が可能で，町割の復元や特定な場所，寺院，邸宅などの調査成果がある。とくに京都・堺などは火災の記録から出土遺物の編年研究に大きな役割を果たしており，史料研究と考古学的調査が一体となって大きな成果があがっている。一方，草戸千軒のように記録を全く欠いた遺跡もあるが，木簡の出土から市場町なり港町の様相が明らかになり，解読を含めて史料研究と考古学の研究方法の一体化が必要であることが明らかになっている。都市遺跡の調査にはとくに両者の果たす役割は大きいといえる。

村落遺跡の調査では，山口県の下右田遺跡の調査で中世農村の景観復元がなされた。また畿内でも中世村落が多数調査されている。最近は荘園の研究が，歴史学や地理学などと協力して各地で行なわれている。この荘園の研究こそ考古学や歴史学の単独では難しく，協力しあった学際研究が必須であろう。漁村集落についての調査例は少ないが，広島県の平松遺跡や熊本県の高橋南貝塚などで，貝塚をともなう遺跡が明らかになっている。

城館遺跡の調査は全国各地で進んでおり，中世遺跡の調査では最も多いのではなかろうか。その中でも一乗谷朝倉氏遺跡の調査成果は大きく，朝倉氏の居館跡と武家屋敷，町屋などが次々と明らかになり復元整備も進んでいる。

生産遺跡の面では，中世六古窯の調査をはじめ新たに明らかになった兵庫県の魚住・神出窯や岡山の亀山窯などの調査も行なわれている。焼物の生産地での調査成果は，消費地である集落遺跡などの出土土器の研究を飛躍的に進展させている。

宗教遺跡の調査では，和歌山県の根来寺で坊院跡が次々と発掘され広大な寺院の様子が明らかになっている。また，静岡県の一の谷墳墓群など，群集した墳墓も各地で調査されている。

こうした遺跡の調査成果を基にして，最近は遺物の考古学的な研究が飛躍的に進展している。中世土器や貿易陶磁器の研究，漆器，呪術資料の研究などなど，その成果は考古学的な編年研究だけでなく，交易や民衆生活の実態，さらには精神生活の一端をも解明しつつある。これは絵画資料による中世の解明と同じように，出土遺物から中世を解明し始めているといえる。かつていわれたように，考古資料が文献資料の足りないところを補うのではなく，今や出土遺物が中世の生活を明確に語っているといえるのではなかろうか。

中世考古学の成果は，それ自体が中世史の解明であり，考古学から見た中世像なのである。

先の山梨シンポで文献史学の五味文彦氏が「考古学の独自の中世像をつくってほしい」と重要な指摘をしておられる。また坂詰秀一氏も「中世考古学は，〔中世学〕の一翼としての役割を果たすと同時に，独自に中世の実態を明らかにすることを目的としている」(『日本歴史考古学を学ぶ』下, p.231, 有斐閣, 1986)とされている。中世の考古学に求められ，進めて行くべき方向が示されている。

「中世史研究としての考古学」こそ，これからの進むべき道であろう。

歴史民俗学と中世考古学 ■ 小花波 平六
東国文化研究会
（こばなわ・へいろく）

歴史民俗学の成果を活用した中世考古学の研究を，板碑を中心に音，色，空間などの問題からとらえる

最近の考古学の進展のすさまじさは，まさに日新，日進で，舌を巻くばかりである。とくに，私たちの最大関心事である「中世遺跡の調査」も，日ましに盛んで各方面で多大の成果があげられている。本稿では最近発表された歴史民俗学の成果を活用したいくつかの事例をあげ，中世考古学について考えてみたい。

1 音の考古学

最近の考古学界には，古代人の身体的感覚の世界にふみこんだ研究が，つぎつぎに発表されている。この音研究の口火を切ったのは奈良県立橿原考古学研究所附属博物館における「音の考古学―古代の響―」の特別展である。この展示は1982年（昭57）のことであるが，このあと下記のように続続と古代の音をとりあげた研究が発表されている。

すなわち，1990年（平成2）には山梨県立考古博物館で，「古墳時代の音が聞こえる」，ついで翌1991年（平成3）には，埼玉県立博物館で「音のかたち―日本の音を探る」および福島県立博物館にて「日本の音色―楽器の源流をたずねて」が発表された。そしてこの年の10月には橋本博文氏の「音の考古学―鳴らない馬鐸」（『月刊歴史手帖』19巻10号，1991年）が発表された。ともあれ以上ではおもに古代の音が扱われている。ところで中世の音をとりあげたもので特筆されるのは千々和到氏の「誓約の場の再発見―中世民衆意識の一断面」（『日本歴史』422号，1983年）である。

そこで，この論文に示された中世の音に関する千々和到氏・峰岸純夫氏らの見解を紹介しよう。

2 中世の音

中世の誓約の場においては，起請文が焼かれ，その灰を呑むのが一般的であった。なぜそのような行動をとったのか。それは神仏に自分たちの意志をつたえるためである。この時，空にむかって立ちのぼる煙を見るのは，自分たちの意志が天にとどくことの確認であり，紙が焼けて灰になるのは，相手が受けとったことの証明とみていると言い，一種の神判になっていると説いている。しかもそれだけではない。氏は中世の誓約の場の光景を，みごとなまでに生き生きと描き出している。すなわち，「鐘の音や誓言の声が，おごそかに流れ，煙が立ちのぼり，香ばしいかおりが充満し，つぎつぎに神水をのみかわす。つまり神の意志と人の意志とが通じあったことを，また，神がその場に臨んだことを，目で見，耳で聞き，鼻でかぎ，口で味わうことによって確認する。いわば，聴覚，視覚，嗅覚，触覚，味覚の，人間の五官の全てが働きかけをうけるような場だったのである」と。さらにこのような五官を総動員しての働きかけによって，中世の人々は，そこに神と共にいるという臨場感に，身のひきしまる思いを覚えたのであろうと述べている。つまり神仏の来臨は，中世の人々の身体的感覚によって実感されたというのである。

ところでさる1991年（平成3）11月，東京都町田市立博物館において，牛玉宝印の特別展が開催された。その時会場に，多くの牛玉宝印や起請文とともに陳列されたのが「さなぎの鐸」とよばれる諏訪大社の宝鈴である。これは諏訪上社の神職神長官が所管する神器で，鉄製で筒形をしており，6個宛3組に麻縄でくくられている。これを棹の上につるして，誓約の場で振り鳴らしたという。

その実例は，天文4年（1535）に武田信虎と諏訪頼満が和睦した時，堺川で，この鐸が鳴らされた。そのことは『神使御頭之日記』によりわかるという。

中世にはこの例のほか「金打」といって，刀や鐘を打ちならしたり，また鐘や鈴をならした事例が，峰岸純夫氏によって「誓約の鐘」と題し発表されている（『都立大学人文学報』154号）。なお諏訪神社の宝鈴に関しては，笹本正治氏が『中世の音・近世の音』（名著出版，1991年）に詳しく述べている。ともあれ，誓約の場で鐘が鳴らされたの

は，その場に神を招くためだったにちがいなかろうが，今後このような鈴や鐘や鐸などが発掘されることも予想されるので，ぜひ「音の考古学」への関心を高めていただきたいと念じている。

3 色の考古学

民俗学では色に関し，たとえば白の民俗とか，赤の民俗などと題する研究が発表されている。考古学的な研究においても，色について考察検討した研究が，いくつか発表されている。そこでまず中世石造物の色に関する研究事例をとりあげて考えてみたい。

まず千々和到氏の著『板碑とその時代』（平凡社，1988年）があげられる。この著書の「板碑の立つ風景」の項に，色に関する考察がかかげられている。要約すれば「青」は「霊界」をあらわす色である。そこで霊界の亡き人を弔らうのに青色の板碑は，ふさわしいものという主旨である。いずれにしろ，中世人の地獄への恐怖など，霊界に対する思想の探求は，考古学とくに中世考古学では重要な課題のひとつといえよう。

このことに関して私も，さる1989年（平成元），『豊島区の板碑』（豊島区教育委員会発行）に「豊島区の板碑と板碑研究の課題」と題して小論を発表した。その要点は緑泥片岩板碑の青と常総型板碑の黒，および金箔板碑の金色に対し中世人はどのようなイメージをもっていたのか，その点について考察したものである。

緑泥片岩の青の色は霊界と人間界との結界の色，黒は暗いやみの冥界の色，そして金色は極楽浄土の世界の色である。中世の人々はこれらの色にこのような感性をもっていたのではなかろうか。

まず青が聖と俗との結界の色とみた証拠に，青色の竹を四隅にたてた中の聖域はもがりとよばれるし，あらき（殯）の棺をおさめる宮の儀礼には「青飯」が用いられ，さらにあおふしがきとよばれる儀礼もある。このように青は冥界と俗界の境の標示に用いられてきた。古くからのこのイメージは，中世の人々の感性となり，板碑にも青色がふさわしい色として白や赤の石よりも，緑泥片岩の青色の板碑がより多くより広く普及したのであろう。また常総型板碑の黒っぽい石も，冥界に通ずる色で，やはり死者の供養のために立てる石として，ふさわしいと観念されたのではなかろうか。

つぎに金箔板碑の金色についていえば，死者が

図1　室町時代の金箔板碑
（東京都板橋区出土。四葉遺跡調査会提供）
弥陀三尊と光明真言の梵字に金箔が残る。

極楽世界，つまり金色の仏の国に再生し安楽にくらせるようにとの願望を表示した色にちがいない。このような観念があったればこそ，亡き父母や師長のため，あるいはおのれ自身の死後再生のために，金色にかがやく金箔の板碑をつくったのであろう。

ところで板碑が三年忌なり七年忌などの供養に造立されたならば，それに伴う土葬・火葬や年忌法要の儀式・儀礼が催されたにちがいない。また，一体板碑は，どこにどちらの方向に向けて立てられたのかなど，明らかにすべき課題は少なくない。板碑の色，そして光と影，さらに造立空間と霊魂観の問題など，課題は少なくないのである。

4 空間の考古学

話が石造物，とくに板碑にかたむいてしまったが，空間の考古学の問題も，板碑に関連する柘植信行氏の二論文によって考えてみたい。柘植氏の二論文とは「都市形成と儀礼域の変容—品川の民俗空間試論」（『都市周辺の地方史』雄山閣出版，1990

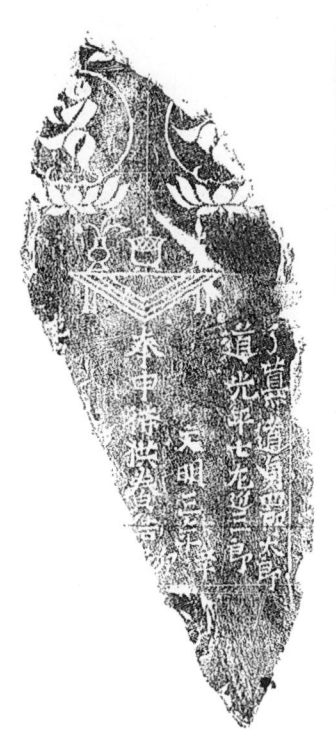

送儀礼空間を想定，品川湊の繁栄をバックに中世寺院の形成，それに目黒川をはさむ二つの天王社の意義など重要な問題点を提起された。また後者の論文では，品川の中世寺院の形成の素型が，中世の品川湊を背景とした都市形成の中でどう形づくられたか，信仰上でも海上交通のかかわりの大きなことを詳しく検証されている。ところで考古学的には，御殿山出土の121基の板碑の丹念な分析が，寺院形成や信仰空間の考察に貴重な役割を果たしている。紙数がないので不十分な解説しかできないが，空間の考古学も，歴史民俗学の成果を活用することによって，さらに効果の高まりが期待される。なお『板碑研究情報誌・東国文化』の各号には，研究報告書一覧が掲げられている。その他最近の中世考古学に関する報告・研究は各県市町村の考古学関係報告書や歴博研究報告（第9・28集）などに見えるのでその活用も望まれる。

5 まとめ

以上，中世考古学に歴史民俗学をどのように活用して研究をすすめたか，いくつかの事例をあげて解説した。ただ本稿では板碑を中心にしたけれども，対象の資料は中世のあらゆる物質的資料であることは言うまでもない。それとともに中世考古学といえども，考古学であり，研究法もその方法によるべきであろう。ただ中世考古学では「絶対年代」をふまえた調査・研究が可能である。また歴史民俗学の成果の活用や応用もでき，これによって新たな見解や方法の生まれることがおおいに期待される。現在地中，水中などから日々新しい資料が出現し増加している。そこで中世考古学にも新たな成果の生まれることが期待される。そのゆたかなみのりの実現を祈りつつ筆をおく。

図2　最古の庚申待板碑
（文明3年＜1471＞）
（埼玉県川口市実相寺蔵）

（上部梵字欠失）
バク　了匝道貞　四郎太郎
バイ　道光　平七　左近三郎
奉申待供養結衆　文明三年辛卯

図3　画像庚申待板碑
（大永8年＜1528＞）
（東京都豊島区巣鴨とげぬき地蔵蔵）

（天蓋）
（弥陀三尊像）
（具足）
助左衛門　四郎王□郎
大永八年　奉庚申待供養　閏九月三日
新三郎　道林　孫次郎　左衛門太郎

年）と，「中世品川の信仰空間─東国における都市寺院の形成と展開」（『品川歴史館紀要』第6号，1991年）である。

柘植氏は前者では，中世での御殿山をめぐる葬

● 中世を考古学する

都市と集落

中世において，都市や周辺の集落はどういう意味をもつだろうか。発掘調査例を具体的に検討しながら中世を読みとってみよう

中世都市遺跡調査の視点／中世都市遺跡の調査／
中世荘園村落遺跡の調査／中世「方形館」の形成

中世都市遺跡調査の視点

富山大学助教授
■ 前川　要
（まえかわ・かなめ）

都市的遺跡は考古学上から13世紀代にはかなり普遍的に存在していたとみられるが，中には12世紀代に遡る可能性もでてきている

　本稿では，中世都市遺跡調査・研究の視点の方法論を中心にして，従来の発掘調査事例を具体例を検討しながら，述べてみたい。
　ただし，紙数に制限があり，図版などの点で十分に意を尽くせないことをあらかじめお断わりしておきたい。

1　中世遺構を読み取るうえでの空間認識

　従来，考古学研究における中世都市としては，一乗谷朝倉氏遺跡や草戸千軒町遺跡の発掘調査が著名であり，考古学独自の方法で都市遺跡の実像を示した。しかしながら，最近の都市史研究の動向は，方法論的に若干異なった指向を示している。これらの研究史と方法論的問題点については，拙著で詳論しており[1]，それを参照して戴きたいが，以下に要点をかいつまんで再論する。
　その方法は，88年清須シンポジウム[2]の中で示されたが，愛知県清洲城下町遺跡という具体的な資料を用いて，制限された発掘調査区の中での検出遺構が都市遺跡全体の中でどのように位置づけられるか，あるいは，清須という都市遺跡が中近世都市遺跡全体の中でどのように位置づけられるか，という点である。さらに，都市構造のみならず周辺の村落のありかたや尾張国内の中心集落網の形成の問題にまで言及しており，地域の中での都市という視点に至っている点である。
　これらの研究の視点は，皮肉にも網野善彦ほか著『沈黙の中世』（平凡社，1991年）などに述べられているように，中世史研究における絵図研究などの社会史の台頭に影響を受け，本来考古学が独自に持っているはずの様式論的視点が喚起された形になっている。従来の都市考古学の研究は，個別細分化に陥り，空間認識に欠け，全体史的展望が弱くなっている点を確認しておきたい。

2　地域構造の中での都市
　　　——村落研究の重要性

　筆者は，以前この88年清須シンポの方法論を生かしながら広義の考古学的方法を使用して，各時期の画期を挙げながら，中世越中の集落構造と流通機構の変化を検討することにより中心集落網の分析を行ない，地域構造を明らかにしながら論じたことがある[3]。
　さらに，清須城下町周辺の村落についても，佐藤公保氏によって論じられている[4]が，それによると，城下町周辺の村落は，12世紀後半に明確に出現し，13世紀後半から14世紀代にピークをむかえ，15世紀中葉頃には消滅していくとしている。

村落の最盛期の歴史的背景を，この頃尾張の代表的な荘園である富田荘や篠木荘が地頭請になっていることに求め，在地領主の勢力の伸張により，清須城下町周辺の微高地や低湿地などの開発が本格化したのであろうと考えている。さらに，15世紀中葉頃村落が消滅する現象を全国的にみられる集村化と同様に，現在の集落の下に移動した結果と想定している。

これら越中と尾張の中世村落の動向は，酷似しており，佐藤氏が指摘するように，かなり全国に共通する動向なのであろう。この14世紀後半から15世紀前半頃の変化を千田嘉博氏は，「室町期社会体制の変革」と呼称して意義づけしている5)。

もちろん，中世集落が成立して，開発が進行すれば，商工業者の一定程度の分離がみられると考え，それが再編されれば，都市的遺構が明確になると考えることは論理的には自明である。つまり，村落を含み込んだ地域構造の中で都市遺跡を考えていけば，かなりダイナミックな考察が可能となる。

3 中世都市の成立と展開

ところで，文献史学サイドでは，中世都市の成立について，どのような見解があるのであろうか。保立道久氏は，草戸千軒町遺跡において平安末期には居住が確認できるとして，町屋の原型を12世紀代に求めている6)。この点については，以前反論したことがあるが，岩手県柳之御所遺跡から，興味深い事実が判明してきている。詳細は後論にまかせるが，明らかに藤原氏の居館と，遺構については不明であるが，それにともなう商工業者の存在を示す遺物が出土している。

広島県草戸千軒町遺跡では，13世紀に町場機能をもった中世村落が成立して，14世紀第2四半期頃，街村状に，西方に南北道路と短冊型地割が成立する。これが，街村状遺構の最古の事例であるといえよう。そして，15世紀代に大きく柵で囲った地区と方形館が成立している。

青森県十三湊では，発掘調査は実施されていないものの，1991年国立歴史民俗博物館が実施した分布調査の結果7)，13世紀に若干の遺物がみられ，14世紀後半から15世紀中葉に盛行期があり，都市域を画する巨大な土塁が存在することが判明してきた。

石川県普正寺遺跡は8)，遺構については不明瞭であるが，14世紀後半から15世紀中頃の港湾都市遺跡であり，以上2遺跡の存続期間と一致する。

次に鎌倉であるが，詳細については後論によるとするが，重要な遺構として，まず第一に方形竪穴建物の動向があげられる。これは，従来「方形土壙」「中世竪穴遺構」などとも呼称されていたが，単なる土壙とは異なり，できれば住居に限定して使用したい。

鎌倉市内で40を超える多数の地点で検出されており，とくにJR鎌倉駅，由比ヶ浜の砂丘上，今小路周辺の三つの地域に集中している。この用途については，専用住居，作業場，倉庫などが考えられるが，少なくとも武士階級以外が主として使用した場所と想定して大過なかろう。さらに興味深いのは，鎌倉における構築年代が14世紀に確実に限定される事実である。全国的な分布をみると，北海道南部，東北，関東，甲信越（越中まで）地方と南九州地方にほぼ限定される。そして，時期幅は，12世紀中葉に若干出現するとされているが，14世紀から16世紀までに及んでいる。この方形竪穴建物の起源を古代の竪穴式住居に求める考え方もある9)が，鎌倉で14世紀代に掘立柱建物と方形竪穴建物との有機的あるいは空間的関係が再編されたのち，それが東国や東北地方に広がるのであろう。

栃木県下古館遺跡10)は，周知の遺跡であるが，東西約160m，南北約480mの規模で長方形に堀が囲んでおり，中央を幅約7mの道が通っている。存続期間は，12世紀後半から15世紀前半までであるが，盛行期は14世紀とされ，堀が掘削されたのもその頃の可能性がある。遺跡の性格としては，宿の可能性があげられている。

4 おわりに——都市遺跡の諸画期について

以下に，従来の知見もふまえて，考古学からみた中世前期から近世初頭にいたる，都市遺跡全体の大筋の動向を以下に示してみたい（図1参照）。

まず，畿内周辺と畿外では，かなり様子が異なるが，畿内周辺では，10世紀後半から末にかけてと，12世紀後半から末にかけてに中世村落が展開することが判明しているが，畿外では，後者に重点がある。未だこの時期には，考古学的には街村状を示す確実な地方都市遺跡は確認されていないが，遺物を見ると，各地で中世窯が成立して流通

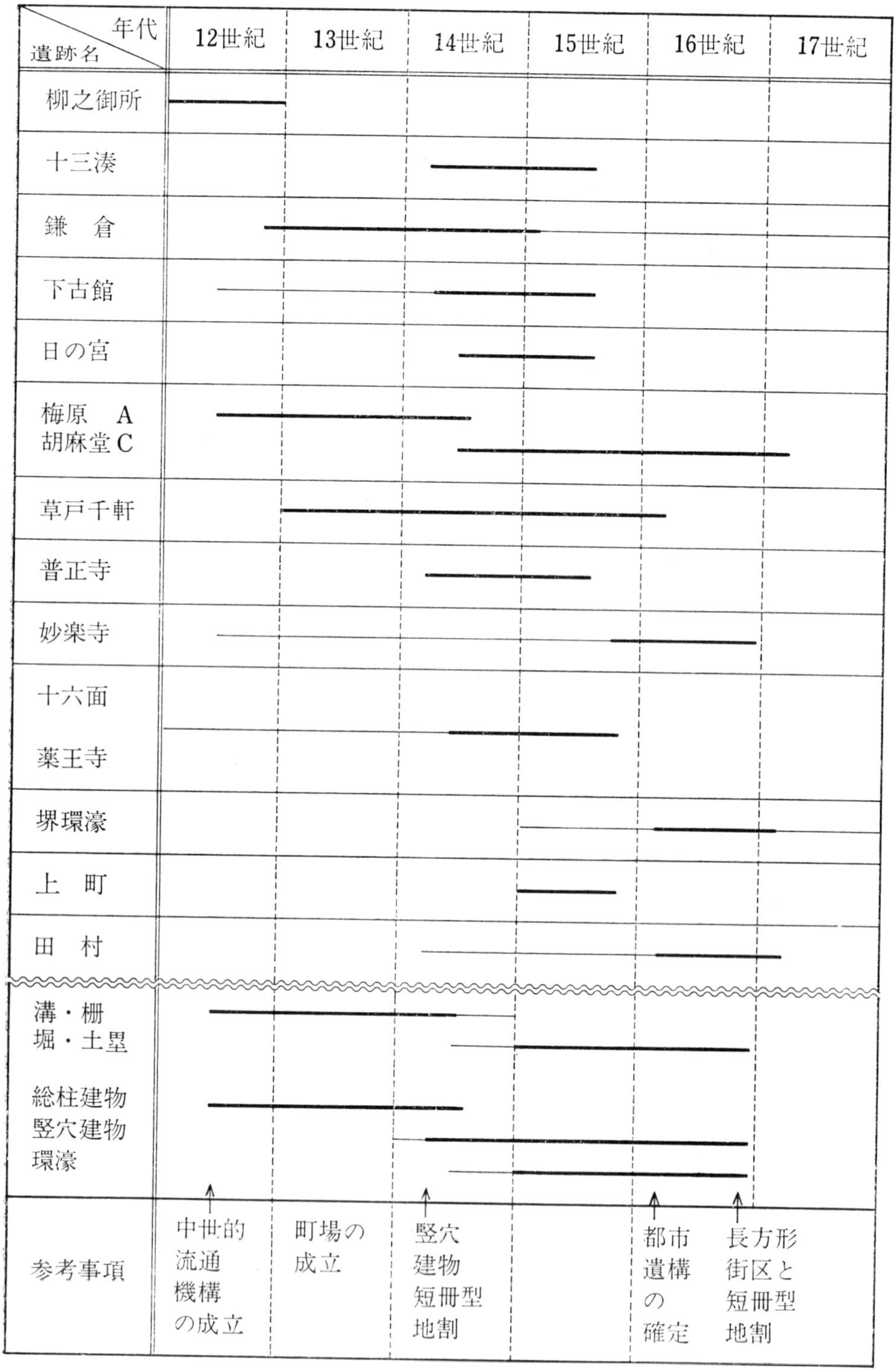

年代\遺跡名	12世紀	13世紀	14世紀	15世紀	16世紀	17世紀
柳之御所	━━━					
十三湊			━━━━━	━━━		
鎌 倉		━━━━━━━━━━━━━				
下古館		───────────				
日の宮		───────				
梅原 A 胡麻堂 C		━━━━━━	━━━━━━━━━━━━━━━━━━━━			
草戸千軒		━━━━━━━━━━━━━━━━━━━━━━━━				
普正寺			━━━━━━			
妙楽寺		────────────────				
十六面 薬王寺		───	━━━━━━━			
堺環濠				━━━━━━━━━━━		
上 町				━━━━		
田 村			───────	━━━━━━		
溝・柵 堀・土塁	───────────────────────			───────────────		
総柱建物 竪穴建物 環濠	━━━━━━━━━━━━━━ 　 		━━━━━━━━━━━━━━━━━ ─────────			
参考事項	↑ 中世的 流通 機構 の成立	↑ 町場の 成立	↑ 竪穴 建物 短冊型 地割		↑ 都市 遺構 の 確定	↑ 長方形 街区と 短冊型 地割

図1　都市遺跡消長図

上記の遺跡のうちで，本文中で説明を加えなかったものの所在地は，
日の宮遺跡・梅原胡麻堂遺跡が富山県，田村遺跡が高知県，上町遺跡
が大阪府で，いずれも報告書が公刊されている。

しはじめ，さらに北宋銭が多数出土するようになり，柳之御所遺跡の状況をみると今後発見される可能性は十分ある。この頃，静岡県磐田市一の谷墳墓群のように，中世墳墓群が各地で見られるようになる。

13世紀代には，畿内周辺畿外ともにかなり開発が進み，各地でかなりの勢いで条里地割が実施されていったようである。そうした中で，農村内において瓦器や国産陶器の専業的ともいえる分業が実施され流通機構が確立して，後半には，草戸千軒町遺跡のように町場的機能をもった集落が出現してくる。また，埼玉県金井遺跡・大阪府真福寺遺跡のように，とても農閑期副業とはいえないような，組織的鋳銅遺跡も出現する。

14世紀代には，畿内周辺では，条里水田はほぼ満作化して集村する[11]。畿外では，分村して，愛知県阿弥陀寺遺跡に見られるように，恐らくまだ条里制にもとづいた開発は継続されていた。草戸千軒町遺跡では，最盛期に達し，土器・陶磁器の流入量は最も多くなり，明確な短冊型地割を中心とした街村状遺構がはじめて出現する。栃木県下古館遺跡や福島県石川町古宿遺跡は，流通の拠点あるいは宿としての性格をもったものであるが，東国においては，こうした環濠集落が出現してくる。これらの遺跡において環濠が掘削される時期は，明確には不明であるが，14世紀後半から15世紀前半の可能性がある。奈良県十六面・薬王寺遺跡[12]においても，13世紀末から14世紀にかけて散村あるいは疎塊村形態であったものが，15世紀に環濠が成立した後その中に凝集していく状況が明確である。大宰府跡や周防国府跡のように，官衙機能が衰退したのち，周辺の町場が12世紀から14世紀頃まで残存する例が見られるが，多くのものは14世紀代には消滅する。

15世紀代には，畿外でも，現在の農村風景である集村がほぼ完成した。後半から末には，瀬戸美濃窯大窯編年Ⅰ期の遺物群や中国産青花・白磁・青磁の流通が活発化して，清須城下町Ⅱ-1a期では，各地の城館周辺に中心地機能をもつ町場が成立し始め，中心集落網が形成され始める。滋賀県妙楽寺遺跡Ⅳb期（15世紀末～16世紀中葉）はその集落網の一端をなしていたと想定される。

16世紀代には，前半から中葉にかけては，方形館や小規模城館の分布からみて，在地領主や村落領主による狭小な谷地形や湿地の開発もかなりの程度進められてきたことが推定される。中心集落網は，この頃確立したと考えられる。畿内中心部の都市堺環濠都市遺跡では，最近の成果を見ると[13]，第2四半期頃，環濠，道路，排水溝，短冊型地割のなかに礎石建物，土蔵，便甕，井戸，といった都市的な遺構はすべて揃う。墓地が，都市に付随して明確に形成されるようになる。

16世紀末から17世紀初頭にかけては，それまでの地方中世都市が統一政権下で大きく変化する。まず，短冊型地割がどの都市でも見られるようになる。さらに，その短冊型地割の中に建物・井戸・便所・蔵などが基本的にセットで見られるようになる。

以上かなり大雑把に推測を交えながら，地域差をあまり考慮せず論述してきた。地域の中での流通機構に着目すると，都市的遺構は，考古学からは，少なくとも13世紀代にはかなり普遍的に存在していたことが確認でき，さらに柳之御所遺跡を見れば，12世紀代に遡上する可能性も出てきている。今後，より詳細に地域構造の中で，城館・村落の動向を見すえたなかで都市遺構の変遷を考えていく必要性が感じられる。

註
1) 前川　要『都市考古学の研究―中世から近世への展開』柏書房，1991
2) 東海埋蔵文化財研究会『清須―織豊期の城と都市―研究報告編』1989
3) 前川　要「中世集落の動向と流通機構の再編」『中世の城と考古学』新人物往来社，1991
4) 佐藤公保「清須周辺の中世村落」（注2）前掲書所収）
5) 千田嘉博「中世の社会と居館」季刊考古学，36，1991
6) 保立道久「中世民衆経済の展開」『講座　日本歴史3中世1』東京大学出版会，1984
7) 国立歴史民俗博物館1991年調査
8) 石川県立埋蔵文化財センター『普正寺遺跡』1984
9) 高橋与左ヱ門「発掘された中世の建物跡」『中世の里シンポジウム　資料集』1990
10) 田代　隆ほか『自治医科大学周辺地区昭和58～63年度埋蔵文化財発掘調査概報』栃木県文化振興財団，1984～1989
11) 広瀬和雄「畿内の条里地割」考古学ジャーナル，310，1989
12) 松本洋明ほか『十六面・薬王寺遺跡』奈良県立橿原考古学研究所，1988
13) 関西近世考古学研究会「近世都市の構造」第3回関西近世考古学研究会大会発表要旨，1991

中世都市遺跡の調査＝鎌倉

鶴見大学教授　**大三輪 龍彦**
（おおみわ・たつひこ）

中世都市鎌倉の発掘は盛んだが，なかでも中心の道路である若宮大路の構造や道路幅が確認されたことは鎌倉を考える上で重要である

1　若宮大路と道路遺構

1965年に『鎌倉の考古学』（ニュー・サイエンス社刊）の中で筆者は中世都市「鎌倉」研究の可能性として，中国舶載陶磁器に関する研究の進展や中世土器の編年研究への試み，新たに注目されるようになった中世漆絵漆器に関する基礎研究，そして，遺構面では土間状遺構や方形竪穴建築址といった民家遺構や道路状遺構が次々と確認されるようになり，これらの発掘成果が，いずれは中世都市としての鎌倉像を解明していくであろうし，そうあるべきであることを述べた。

それから7年が経過し，発掘成果はますます蓄積され，それによって解明された成果も少なくない。中でも，中世都市鎌倉の基軸とでもいえる若宮大路の構造や道路幅が確認されたことは，今後の研究を考える上で大きな成果であったといえよう。若宮大路は現在でも鎌倉の基幹道路であり，交通量も多く，道路を横断するトレンチ調査は残念ながら不可能である。しかし，大路の東側と西側での発掘調査が進み，東側からも西側からも大路の側溝と思われる木組の溝が確認されている。したがって，この東西両側溝の間の距離が大路の幅と考えても差し支えあるまい。

『よみがえる中世3　武家の都鎌倉』（平凡社刊）の中で馬淵和雄はこの成果にもとづいて，「側溝はしっかりした木組の溝枠を持ち，幅約3m（1丈），深さ約1.5m（5尺）の大規模なものであった。二条の溝の間隔は33.6mで，これが若宮大路の幅員ということになろう。これは約11.2丈にあたる。ちなみに，都市鎌倉は11丈を基本単位に町割されているらしいことが最近の調査でわかってきている。あるいはそれは10丈に道路または溝の幅1丈を加えたものだろうか。」と若宮大路の幅が33.6m（11.2丈）であったとしている。そして，この若宮大路の側溝の外側の様子は「側溝の屋敷地側には，直径50～60cmの大きな柱穴列が，側溝に平行して並んでいるのが確認された。柵列か，場所によっては二列の並びも見られるので，築地塀の存在も考えられる。大路東側の，北条泰時・時頼邸と幕府跡とかいわれる場所の大路側溝の底からは，橋脚の基礎と思われる二対の大きな礎板が検出されている。屋敷地の中でも，大路沿いにはあまり立派な建物が見られず，浅い竪穴状の掘込みを持つ小屋か，小規模な掘立柱建物が雑然と並んでいる例が多い。出土遺物からみて，作業小屋とか台所，あるいは庶民の住居のようなものと思われ，主屋＝武士の居館はどうやらもっと奥まったところにあったらしい。」という。若宮大路およびその周辺の全容については，未だ不明の点が多いが，中世都市鎌倉の最も中心的な道路である若宮大路の幅員，両側側溝の存在が確認されたことは極めて意義深い。都市としての鎌倉を考える上で道路の問題は重要であり，考古学的発掘調査で確認される道路跡の遺構の持つ意味は大きいといえよう。

若宮大路以外で，道路遺溝が確認されているのは，六浦路関係で浄明寺稲荷小路遺跡，南御門遺跡，横小路周辺遺跡，小町小路については伝政所跡遺跡，本覚寺境内遺跡，横小路に関して伝政所跡遺跡，今小路で今小路西遺跡（錦屋酒店地点），千葉地東遺跡，といったところが大路・小路と呼ばれる主要道に関するものであるが，この他にも，千葉地遺跡や今小路西遺跡（御成小学校地点）などでも比較的規模の大きい道が見つかっており，由比ヶ浜中世集団墓地遺跡（若宮ハイツ地点）では若宮大路の東側に平行すると思われる轍痕の残る道が確認され，文永9年（1272）の木簡が伴っている。また，屋地と屋地の間に走る露路のような小道については多くの遺跡から見つかっており，中世鎌倉では想像されるよりもかなり多くの道が設けられていたように思う。

2　武家屋敷跡

鎌倉時代の鎌倉に多くの武家屋敷や民家が存在していたことは遺構の上から間違いあるまいが，

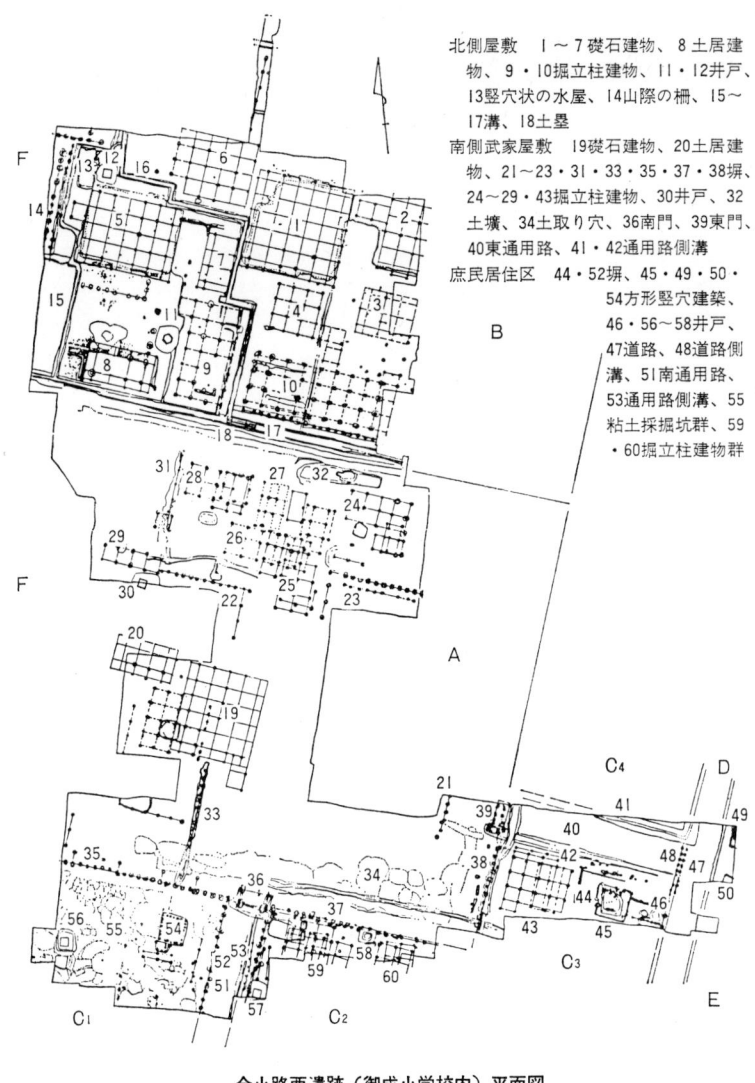

北側屋敷　1～7礎石建物、8土居建物、9・10掘立柱建物、11・12井戸、13竪穴状の水屋、14山際の柵、15～17溝、18土塁
南側武家屋敷　19礎石建物、20土居建物、21～23・31・33・35・37・38塀、24～29・43掘立柱建物、30井戸、32土壙、34土取り穴、36南門、39東門、40東通用路、41・42通用路側溝
庶民居住区　44・52塀、45・49・50・54方形竪穴建築、46・56～58井戸、47道路、48道路側溝、51南通用路、53通用路側溝、55粘土採掘坑群、59・60掘立柱建物群

今小路西遺跡（御成小学校内）平面図
A南側の武家屋敷、B北側の武家屋敷、C・E庶民居住区（町屋）、D道路、F山裾崖斜面（『よみがえる中世 3』平凡社を一部改変）

その構造や実態については、これまで必ずしも明らかではなかった。この空白を補って余りあるのが、今小路西遺跡（御成小学校校庭地点）の発掘調査である。この遺跡は鎌倉駅西方に位置しており、昭和59年に調査が開始され、現在も調査は継続中で次々と新しい知見をもたらしているが、中でも注目されるのは、最下層に存在していた奈良時代の鎌倉郡衙と思われる遺構であった。これに比べても全くひけをとらないのが、中世面の遺構群であるといえよう。この遺跡では、2区画の武家屋敷跡が確認されている。

遺跡の南側で見つかった屋敷は西に源氏山丘陵南端の斜面を背負い、北側屋敷地とは土塁あるいは築地、東と南を塀で画している。その広さは南北60m、東西60～70mで360～420㎡で、屋地の面積を表わす戸主の制（1戸主は5丈×10丈＝50平方丈）によると8戸主分を越えるという。南側と東側の塀の部分には門が付けられ、内部には主屋と思われる南北5間×東西4間（柱間2.1m＝7尺）の礎石建物、その北西側裏手に倉庫状の地面に横木を据え、その上に柱を立てる土居建物、さらに北側3分の1には雑舎と思われる掘立柱建物群があり、塀で主屋や前庭部分と区画されている。井戸は倉庫の北方にあり、全体の構造としては武士の本領地における屋敷の構造と同じものと思われるが、規模的にはそれよりも大きい。

一方北側の屋敷は、南側のそれに増して豪壮なもので、屋敷地の全体の広さについては不明であるが、発掘された一部分だけでも10棟の大型建物が検出されている。もっとも10棟全部が同一時期に存在したというわけではなく、調査に当った河野真知郎は構築当初が5棟、1棟が改築され、4棟が後に加えられたとしている。構築当初の中心的建物は、基壇状土盛上に建つ、5間四方（柱間2.1m）で四面に庇が付き、大棟に瓦をのせた平安貴族の建物風のものという。他に寝殿状の建物、奥座敷風の建物（5間×4間、三面庇）などの建物が、やはり基壇状土盛りの上に建っていた。これらに付属するように礎石建物や土居建物が存在しており、特殊な用途を持った六角形の井枠を持つ井戸もある。奥座敷風建物の周囲からは、最高級の舶載陶磁器が大量に出土した。青磁の酒会壺10個体以上、浮牡丹文の大小の水指、三脚付水盤、竜文大皿、双魚文大小の鉢セット数脚、青白磁の小壺類多数、白磁小皿類、二彩の大盤といった調度品で、国産・舶載を問わず日常生活用品は出土

していないという。

　以上から，河野は「北側の屋敷は尋常の武家屋敷ではなく，他に例を見ない大規模かつ高級なもので，貴族的ともいえる。その機能は日常生活を主眼とせず，風流を追求しつつも来客には豪華さ（すなわち財力）をみせつけるような外向きの表情を示している。出土した高級磁器類には，韓国新安沖の沈没船（1324年沈没）の積荷と共通するものがあり，鎌倉末期の対元貿易に力を持った人物の屋敷であった可能性が強い。とすると考えられるのは一般御家人などではなく，権力の中枢にあった北条得宗家そのものに関係する人物ということになる。あるいは得宗家の別荘という可能性さえ否定できない。」といっている。

　また，これら武家屋敷の外側には方形竪穴建築址を中心とした庶民居住区が広がっており，平成3年度の調査では，武家屋敷の東側一帯が調査されているが，今小路と平行する南北道路とこの道路から今小路の西側の砂丘に向って伸びる東西の道路が確認され，これらの道路によって調査区内は三つの地区に分かれるが，それらの3地区が道路を隔てて，異なった様相を持っていることが指摘された。そして，その違いは方形竪穴の有無，あるいはその規模や構造・位置などに見られ，これを調査団では階層や職種による空間的住み分けが行なわれていたのではないかとしている。もし，これが事実とするならば，従来，階層・職種による住み分けは戦国期の城下町に始まるとされた定説に再考を促すものとなろう。

3　庶民居住区

　近年由比ヶ浜砂丘地帯の発掘調査が進められ，多くの新しい知見がもたらされている。これらの遺跡は総称として由比ヶ浜中世集団墓地遺跡と名づけられた。遺跡名からも想像できるように，鎌倉の浜地は庶民居住区であると同時に，墳墓の地であり，葬地でもあった。由比ヶ浜砂丘地帯の遺跡では，おおむね方形竪穴建築址群と土壙墓群が見られる。それも居住区と墓地の場所は判然と区別されることなく混在することが普通で，例えば，方形竪穴建築を構築する際に以前から存在していた土壙墓の一部を破壊してしまい，そこの一部の人骨を改葬して住居として使用しているというようなこともあった。墓は土壙墓で副葬品がほとんど見られないのも一つの特徴である。また，浜地だけではないが，これまで方形竪穴建築址として，一括して取り扱われてきた半地下式の建物址も必ずしも一様ではなく，いくつかのタイプがあることが明らかになり，その用途についての考察がはじめられるようになった。つまり，そのすべてを庶民住居とするのではなく，例えば，配石を伴う方形竪穴が規模の大きいことや，石の使用が重量に耐えうる構造を指向していることなどから，斉木秀雄は配石のある方形竪穴は住居ではなく倉ではなかったかと指摘している。方形竪穴の性格は今後さらに検討を進めてゆく必要があろう。

4　寺院址

　建久3年（1192）に源頼朝によって建立された永福寺跡（国史跡）の史跡公園の整備事業に伴う発掘調査が継続して続けられ，ほぼその全容が明らかにされつつある。平成3年度までに明らかになったのは，遺跡地西側山裾の小字三堂と呼ばれる旧畑地に二階堂を中心とする三堂があり，堂は廊によって連結され，廊はさらに北，あるいは南で直角に東に折れ，前面の池に伸び，池には景石なども遺存していることである。ちなみに確認された三堂は中心の二階堂が五間四方（南北19.8m，東西18m）で柱間平均12尺（3.6m），正面入口部18尺（5.4m），北側の薬師堂と南側の阿弥陀堂が東西4間，南北5間という壮大な建物であった。今後は汀線の調査を実施して，数年後には整備事業が開始される予定となっている。

　近年，実施された主要な調査について紹介してきたが，年間市内で行なわれている発掘調査の件数は多く，それぞれに新しい知見をもたらしているが一々それを報告するだけの余裕もない。

　1991年以来，研究者の活動も活発化し，10月27日に第1回鎌倉市遺跡調査研究発表会が開かれ，その『要旨』も出版され，研究論文・報告などを載せる『中世都市研究』が創刊された。また，1992年6月6日・7日には，都市と周縁の世界をテーマに公開シンポジウムが開催されることになっている。

中世都市遺跡の調査
―京都―

京都市埋蔵文化財調査センター ■ **浪貝　毅**（なみがい・つよし）
京都市埋蔵文化財研究所　**堀内明博**（ほりうち・あきひろ）

平安京は10世紀ごろから右京がさびれ，左京に人口が集中し，さらに室町幕府の成立によって新しい町並が形成されていった

　古代最後の都城である平安京は，その西半の右京域が，地下水位の高さと排水の困難なことにより，10世紀頃から住民が，京の東半とさらに鴨川を越えて東側に移住を開始する。したがって，右京はさびれ，反対に左京に人口が集中して栄え，都城が大きく変化する。鎌倉時代の承久の変（1221年）以後は，名実ともに，「平安京」から「京都」へ変容するのである。室町幕府の成立とともに，烏丸通りや室町通りを中心に新しい町並が形成されて行く。京都市内は近年，平安京跡を主な対象として年に約1,500件の大小取り混ぜた埋蔵文化財調査が実施されるに従って中世都市遺跡の調査成果も上りつつある。その中から特色のある数ヵ所について紹介したい。

1　室町殿（花の御所）跡

　室町殿は足利政権の中枢であり，花木の多さと優雅な庭園の存在から「花の御所」とも呼ばれ，現在の市街地の中央部北寄り，京都御所の西北隅に当たる烏丸通りと今出川通りの交差点の西北に位置していたと考えられる。近年とくに1985年から1989年の間三度にわたってこの付近一帯を調査する機会があり，各々発掘調査を実施した。その結果，庭園の一部と考えられる池の汀線に付属する石敷施設や景石に使用された巨石などが確認され，この周辺に大規模な邸宅が存在したことを裏づけるものとなった。調査した範囲は，東は烏丸通り，西は室町通り，北は大聖寺南の旧聖護院辻子，南は旧清法院辻子に囲まれた地域にあたる。

　1986年の大聖寺南での調査では，景石を5石とその南に庭園に関連した盛土整地を伴う陸地部分と池を確認した。陸地部分には，各時期の整地層や焼土面，石組遺構などとともに景石群が認められた。景石のうち3石は長軸1～2ｍを測る大規模なもので，材質は緑泥片岩とチャートである。池の北汀線と思われる肩部には石敷施設が確認された。石敷は，径10～20cmの河原石で密に敷かれていた。このことから，この付近が庭園内の園池の北端に相当し，しかも数次にわたって改修されたことも判明した。

　1985年と1989年の旧清法院辻子に面した調査では，あわせて4石以上の景石群，築山状の高まりと東西方向の大溝を検出した。これらの遺構群は大聖寺南の調査と類似して4時期にわたる整地面毎に各々確認できた。そのうちとくに最下面とその上面において長径1.6～2.4ｍを測る巨大な景石が築山状の高まりに添って認められた。その南にはまず東西方向に1列一辺1.3～1.8ｍの方形を呈する石組遺構が5基確認され，これと並行して幅2.7ｍ，深さ1.5ｍを測る断面Ｖ字形の堀をも確認した。そして堀は，ほぼ同規模のものがもう1条重複していることも確認された。最下面とその上面の遺構群の時期は出土遺物から，南北朝から室町時代前期に属することから室町殿の中でも古い時期に相当する。しかも堀の存在などから宅地の区画を示すと思われ，その南限に位置していたと考えられる。

　これらの3ヵ所の調査事例からこの地域一帯が室町殿の庭園部分に相当する地域であることが推定され，園池の規模は1985年と1986年の両調査から南北が42ｍを測る大きなものであったと考えられる。そして東西方向の大溝の存在からこれが宅地の南限に相当し，室町殿が堀を巡らしていたと考えられる。このことから，初めて室町殿の範囲を知る手掛りが得られたのである。

　室町殿の範囲については，『大乗院寺社雑事記』文明11年（1479）3月6日状に，
　「室町殿は東西行き四十丈，南北行き六十丈の御地なり。然して南北四十丈に，ついちこれを仰せ付けられる。南方二十丈に小屋共之在子故と云々。」
とあり，東西幅が平安京条坊の一町と同一で，南北は一町半を占めていたことが知られる。

　また『吉田家日次記』応永9年（1402）11月19

97

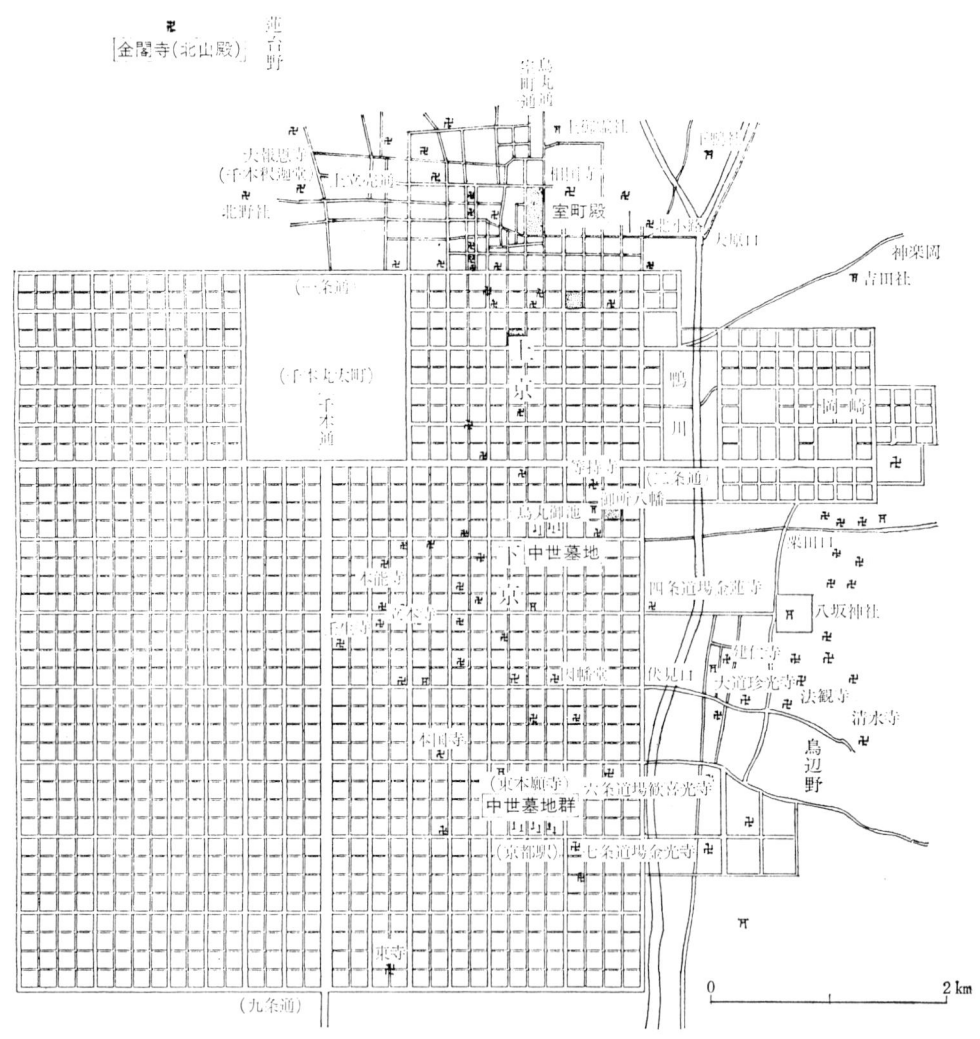

中世京都と旧平安京関係図

日の状に，
「室町殿北小路以北，室町以東，以つて室町に面して晴なり」
とあることから西限が室町通，南限が北小路であったことがうかがわれる。

これらの資料から室町殿の範囲は西限が室町通，東限がそれから40丈離れた烏丸通，南限が北小路に想定できる。いま平安京の室町・烏丸両小路をそのまま北に延長して両通を復元すると1989年度の調査区は一町を東西に2分する位置に相当し，しかもそこには築山状の高まりと大規模な景石が分布し庭園の一部を形成しており，区画の端を示すものと考えられる東西方向の堀の存在も明らかとなった。

一方，室町殿の内部施設については，まず「上杉本洛中洛外図」によると，広い敷地の中央から南にかけて，寝殿，観音殿，持仏殿，泉殿，会所，舟舎などを園池の北に配置し，池は南庭に大きく穿たれ，汀線は大きく屈曲していることが知られる。また永享4年(1432)の「室町殿御亭大饗指図」および『蔭涼軒日録』に見る室町殿は，会所，観音殿，持仏堂，亭，寝殿などが配置されるが，寝殿を中心とする公式の場と会所，常御所などの日常の場との間には垣を設け区画している。しかも寝殿のある公式の場では，南に広く庭を配しているのに，常御所，会所のある日常の場は，池の汀線が大きく入り込み，南庭の広さが異なるのが知られる。

発掘調査で得られた知見は室町殿南限や園池の施設の一部を明らかにしたに過ぎないが，大規模な池の存在と予想を上回る景石の種類，室町殿が堀を巡らしていたことなど，それらが各時期を追

って確認され，室町殿の一端をうかがい知ることができる。

2 金閣寺（鹿苑寺）北山殿跡の修羅

金閣寺の前身は応永4年（1397）足利3代将軍義満によって造営された山荘北山殿であり，それはさらに鎌倉時代，西園寺公経が営んだ別荘北山第にさかのぼる。

1989年に防災設備の共同溝予定地で，庭石を運搬したと思われる修羅2基が池状堆積の中から出土した。修羅は2基が接して置かれ，多量の土師器皿と箸などの木製品を伴っていた。修羅は2基とも，二股の木を利用している。その1は長さ3.5m，幅1.4mを測り，頭部に横から方形の，体部には小さめの穴を3ヵ所設けている。その2は長さ4.7m，幅1.3mを測り，頭部に大きめ，体部に5ヵ所の小さめの穴を穿っている。この修羅は上面も磨り減っているため，両面ともに使用したことがわかる。樹種は前者が栗，後者が欅である。

3 中世都市京都の墓地

近年の京都市域における発掘調査の増加に伴い，旧平安京を中心とした範囲内で古代末から中世にかけての墓の発見例が増えている。平安京の墓域については，京域の外周に接して庶民の墓，すなわち蓮台野，神楽岡，鳥辺野などが知られ，その外縁の山麓一帯に天皇や貴族の墓域が広がるという構成になっていた。中世においてもこの墓域設定は継承されるが，新たに平安京西郊の常盤一帯および京域内にも墓域が出現する。ここでは近年の発掘調査で京域内，すなわち，烏丸御池周辺，東本願寺前，七条室町周辺などで新たに発見された墓域に注目し，都市との関連の中でそれらの事例を概観してみる。

(1) 烏丸御池周辺　現在の烏丸通と御池通との交差点の西南隅では約80体の人骨が確認された。そのうち石組墓が17基，土葬墓が41基で埋葬姿勢は頭を北にし，体を西に向けた横臥屈葬で棺の痕跡は未検出である。なお人骨とともに竹籠が認められることから，あるものについては亡骸を包んで埋葬したとも考えられている。石組墓は，石組の下に人骨を伴う墓土壙，石組の下に明瞭な墓土壙を伴うもの，石組のみのものの3種類に分類されている。土葬墓のうち11基に墓土壙が確認された。形状は長軸60～80cmの方向に近い長方形を呈するものが多数を占める。この他火葬墓が11基確認された。副葬品は六文銭と漆椀が出土するだけである。六文銭には，開元通宝から永楽通宝まで含まれることから15世紀が上限と考えられ，また永禄元年（1558）銘の一石五輪塔が出土することから墓域年代は15世紀後半から16世紀にかけてのものと考えられている。当該地は上京と並んで中世京都の2大拠点の一つである下京の北辺に相当しており，そこに墓地が開かれたと考えられる。

(2) 東本願寺前　地下鉄烏丸線の調査や周辺の例から東本願寺西側から東本願寺の別荘である枳殻邸西側の広い一帯に中世の墓域があったことが知られる。ここでは，鎌倉時代から墓が形成されたことが認められる。それは主に土壙墓で円形，楕円形，隅丸方形などの種々の形状が認められる。そして室町時代になると須恵器のこね鉢，常滑焼の甕，瓦器鍋・羽釜などに埋葬される例も認められ，墓の数も急増する傾向にある。当該地は下京町の南端よりさらに南の町はずれに位置する。

(3) 七条室町周辺　現在の下京区塩小路通新町周辺では数百基に及ぶ中世の墓が確認されている。ここでも東本願寺前と同様に鎌倉時代から墓域が形成されるのが知られる。それは長軸170cm，短軸80cmの長方形を呈する掘形を有し，その中から多量の土師器を主体とする遺物が出土する。このような形態を有するものは少なく，屋敷墓のような性格のものと考えられている。それが南北朝から室町時代に至ると石組墓，備前や常滑の甕を用いたもの，瓦器鍋・羽釜に埋葬したもの，漆器に埋葬したものなど形態が多種にわたる。また石組墓には，単独のものと数基連結したものがあり，石組だけのもの，墓土壙を伴うものなどの形態も知られる。当該地に隣接する地域には，平安時代後期にさかのぼる鋳造関連の工房が認められ，室町時代前期に至っても七条の町小路沿いには工房が依然操業を続けているのが確認されている。このことから当該地の墓域は，鋳造関連の工房を始めとする手工業生産地に接して存在し，その工房関係者の墓地と思われる。以上，旧平安京域に含まれる中世下京の北端と南端の町はずれに新しく墓地が形成されたことにより，古代最後の都城である平安京の変貌と中世京都の様相が，かなり明らかになったのである。

中世都市遺跡の調査＝博多

福岡市教育委員会
■ 大 庭 康 時
（おおば・こうじ）

交易拠点都市・博多は文書の焼失によって文献がほとんど残っていないが，近年の発掘調査によって次第にその姿が明らかになりつつある

　1991年，名探偵浅見光彦は福岡市博多区御供所町の発掘調査現場から1体の白骨を掘り出した。内田康夫描くところの『博多殺人事件』のオープニングである。物語では，これに続いて博多遺跡群のかいつまんだ紹介がされている。物語は，老舗の地元デパートと関西系大資本の博多進出との軋轢による連続殺人事件へと展開していくのだが，これがおそらく博多遺跡群が全国的に，一般読者層に紹介された最初であろう。

　中世都市「博多」は，戦国期の自治都市として教科書にまで登場するにもかかわらず，その実態については不明な点が多く，語られることが少なかった。それは，戦国時代末期の兵火によって，中世文書が焼失し，ほとんど残っていないことによる[1]。博多遺跡群の考古学的調査は，この文献資料の欠を補い，中世の交易拠点「博多」の実態を解明するものとして期待されてきた。博多遺跡群に発掘調査のメスがはいったのは，1977年のことである。この地下鉄建設に伴う調査を嚆矢として，1991年12月現在，地下鉄関係と都市計画道路博多駅築港線拡幅関係の二大公共事業関係調査，および76次を数える民間開発関係調査がなされてきた。このすべてが開発行為に伴う発掘調査であり，学術調査が一件もないという点に，都心部に眠る博多遺跡群の持つ悲劇的な宿命がある。とは言え，さまざまな制約を受けつつも大きな成果を上げ，徐々にではあるが中世都市「博多」の姿を明らかにしつつあるのが現状である。

1　博多遺跡群の立地

　博多遺跡群は，玄海灘に向かって開口する博多湾の，ほぼ中央に面している。東を石堂川（御笠川），西を博多川（那珂川）によって画された砂丘上に立地し，南は御笠川の旧流路による低地が横切っていた。また，中世前半以前には，東西の河川の河口付近は，入江となっていた。博多湾を隔てた正面には，「漢委奴國王」金印出土地として名高い志賀の島が浮かび，東側からのびた海の中道がこれと陸地とをつないで，日本海に対するバリアーを形作っている。

　博多遺跡群が立地する砂丘は，博多湾に面して大きく三列に別れる。仮にこれを内陸側から，砂丘1，砂丘2，砂丘3とする。砂丘1と砂丘2とは，西側から入り込む谷によってわけられる。砂丘3は，砂丘2の前面にややおくれて形成された砂丘と考えられ，砂丘2と砂丘3とは，水道状に流れ込む旧河川によって隔てられていた。

　博多遺跡群における人間の営みは，弥生時代中期前半に砂丘1と砂丘2とを分かつ谷の頂部付近から始まった。その後，集落は砂丘1に展開し，古墳時代前期には，砂丘1の西半部を中心に集落が営まれている。この段階で砂丘2にも住居跡はみられるが希薄で，方形周溝墓が築かれている。古墳時代後期の状況は，今一つ明らかではない。奈良時代になると，竪穴住居跡・井戸などの遺構が，砂丘1，砂丘2のほぼ全面から検出されるようになる。この状況は，古代末期まで変わらず，12世紀前半頃になって砂丘2と砂丘3との間が一部埋め立てられ，砂丘3に本格的に遺構がおよぶのは，12世紀後半を過ぎてからのことであった。室町時代になると，むしろ繁栄の中心は砂丘3に移るようであるが，砂丘3での発掘調査は未だ例が少なく，その状況ははっきりしていない。

2　都市の形成と展開

　博多遺跡群は，上述のとおり，早くて弥生時代，遅くとも鎌倉時代から現代まで重複した複合遺跡である。したがって，下層の遺構は上層の遺構から破壊され，掘立柱建物跡を復元することすら困難である。ましてや，一戸分の敷地を確定したり，建物配置を推定するに至っては，現状では望むべくもない。そういう中で，町の景観を復元する手がかりとして，道路遺構と溝が有効である。

　博多遺跡群において，土地を区画する溝が出現するのは，8世紀のことである。この溝は，東

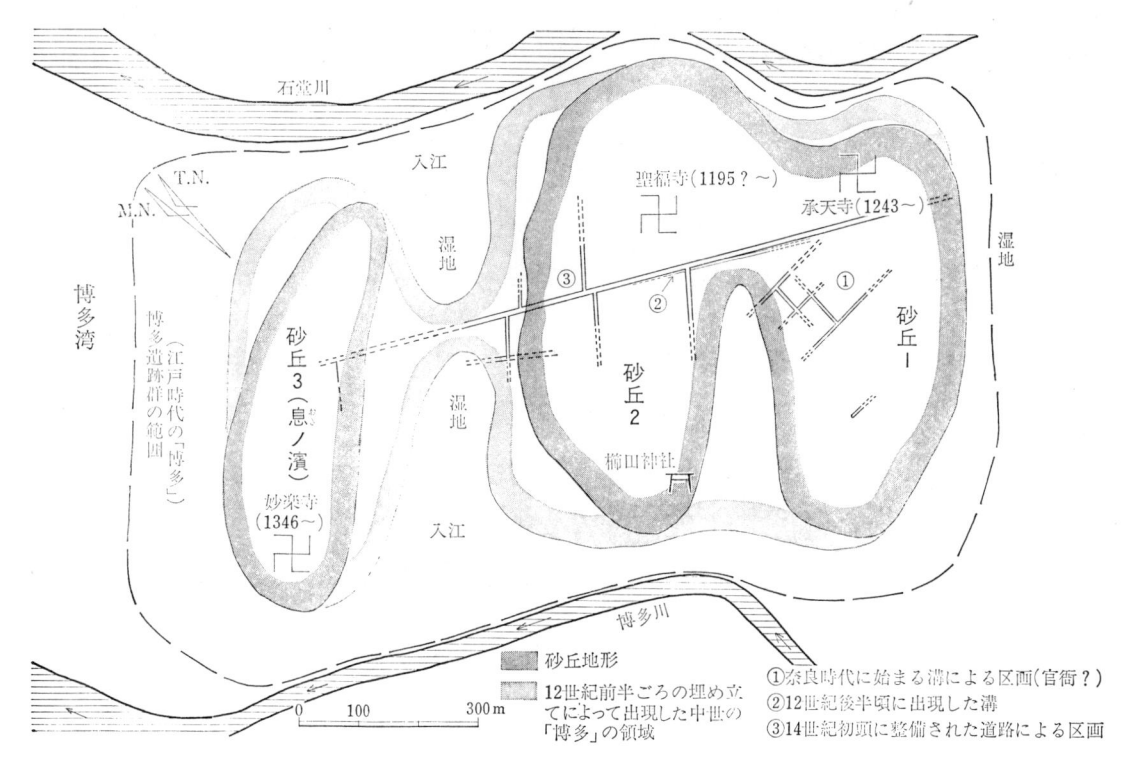

図1 中世都市博多の領域と町割り概念図（河川は現地形による）

西・南北を指し，砂丘1の頂部一帯で見られるもので，東西の領域は不明ながら，南北では約一町を区画し，何らかの官衙に係わるものと考えられている。一方，砂丘2においても広く遺構が分布しているが，区画する溝は検出されていない。この状態は，12世紀前半まで続く。遺物の上からは，砂丘2からは銅製帯金具・石帯・越州窯系青磁の多量出土など砂丘1に優越する内容が知られ，砂丘1の区画に官衙を，砂丘2に官人の居住地を想定する説も示されている[2]。ところで，この時期木棺墓・土壙墓などの検出例がみられる。これは，宮都や大宰府におけるような，都市部に葬地を設けないという規制が働いていないことを示している。したがって，たとえ官衙がおかれ，官人の居住地との住み分けがなされたとしても，博多は律令都市の範疇には属さなかったものと言えよう。

12世紀後半，砂丘2の一部で，新しい方位を示す溝が出現する。第48次調査・第62次調査で検出されたこの溝は，北から65度西偏する方位を取る。現時点ではこれに交わる溝を確認しておらず，区画を示す溝か否かを決めることはできない。しかし，次に述べる基幹道路の側溝が，この溝のほぼ真上に乗っており，これが道路に先行した区画の一部である可能性を示している。

また，12世紀後半までには，砂丘2と砂丘3の間の低地（当時は湿地）の一部が埋め立てられ，生活域が砂丘3の内陸側斜面まで拡大していた。この埋め立ては，砂丘2と砂丘3の両側から，湿地に向かって陸域を拡大するという大規模なもので，同時になされたものとは考えがたいが，短期間のうちに進行したものであることは確実である。ただし，砂丘2と砂丘3の間をつなぐ埋め立ては陸橋状になされたにとどまり，その結果，東西の両側から楔形に湿地が入り込むという景観が出現した。その後の湿地の埋め立ては，大規模には行なわれず，この地形は近世初頭まで残っていく。

13世紀末から14世紀初め頃，砂丘1と砂丘2とを縦貫する基幹道路が通される。この基幹道路は，砂丘2にすでにみられた溝による区画？の方向を継承・延長したものである。砂丘1においては，13世紀まで東西・南北を指す溝が掘られていた。これらには行き止まりになって終わるものもあり，一定の区画を成していたものとは思われない。上述した8世紀の溝に，13世紀代まで残って

いたものがあり，これらの影響を受けて掘られたものであろう。したがって，基幹道路が作られたことによって，砂丘2に成立していた新しい区画（町割り）の原則が，砂丘1にまで及んだと見ることができる。

さて，基幹道路が作られた14世紀初めを前後する時期には，この基幹道路に交わるいわば支線道路も作られている。支線道路は，基幹道路とは厳密には直交せず，また必ずしも十字路を作らず，両側から基幹道路に突き当って終わるものもあるようで，およそ整然とした区画とはいいがたい。むしろ，基幹道路を軸として両側に派生した町割りの体をなす。また，支線道路相互の方向を見ても平行せず基盤地形を形成する砂丘の軸方向に合致している。13世紀以前に，なかば自然発生的に出現していた町割りを，そのまま道路に焼き直したものと言えるだろう。これらの道路は，以後その場所を変えずに嵩上げをくり返して，16世紀末まで継続していく。

13世紀末は，博多遺跡群から埋葬遺構が激減する時期でもある。それまで遺跡内の各所でみられた輸入陶磁器などを副葬していた木棺墓・土壙墓などはほとんど見られなくなり，火葬墓も一部で検出例があるだけで，基本的に博多遺跡群の範囲では埋葬行為が営まれなくなっている[3]。このことは，博多の住民が自分たちの生活領域を「町」として認識しはじめたことを示すものと考えられる。また，ほぼ同時期になされた道路整備と無関係とは思えず，何らかの禁制をともなった可能性も考えられよう。

「博多」の中世都市としての成立を，博多遺跡群で遺構が爆発的にふえ，生活領域が砂丘1から砂丘3までに拡大・定着する12世紀代におくとしても，14世紀初めを前後する時期に，一斉に道路が整備され葬地が外に出されるなど，都市としての体裁を整えた点は重要である。その後の「博多」が，この町割りを守り続け，海側を元寇防塁で画されたその範囲内で繁栄を誇ったことを見れば，一大画期と言うべきであろう。土層観察からは，道路面の直下に焼土層がみられることが多く，大火からの復興に際して道路が作られたことを匂わせている。当時，元寇による博多焼失・鎮西探題滅亡による兵火など数回の火災が記録されている。それぞれに，戦後処理にあたった権力は異なる。「博多」の都市整備が，誰によって，どんな契機で行なわれたのか，都市整備の具体的な内容の解明をも含めて，今後の課題である。

3 持ちこまれた土器

博多遺跡群からは，11世紀から12世紀にかけての京都産土師器皿・摂津産楠葉型瓦器碗・皿，14世紀前半では山陽地方産の早島式土師器碗，14世紀後半頃の京都産土師器皿，15・16世紀では周防の大内館などでみられる薄手の土師器坏・皿などが出土することがある。これらは，量的には少なく，地点的にも偏りがあり，一般的な遺物とは言えない。すなわち，日常生活の必需品として商品流通の流れに乗って運ばれてきたものではなく，人間の移動に伴って持ちこまれたものと考えられる。さらに言えば，11・12世紀においては京の権門勢家から直接輸入品の買い付けに訪れたものが，14世紀以降では瀬戸内海の海運業者（倭寇）が介在したこと，15・16世紀には大内氏が彼らを押えて影響を強めていたことがうかがわれる。少量の特殊な遺物ではあるが，中世の国内流通のあり方を示す一例と言うことができるだろう。

また，中世を通じて瀬戸・美濃系の陶器はほとんど出土しない。ただし卸皿は比較的よく出土する。これは輸入陶磁器の機能的な欠を補うものに限って国産陶器が用いられたことを示しており，生活に必要な陶磁器の主体は輸入陶磁器にあったという，貿易都市「博多」の特質を物語っている。

4 おわりに

すでに紙数もつき，博多遺跡群から出土する多彩な遺物については，触れることができなかった。また，遺構においても，生産遺構・埋葬遺構など語るべき成果は上がってきている。博多遺跡群の調査は，ようやく面的な広がりをもち始めたところで，今後の調査によるところ大である。これらを含めて，後日詳述する機会を期したい。

註
1) 川添昭二『中世九州の政治と文化』文献出版，1981
2) 池崎譲二「町割の変遷」『よみがえる中世(1)東アジアの国際都市博多』平凡社，1988
3) 大庭康時「博多遺跡群の埋葬遺構について」博多研究会誌，1，近刊予定

中世都市遺跡の調査＝平泉

平泉郷土館館長
■ 荒木伸介
（あらき・しんすけ）

　柳御所遺跡の調査によって3代秀衡の代には単なる居館から政庁的役割を担う場に発展し，平泉全体が大きく変化していることが判明した

1　柳御所遺跡について

　北上川は，岩手県の中央部を北から南へ貫通して流れる。県北御堂に源を発し，北上山地の西側から，そして奥羽山脈の東側斜面から流れこむ大小の河川を集め，一関の狭窄部を抜け宮城県に入り，石巻湾に注ぐ。

　12世紀，奥羽の中心として栄えた平泉は，この北上川の恩恵に浴するところ大であった。しかし，一方では水害に悩まされてきたことも事実である。

　現在，北上川治水対策事業として堤防建設，国道4号線バイパス工事が一関・平泉地区で進められており，これに伴う事前調査が昭和63年度から平泉町の「柳御所」の字名地で，岩手県埋蔵文化財センターによって，平成元年度からは平泉町教育委員会も分担参加して行なわれ，平泉文化解明に資する多大の成果が得られている。

　これ以前の昭和44年から3年間にわたって「平泉遺跡調査会」（代表・藤島亥治郎東大名誉教授）によって発掘調査が行なわれているが，当時はすべて民有地であり，わずかな空地，耕作地の一部を掘らせてもらうような状態であり，点的な調査に過ぎなかったが，掘立柱建物跡数棟とかわらけを中心とした多数の遺物が出土し，重視すべき遺跡であることは指摘されていた。

　平泉研究の根幹となる一級資料は，発掘調査の成果と『吾妻鏡』の記述ではなかろうか。とくに『吾妻鏡』の文治5年9月17日条は，当時の平泉の状況をかなり詳細に書き上げている。

　これまでに発掘調査された無量光院跡，毛越寺，観自在王院跡，中尊寺における調査の結果と『吾妻鏡』の記述との間に大きな矛盾はない。この条には寺院，鎮守の他に「館事」として一項を立てて記述しているが，初代清衡が豊田館を出て平泉に宿館「号平泉館」を構えたこと，3代秀衡の常御所として「号加羅御所」が存在していたことのみで，「柳御所」の名称はない。また，「高館」も「衣川館」にも触れていない。「高館」，「衣川館」については一まずおくとして，少なくとも「柳御所」の名称は12世紀には存在していなかったようである。したがって，この遺跡名は字名をとって「柳御所遺跡」とすべきで，「柳之御所跡」と呼ぶのは不適当ではなかろうか。旧跡名としての「柳之御所」の初出は元禄9年（1696）の「毛越寺・中尊寺・達谷旧跡書出」が最古である。現在調査が進められている辺りに「柳御所」の字名が残され，ここ以外に同名の地はないが，その比定地も近世末になるまでかなり変動していたし，その主も義経であったり，清衡，基衡であったりと変化してきた。それではこの遺跡が「平泉館」かとなると，にわかに決めがたい疑問点も残されている。因みに「加羅御所」の比定地は，無量光院跡の東に「伽羅楽」の字名の残る辺りに当てられている。このような問題については，最近発表された千葉信胤の「平泉の地名―字名と旧跡名」[1)]を参照されたい。

　この遺跡は，中尊寺の東南方，特別史跡無量光院跡の東に位置し，猫間ヶ淵跡と呼ばれる低湿地を挟んで無量光院と対峙し，この湿地と北上川に挟まれ，高館を頂点として南東に緩やかに傾斜した右岸段丘上の海抜は高館付近で40m，南で21mの範囲に納まる。現地形から見ても，遺跡の範囲は東北西はほぼ限定することができたが，南については不明瞭であった。しかし，近年の調査によって南限として確定できるような大溝が検出された。その結果，総面積は約10万m²と算定され，その中央部を縦断する約6万m²を事前調査の対象範囲とし，平成6年度には調査完了の予定で進められている。

2　これまでの成果

　平泉に初代清衡が居館を構えたのが11世紀末，4代泰衡が頼朝に討たれ滅亡したのが12世紀末，この間のおよそ90年間が平泉の時代である。この遺跡から出土する遺物もほぼこの間のものに限定

103

柳御所遺跡付近図

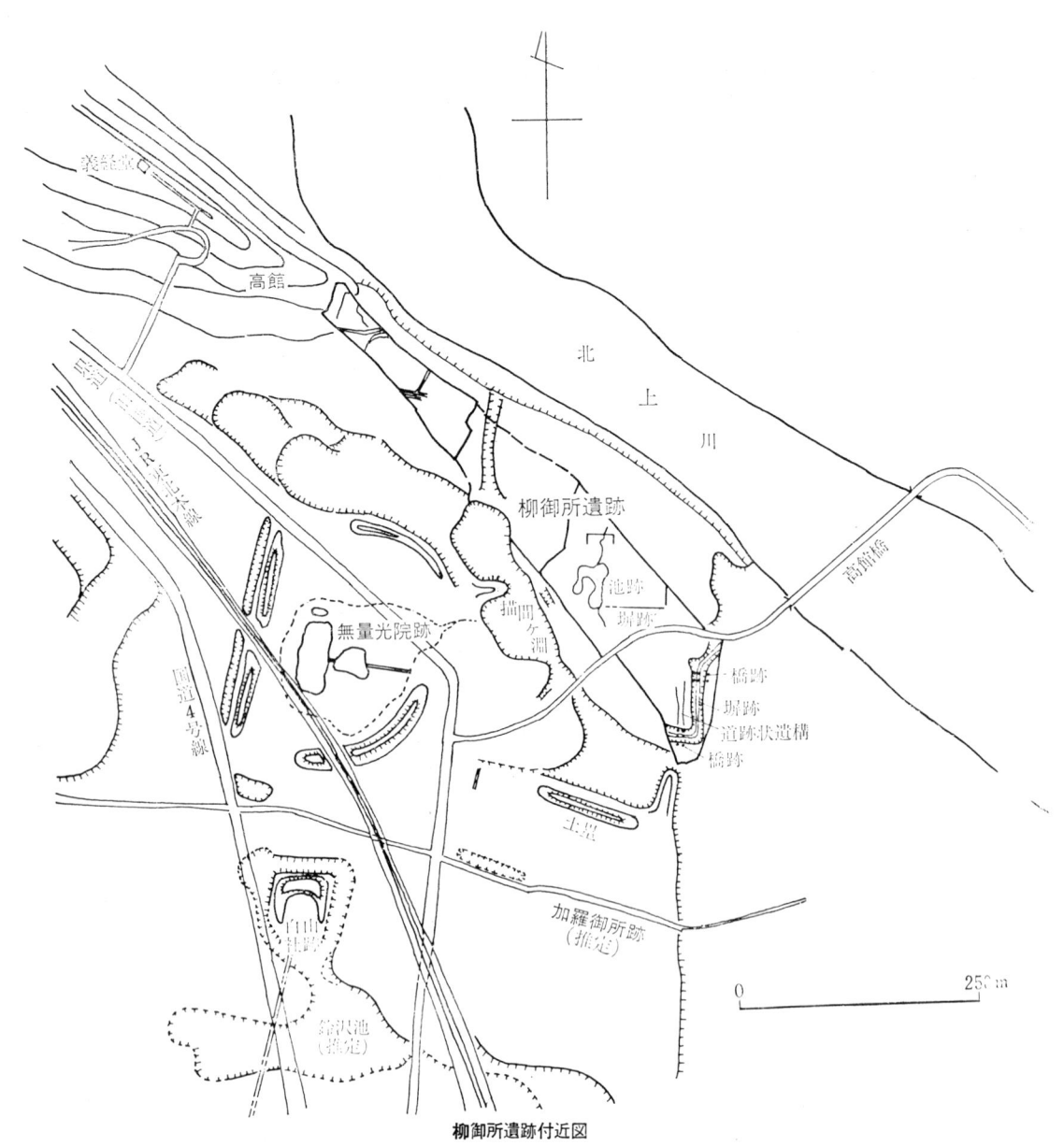

される。しかも，遺物の整理，検討が進むにつれ，12世紀の第3四半期を頂点とし，前半と末葉に属するものは極めて少ないという結果が明らかにされつつある。

　出土遺物の大半はかわらけ類で，これまでの総重量は8トンを越える膨大な量である。これに混じって国産・輸入陶磁器類，各種木製品など多種多様である。特記すべきものとしては，平泉文化を支えたみちのくの特産品として名高い馬と黄金，漆に関わる馬具，金が溶解して付着した石，漆漉し布などがあげられる。特殊なものでは密教修法による地鎮・鎮壇具や烏帽子も出土している。地鎮・鎮壇具がどの建物，あるいはどう敷地

と関わるのか，烏帽子はいかなる階級のどのような人が被っていたのか，今後に残された興味深い課題の一つである。

　木製品の中でとくに注目を集めたのは折敷である。折敷は使い捨て食器のかわらけとセットで用いられるものであり，膨大なかわらけの量から推測して，かなり盛大な宴が連日のようにくりひろげられていたのであろう。宴会政治の原型を見る思いである。時には興にのって，折敷に絵を描いたり，歌をしたためたりしていた。一枚には，寝殿造りの対屋らしきものを壁代のある妻側を手前にし，これに直交して右手にのびる透廊のようなものを透視図的に描いたものがある。どうも，こ

の透廊のようなものを描く時に，透視図画法に狂いが生じ，途中で放棄してしまったようであるが，棟の甍瓦の描写など，かなり正確に描いている。とても専門の絵師のものとは思えないが，少なくともここに存在した建物を描こうとしたことは間違いないであろう。

さらには廃棄された折敷にメモを書き留めたりしていたものもある。入間田宣夫が解読紹介した「人々給絹日記」で始まる墨書折敷には，12人の名が記され，この人々に装束を支給した時のメモのようである。その内の信寿太郎，小次郎，四郎太郎の3人は秀衡の子息国衡，泰衡，隆衡たちであり，さらに側近家臣の名が連なる。詳細は省略に従うが，かれらが赤根（茜）染めを好んでいたと思われることなど，さまざまな情報を伝えてくれる[2]。この折敷の年輪年代測定の結果は1138年を示すという結果が報告されている。となると秀衡の時代に先立つことになる。他の折敷からは1101年，1141年，1158年などの年代が測定されている。この年代が直ちに遺構，遺物の年代を示すものではないとしても，これまでは専ら陶磁器の編年を尺度としてきたが，これに実年代を加えることができるようになり，文献解釈ともどもより詳細に，ここで営まれた生活の実態に迫るようになってきつつある。

建築遺構はほとんどすべてが掘立柱建物であるが，1カ所だけ礎石根石を残す遺構が検出されている。しかし，残念ながら調査区域の外にはみ出しているため完掘されていない。

掘立柱建物も大小さまざまで，柱間寸法もとくに決まりがあるようにも思えないし，配置の向きもばらつきがある。まだ，調査成果の整理が不十分であり，今後整理が進むにつれ遺構の関連性，性格づけもかなりできてくるであろう。現在推測できることは，高館に近い北側は，敷地が溝などで仕切られた家臣たちの居住地，南側が政庁的な役割をもつ表向きの地域と，地域ごとに性格，役割に相違が認められることである。この中間的な位置からは，住居的なものの遺構とは思えない方3間の掘立柱建物跡も検出されている。大胆な推測を加えれば，藤原氏の持仏堂のようなものではなかったかと思考される。

南限の大溝に架かる橋から入り，北に進むと板塀で囲まれた一郭がある。この一郭が最も中心となるところであろう。ここには苑池が設けられており，その北，東には格の高い寝殿造り系の建物が建ち並んでいたと想定される。当時の寝殿造りの基本的な形式とはいえ，天水，井戸水以外には水源が期待されない場所にまで，苑池が設けられていたことは驚異である。

この地域からは焼け落ちた壁土も出土している。分析の結果，漆喰では無いことが判明したので，多分白土で仕上げられていたのであろう。裏側にはマワタシ材や竹で編まれた壁下地の痕跡が明瞭に残されていた。また，この付近の井戸からは建築部材も多数出土している。なかには長さ1.2m程でわずかに反りをもつ小さな破風板もある。これらを詳細に吟味すれば，どのようなところに用いられた部材かも明らかになるであろう。さらにはその建築物をより正確に推定復元することも可能になってこよう。

履物から着物，かぶりものまで，その人たちの生活ぶり，生活空間までを立体的に生き生きと甦らせる資料が提示されつつある。

3　おわりに

初代清衡が平泉に進出し最初に構えた「宿館号平泉館」がこの遺跡内であったかどうかを含めて，まだまだ未解決の問題が残されてはいるが，この遺跡が12世紀奥羽の中心的施設の存在した場所であったことには異論がない。藤原氏初代清衡，2代基衡の時期のものが微小しか認められないことが今後の検討課題であるが，3代秀衡が鎮守府将軍，陸奥守に任ぜられてからは，単なる居館から政庁的役割を担う場に発展していったことは間違いない。その結果，秀衡は別に住居としての伽羅御所を造営しているし，新たに新御堂無量光院を造営するなど，平泉全体が大きく様変わりした。平泉文化解明にはさらなる調査が必要である。平成4年度には，開発に伴う事前調査とは別に，文化庁の補助事業として遺跡全体の範囲確認の調査が予定されている。

現在この地で生活している人々の生命財産の安全確保は当然早急に行なわなければならないが，そのための事業と遺跡の保存活用とは相容れないものではない。知恵を結集して何とか解決しなければならない。

註
1) 千葉信胤「平泉の地名―字名と旧跡名」『奥州藤原氏と柳之御所跡』1992
2) 入間田宣夫「平泉柳之御所跡出土の折敷墨書を読む」岩手県文化振興事業団埋蔵文化財センター『紀要XI』1991

中世荘園村落遺跡の調査
――豊後国田染荘の調査から――

宇佐風土記の丘歴史民俗資料館
■ 甲 斐 忠 彦
（かい・ただひこ）

中世荘園村落遺跡は累積した村落周辺景観，いわば歴史的環境の総体を累積的，重層的，総合的に留めたものとしてとらえるべき遺跡である

1 荘園村落遺跡とは

　荘園村落遺跡は，古代の条里制耕地などとともに，いわゆる「広域水田遺跡」の範疇に含まれる遺跡であるが，そこには過去の人々のさまざまな営為の結果が複合して遺存している。すなわち，埋蔵文化財としての遺跡である館跡，山城跡をはじめ，集落またはその跡，耕地やその地名，そこを潤す灌漑体系，社寺，堂祠，岩屋，多種多様な石造文化財，さらには道路，墓地，村落の信仰や祭礼等々である。これらは全体として村落の静的ないし動的な現行の地表景観，歴史的環境を構成しており，「荘園村落遺跡」とは，地下遺構の存否にかかわらず，そうした開発史，産業史，経済史，宗教史などあらゆる歴史の変遷の経緯を継承し，包括的に累積した村落周辺景観，いわば歴史的環境の総体を累積的，重層的，総合的に留めたものとしてとらえるべき「遺跡」であると考える。それ故に荘園村落遺跡の調査にあたっては，考古学，文献史学，歴史地理学，美術史学，民俗学など多方面からの学際的，総合的なアプローチが要求されるのである。

　大分県立宇佐風土記の丘歴史民俗資料館では，昭和56年以来，国東半島の荘園村落遺跡の調査に取り組んできた。そこでは，上記のように人間の軌跡の歴史的総体という概念で遺跡をとらえ，基本的にはフローチャートに示したような方法によって調査を進めてきたが，調査の目標である中世荘園村落の復原に際しては現代→近代→近世→中世へと遡及する一方，荘園前史としての弥生時代以来の水田村落の開発の足跡を下降的に追跡調査して，村落の生い立ちを両極から究明することを目指した。

2 田染荘遺跡の概要

　宇佐八幡宮領田染荘の故地として知られる大分県豊後高田市田染地区は，市域の東南部に位置す

図1　国東半島と田染地区

る小盆地で，古代の田染郷に由来する地域である。現在，蕗・嶺崎・真中・上野・池部・相原・平野の7大字に分れるが，近世には蕗・横嶺・小崎・中村・間戸・真木・菊山・陽平・薗木・田ノ口・熊野・大曲・観音堂・上野・相原・池部の16ヵ村で構成されていた。

　この地域については「永弘文書」をはじめとする豊富な中世史料があるほか，現在われわれが眼のあたりにする景観の上でも往時の状況を髣髴とさせるものがあり，最も遺存状態の良い荘園遺跡の一つとみてよいだろう。

　宇佐八幡宮は，平安時代の末には九州ではもとより，わが国でも有数の荘園領主として君臨したが，九州全域に広がる宇佐宮領荘園は「八幡宇佐宮御神領大鏡」にその全容が伝えられており，荘園の成立事情の相違によって「十郷三箇荘」「本御荘十八箇荘」「国々散在常見名田」に分類されている。11世紀前半に成立したとされる田染荘は「本御荘十八箇荘」に属する根本荘園の一つで，律令国家から施入された位田・供田や神田の系譜を引くものである。豊後国大田文によれば，田染

表1 広域水田遺跡調査のフローチャート

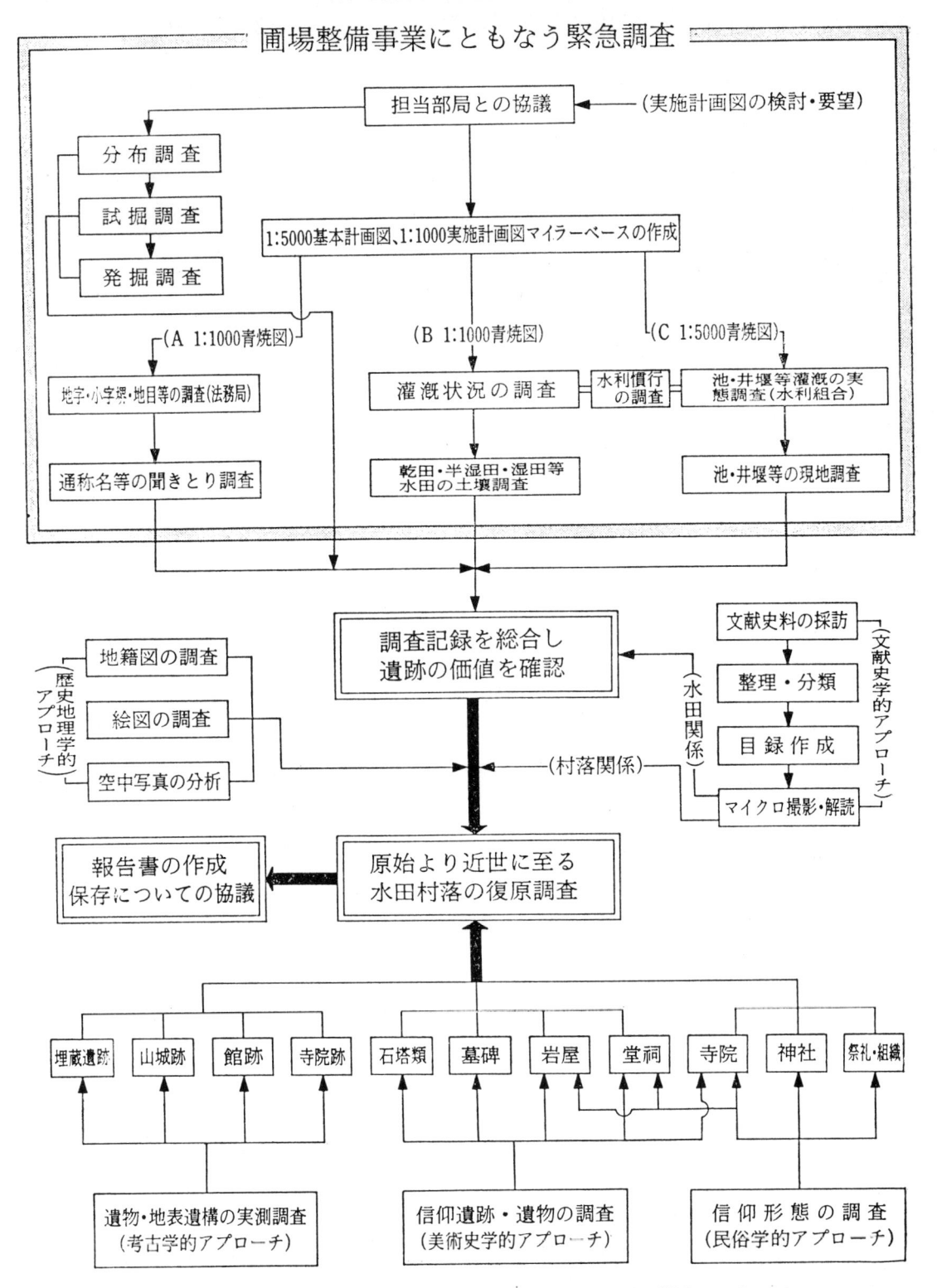

圃場整備事業にともなう緊急調査

- 担当部局との協議 ←（実施計画図の検討・要望）
  - 分布調査
  - 試掘調査
  - 発掘調査
  - 1:5000基本計画図、1:1000実施計画図マイラーベースの作成
    - （A 1:1000青焼図）
      - 地字・小字界・地目等の調査（法務局）
      - 通称名等の聞きとり調査
    - （B 1:1000青焼図）
      - 灌漑状況の調査
      - 乾田・半湿田・湿田等水田の土壌調査
    - 水利慣行の調査
    - （C 1:5000青焼図）
      - 池・井堰等灌漑の実態調査（水利組合）
      - 池・井堰等の現地調査

- 調査記録を総合し遺跡の価値を確認
  - 地籍図の調査
  - 絵図の調査
  - 空中写真の分析
  （歴史地理学的アプローチ）
  - 文献史料の採訪 ←（文献史学的アプローチ）
  - 整理・分類
  - 目録作成
  - マイクロ撮影・解読
  （水田関係）（村落関係）

- 原始より近世に至る水田村落の復原調査
  - 報告書の作成 保存についての協議

  - 埋蔵遺跡／山城跡／館跡／寺院跡 → 遺物・地表遺構の実測調査（考古学的アプローチ）
  - 石塔類／墓碑／岩屋／堂祠 → 信仰遺跡・遺物の調査（美術史学的アプローチ）
  - 寺院／神社／祭礼・組織 → 信仰形態の調査（民俗学的アプローチ）

荘の田積は90町とされ，本郷40町，吉丸名20町，糸永名30町から成っている。荘域内の池部・横嶺地区や上野地区には条里地割の遺構が残り，荘園前史としての盆地開発の画期を示している。また，真木大堂，胎蔵寺，間戸寺，富貴寺などの六郷山寺院（延暦寺末の天台宗系寺院群），尾崎屋敷，

牧城，烏帽子岳城，蒻政所などの城館跡が荘域内に散在するほか，およそ500基にも達する中世の石造文化財がそこここに立ち並び，田染荘を舞台として生きた人々の動向をうかがわせる素材となっている。

3 条里地区の開発

池部・横嶺・上野に残る条里地区は，桂川流域の比較的広い平野部を占め，後の田染荘本郷へつながる中枢部である。池部・横嶺条里は盆地の北部に展開し，最大で東西6町，南北9町程，上野条里は盆地南部に位置し，同じく東西3町，南北10町程の方格地割が復原できる。上野条里地区では，桂川沿いの微高地上に，縄文後期鐘ヶ崎式の時期以降，縄文時代を通して断続的に集落が営まれたが，この段階では，条里地割の中央部は広い低湿地となっていたようである（第Ⅰ段階）。弥生時代後期以後，川沿いの微高地には安定した集落が形成されるようになり，広い低湿地が徐々に水田化されてゆくが，古墳時代の前半には微高地の一部まで水田化されたと推定される（第Ⅱ段階）。8世紀後半頃には，鍋山井堰から導水し，平野部全域に方1町の条里水田を造成するが，これに伴って微高地上に立地していた集落は山沿いの現集落近辺に移動したと考えられる（第Ⅲ段階）。このように，上野条里地区では古代において平野部の大半が開発されたとみられるが，以後，中世に至って本谷川上流などの谷田の開発が行なわれ，盆地内の水田開発はピークに達する（第Ⅳ段階）。

池部・横嶺地区でも基本的には同様の変遷をたどったものと推定され，田染荘本郷の根幹部の開発は宇佐宮による直接的な開発以前に，すでにほとんど終了していたものと考えられるのである。

4 宇佐宮と糸永名

田染荘域を含む国東半島一帯には，古代末期から中世にかけて，六郷山と呼ばれる天台宗寺院群が展開し，特有の仏教文化圏を形成していた。田染荘域内にも六郷山の中枢であった本山本寺をはじめ多くの末寺・末坊が存在したと伝えられており，国宝の阿弥陀堂建築で著名な富貴寺もその一つであった。

富貴寺は，桂川の支流蒻川に開析された蒻谷と呼ばれる狭長な谷筋の中央部に位置し，この一帯が田染荘糸永名の故地である。富貴寺の所在する糸永名は，田染荘の中でもとくに宇佐宮と関わりの深い地域であり，長治元年(1104)には宇佐宮政所惣検校宇佐基輔が，長寛3年(1165)には同宇佐昌輔が領掌している。富貴寺建立の背景に宇佐宮があったことは，貞応2年(1223)に宇佐大宮司公仲が糸永名内の田畠などを「蒲蒻阿弥陀寺」に寄進し，同寺を「累代之祈願所」と称していることからもうかがえるところであり，宇佐宮による糸永名の開発の過程で，12世紀後半頃，同名の中心部近くに創建されたものとみられる。

しかし，弘安元年(1278)，糸永名の地頭職は肥

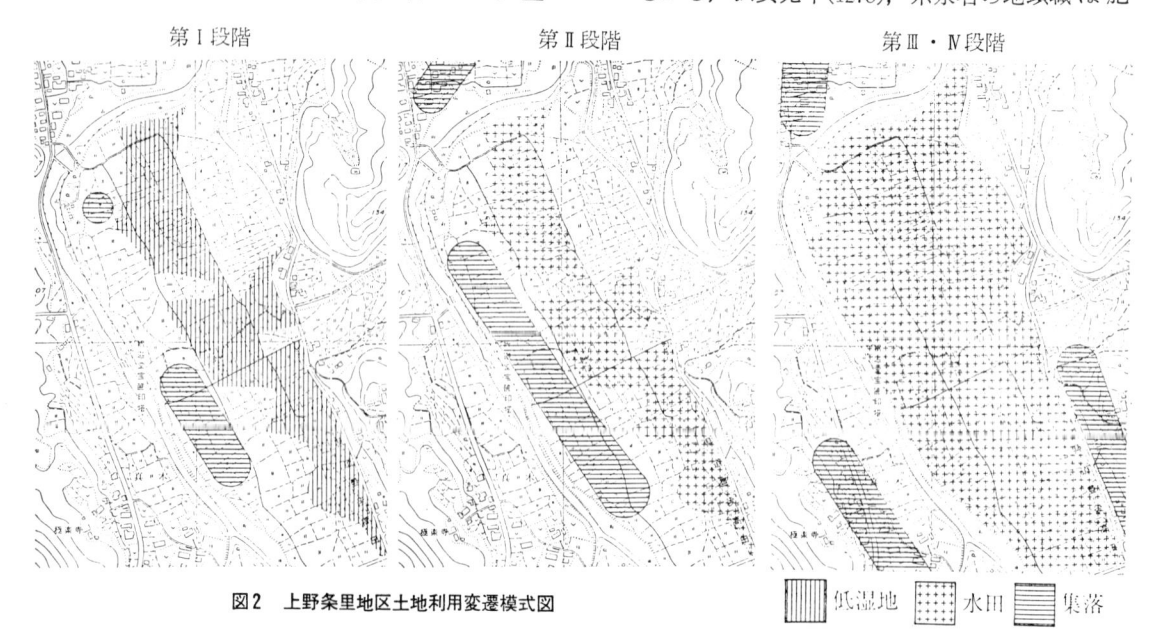

第Ⅰ段階　　　　　　　第Ⅱ段階　　　　　　　第Ⅲ・Ⅳ段階

図2　上野条里地区土地利用変遷模式図　　　　　▥低湿地　▦水田　▤集落

前国の御家人曽祢崎慶増に与えられ，建武4年(1337)には同名の富貴寺領は筑後御家人調幸実の押領するところとなった。また鎌倉後期には，本郷は大友氏の一族小田原氏が領有しており，鎌倉後期以後，実質的に宇佐宮は田染荘の在地の領主権を奪われる形勢となったのである。宇佐宮側は，正和2年(1313)以降，いわゆる神領興行法を楯にとって巻き返しを図り，旧領返還を試みるが，その結果，宇佐忠基と定基は田染小崎に屋敷を確保する。以後彼らの子孫は田染氏を名のり，そこを宇佐宮の田染支配の拠点とするのである。

5 田染荘内の中世城館

荘域内では数カ所の中世城館の遺構を確認しているが，それぞれに立地や構造上の性格を異にするものである。

小崎城跡は大字嶺崎に所在し，近世小崎村の中心部をなす低台地上を占める。そこは小崎川の流路が，東・南・西の三方をあたかも深い堀割で区画したかのように囲繞して走り，これが天然の防禦線となる絶好の立地条件をもっている。小崎川に区画された台地の南西部には現在，浄土真宗本願寺派の延寿寺があり，その境内地を中心とする一帯が，鎌倉末期にこの地を領有した田染宇佐氏が拠点とした「尾崎屋敷」に比定されるところである。当初名主層の「屋敷」であった小崎城の地は，15世紀に入って田染栄忠の居館として整備され，16世紀には，東西120m，南北170m程の範囲に1.5～2mの段差をもつ平場を4段に造成して要所に土塁をめぐらし，周囲に幅広い帯郭状の平坦面を造成した小規模な城郭「尾崎城」に発展したと考えられる。延寿寺境内には，この時代に生きた人間と現代をつなぐ遺品として応仁2年(1468)宇佐栄忠の願によって造られた石殿がある。近世に入ると，この内部に真宗寺院延寿寺が創建され，隣接して庄屋屋敷が置かれる。小崎城一帯のこのような変遷は，主に現状の観察による考古学的なアプローチによって明らかとなったものである。

このほかの城館の遺構としては牧城跡，烏帽子岳城跡，蕗政所跡があげられる。

牧城は戦国期に田染荘を治めた大友氏の臣古庄氏の居城で，真木大堂の所在する真木地区南方の比高差90mほどの丘陵上に立地する。周囲に「武者走」をめぐらした「一の郭」と，これに西接する「二の郭」が残っている。

牧城を「里城」とすれば，「山城」としてこれと対照されるのが烏帽子岳城である。烏帽子岳城は，荘域の南辺部近くの独立峰烏帽子岳の峻険な山頂部にあり，要害堅固な山城である。切岸と土塁で囲まれ，54条もの畝状竪堀を備えており，堅固な防禦施設をほとんどもたない牧城とは対照的で，その立地，構造はまさに詰め城としての性格を示すものといえる。

蕗政所跡は富貴寺の東に隣接する大字蕗字政所に所在し，居館の遺構と付属する山城跡から成っている。居館部分の主な遺構は大規模な空堀と土塁で，これによって政所の中核施設を固めるが，西北隅の部分には，堀切りによって造り出した櫓状の遺構を備える。山城遺構は政所の北側の背後に張り出した丘陵の先端に堀切りと土塁を造成して郭を形成するものである。全体として武士の政務機関にふさわしい堅固な防禦構造をもっており，一帯が糸永名の中枢部であったことをうかがわせる。

田染荘内におけるこのような山城遺構は，同荘を舞台とした領主，荘官などの政治的な動向を映し出す資料として大きな意味をもつものである。

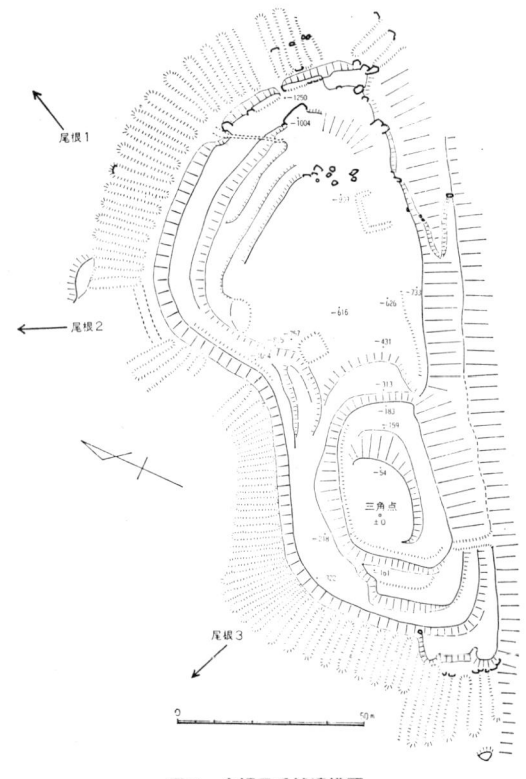

図3 烏帽子岳城遺構図

6 村落景観の復原

田染荘域内の16ヵ村の近世村落のうち,14ヵ村について江戸時代の村絵図が残されている。これは元禄2年(1689)に作成され,天保7年(1836)島原藩の命により,その間の異同を明らかにした上,新たに書写して提出したものである。これには,石高,耕地面積,水がかり,領域,軒数,人口,寺,氏神,牛馬,入会地,山林,鉄砲などに至るまで克明に記された村明細帳を付している。この絵図が,基本的に元禄2年の村落の状況をほとんどそのまま伝えていることは,天保7年時において変化していた点(掛紙を付す)が全絵図のうち1ヵ所に過ぎないことから首肯されるものと考えられる。近世の村落景観についてのこの情報に加え,明治年間の地籍図,現況の空中写真による情報を対比的に分析すると,現代→近代→近世の景観を遡及的に復原する大きな手がかりとなる。

こうした歴史地理学的な手法による景観復原の一例として中村の場合をかかげるが,現地形上に集落,水田,畠地,池,道路をはじめ神社,寺院などがその領域を指示できるのである。さらに中世史料に現われる地名などの情報や中世石造遺品の伝える情報等々によってこれを補完することができれば,中世のムラ=荘園村落の復原にも継ぎ得る大きな役割を果すにちがいない。

7 おわりに

荘園村落遺跡をあらゆる歴史の変遷の経緯を継承した歴史的な環境の総体と見なす立場から,目標として掲げた「中世荘園村落の復原」を果すための対象が余りに広汎なことと,この稿でふれ得た事例の余りにも限定されていることとの隔たりの大きさに今更大きな驚きを覚えている。すなわち,荘園制と六郷山寺院,中世石造文化財とその背景,村落構造と信仰形態などの問題をはじめ当然ここでふれておくべき課題は他にも数多存在するが,それらについての成果の一端は6年間にわたって実施した田染荘調査の概報や報告書を参照していただければ幸甚である。なおこれらの刊行物の中で,この調査に携わった者としても今ひとつ十分な結果を提示し得なかったことへの遺憾を禁じ得ない。田染荘遺跡の中世像の復原については,その後,田染荘の調査の中核となった海老澤衷氏によって優れた論考(「豊後国田染荘の復原と景観保存」石井進編『中世の村落と現代』所収,1991,吉川弘文館)が発表されているので併せて参考とされたい。

参考文献

『国東半島荘園村落遺跡詳細分布 調査概報 豊後国田染荘Ⅰ・Ⅱ・Ⅲ』1983・1984・1985,大分県立宇佐風土記の丘歴史民俗資料館

『豊後国田染荘の調査Ⅰ・Ⅱ』大分県立宇佐風土記の丘歴史民俗資料館報告書第3集・第6集,1986・1987,同館

『荘園村落遺跡の調査と保存Ⅰ・Ⅱ』大分県立宇佐風土記の丘歴史民俗資料館研究紀要Ⅳ・Ⅴ,1987・1988,同館

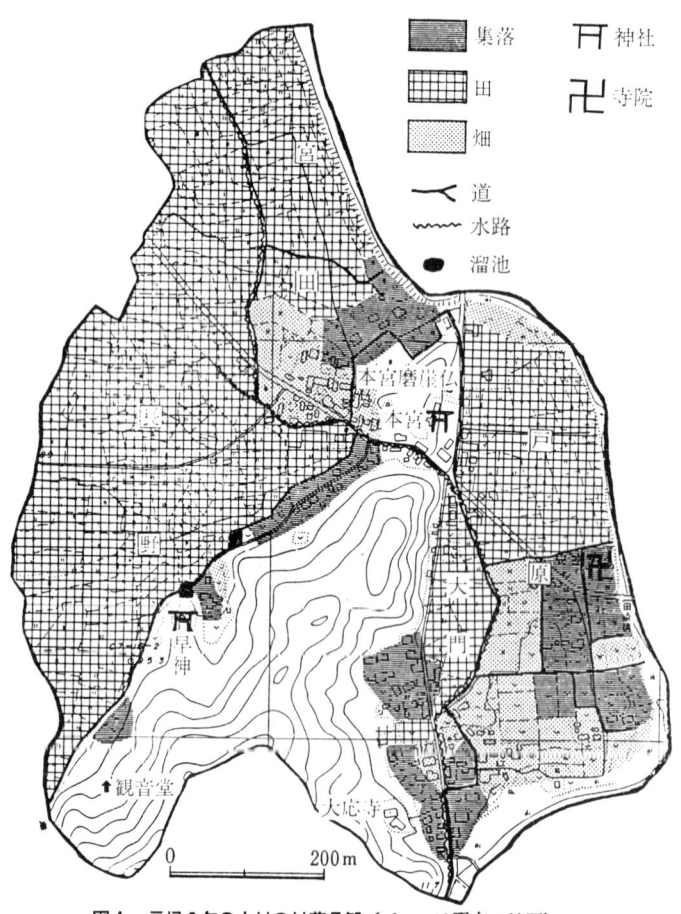

図4 元禄2年の中村の村落景観(ベースは現在の地図)

中世「方形館」の形成 ―― 橋口定志

豊島区教育委員会
（はしぐち・さだし）

足利氏館や真鏡寺館など東国における調査例をみるかぎり,「方形館」の成立を古代末・中世初頭にまで遡らせて考えることは困難である

1 "方形館"の概念をめぐって

　中世の「方形館」を，主に考古学的な所見から性格規定することができるとするならば，周囲を堀・土塁によって区画した方形プランを呈する居住空間であり，その居住者は武士階級に属する人人である，ということになるのだろうか。

　考古学的に認識できる範囲では，前者は原則的には堀・土塁によって方形に区画される空間の内部に，建物群を中心とする生活遺構が主要な遺構群として捉えられる必要がある。だが後者については，どのような考古学的条件が整えばその「方形館」が武士階級のものであるかが今のところ必ずしも明確ではなく，最も判断の難しい部分であると言える。しかも実は，このような形で認識することは，若干の問題をはらんでいるのである。

　何よりも区画施設のあり方について，必ずしも研究者間の認識が一致しているとは限らないことがあげられる。例えば，「堀」と「溝」をどう区別するかは，考古学的にはまだ共通の認識を持てるだけの研究の蓄積がなされていないと言っても過言ではないだろう。私自身は，主に『正統庵領鶴見寺尾郷図』（建武元年・1334）中に見られる記載に依拠して，堀は一定の領域を区画することに一義的な意義がある施設であり，溝は基本的に用水などの人工的な水路であると認識している[1]。ここでいう領域区画とは広義の理解であり，例えば戦闘行為を前提とする防禦機能はその一部に含まれている。しかし，これは考古学的な観察の結果を基礎に導き出したものではなく，むしろ，それを前提に考古学的な遺構を解釈しようとするものであり，"考古学的"には必ずしも決定的な意味を持っているわけではない。だが，中世遺跡をより正当に評価しようとするために，文献資料から得られる情報を活用することは否定されるべきではないだろう。ところが，堀と溝を意識的に区別し，または，そうした問題意識を持って「溝状遺構」を分析している報告は数少ない。さらに，残された痕跡が「溝状」の遺構となる構築物には，生垣を含む塀の基礎なども存在する[2]。

　次に，方形館の堀・土塁の内部は基本的に居住域であることをあげておきたい。堀の内部に広大な空白域が取り込まれ，その中に居住施設も含まれるというあり方と，居住施設とともにその前庭ないし広場的な空間が存在するという様相とは区別するべきである。しかし，この点についても従来は意識的に検討されることはなかった。これに付け加えるならば，その全体が居住域であるということは"堀"の内部に地形的に大きな変化は存在しないということも意味している。地形的な変化の存在は，それ自体が堀で囲まれた空間内に，場の使い分けが行なわれていることを示唆しているものと思われるのである。

　第三に"武士"の居住という点について，果たしてどこまで確実性・限定性を求めることができるのかも問題である。近年の発掘調査の中で，堀・土塁に囲まれた内部の遺構の展開状況が，武士の居住施設というよりも寺院である可能性の強いものが発見されつつある。従来は「方形館」に堀・土塁が存在すると，それ自体を根拠として「方形館＝武士居館」という理解がされていたが，必ずしもそれは根拠とはなり得ないのである[3]。その意味では，遺構・遺物に顕著な特徴が認められない限り，考古学的には冒頭で触れたような「居住者は武士階級」という形での限定ではなく，「支配階級の施設である」という程度の把握が，現時点での限界であるのかも知れない。

　何故このような議論をするのか，というと，方形館については文献史学の側に多くの先行研究があり，そこで従来使われていた「方形館」概念と，考古学的な意味での方形館の内容の間には微妙なギャップが存在しているからである。

　すでに文献史学の側での方形館の理解については触れているが[4]，中世前期に遡る武士居館の姿は，基本的に今井林太郎の「当時の武士の屋敷の共通的な構造はその周囲に土塁及び堀を以て繞ら

していることであり，この堀に囲まれた屋敷地の一画は堀内と称せられた」[5]という指摘に集約されるものであった。その後，例えば豊田武もこれを引き継いで，ほぼ同様の認識を示しており[6]，その研究蓄積は以後の研究の基本的前提となっている。そして，これをさらに発展させて，東国の在地領主制研究を前進させたのは小山靖憲・峰岸純夫らによる1960年代後半以降の研究であった。

小山は，上野国新田荘上今居郷の近世屋敷絵図の分析などから，中世前期の在地領主の屋敷は堀・土塁で周囲を区別するが，その堀に基幹用水から水を引き込み，それを背景とした灌漑用水系の支配を通して村落に対する強力な支配を展開したと考え，これを「堀ノ内体制」と呼んだ[7]。ここで小山の指す居館の姿は，上今居郷近世絵図中の居館の姿であり，さらに，漆間時国館（法然上人行状絵伝）・筑前武士の館（一遍聖絵）などに見られるような"居住域"を区画するあり方に実像を求めたものであると考えられる。また峰岸も小山とほぼ共通する認識を前提に，中世前期における新田荘の開発過程に論及している[8]。

こうした文献史学の側の「方形館」の認識は，"沖積平地内に占地し，居住施設の周囲に堀・土塁を巡らした，方形プランを呈する武士居館"の"水堀"が灌漑用水機能を背景にして在地支配の根底部分に据えられ，その成立を古代末・中世初頭の段階に置いたところにある[9]。ここに見られる「方形館」概念は，すでに居館の形態認識の域を出て，その果たした機能をも含んだ"概念"となっていることに留意することが肝要であろう。こうして，「方形館＝堀内＝古代末・中世初頭の成立」という認識が定着することとなる。

こうした先行研究が蓄積されている文献史学と共通する認識の上に議論を進めるためには，考古学研究の側においても，「方形館」の概念を形態認識論の段階に止めるのではなく，その機能をも含めた概念であることを前提として検討を行なう必要があろう。もちろん，それは文献史学の側の概念を，無原則にそのまま受け入れるということではない。そうした意味では，峰岸の「一部が堀・土塁であとの部分を柵列や生け垣で囲うこともありうる。あるいは，堀・土塁なしの方形館だってあってもよいと思う。」という見解は[10]，従来の文献史学の側で蓄積してきた概念自体を否定するものであり，とりわけ「堀ノ内体制」論との関係

が説明されなければならないだろう。

以上を前提に，若干の事例を検討したい。ただし，小稿の論旨に沿った事例の検討は以前にも試みており，小稿は，それを補うものである[11]。

2　足利氏館の様相

方形館が古代末・中世初頭に成立する重要な論拠となっていた埼玉県大蔵館・河越館の現況地表遺構については，必ずしも従来の見解は成り立たないと述べたことがある。だが，やはり同段階での方形館成立の論拠とされ，栃木県足利市鑁阿寺境内に比定される足利氏館は未検討であった。

現鑁阿寺の境内は平面形が台形で，ほぼ二町四方に堀・土塁を巡らす典型的な「方形館」の姿を持っている。この鑁阿寺境内の実測調査を行なった小室栄一は「中世初期兵農未分離の土豪的武士の館は，土塁，空濠，水濠に囲繞された，概して単純な平面構成のもので，足利館址に見られる土塁の不等辺などに，未成熟な中世土木技術を受け取る」として「後世の手が加えられておらず初期平地単濠単郭方形館の様相をそのまま伝えており，平安朝末期から鎌倉初期にかけての，素朴で豪放な地方の土豪的武士の館とその生活を想わせるものがある」と述べた[12]。この認識は，1960年代における方形館理解の到達点を示している。

だが今日的な視点で見るならば，平面形が台形を呈する方形館は，埼玉県黒沢館・福島県蛭館[13]など，管見の範囲ではむしろ16世紀を中心として中世後半に構築された居館に発掘例が偏っており，この点は修正を加える必要があると考える。

では，「平地単濠単郭方形館」という理解はどうであろうか。近年，この点について興味深い状況が捉えられつつある[14]。それによると，鑁阿寺の周囲には，前述した二町四方を測る規模の現存する堀・土塁以外に，さらにその外郭を囲む水堀が存在し（図1A），古地図でもこの堀の存在は確認されるらしい。また，土塁の存在を予測させる地割も見られるという（同B）。足利氏館は，単郭方形館ではない可能性が極めて高いのである。

ところで，鑁阿寺（足利氏館）南辺の東側半分に接する形で存在する旧足利学校跡の，史跡整備事業に伴う発掘調査においても，近世段階の堀の下で中世に遡る可能性の強い堀が確認されている（同C）[15]。出土遺物が無かったために時期が特定できず，また堀の延びる方向や規模は追究されて

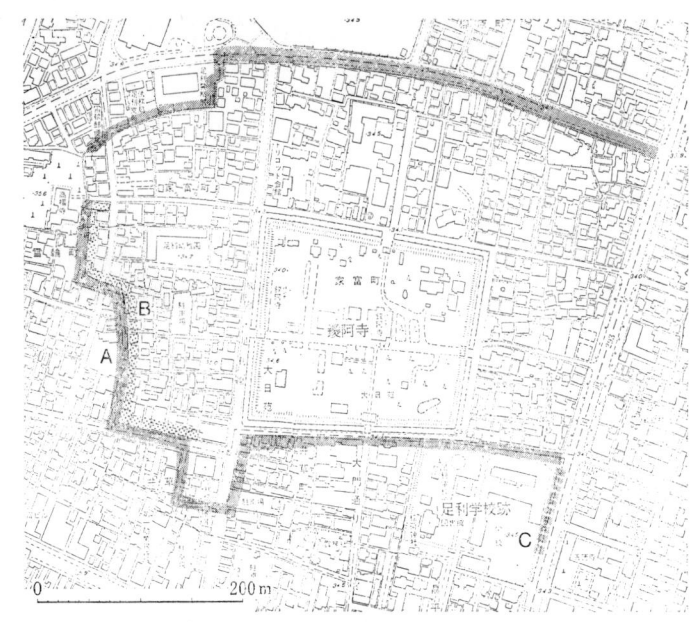

図1 鑁阿寺周辺の堀・土塁推定線（註14文献から作成）

いないが，この堀も前述した鑁阿寺外郭を画する堀と密接に関係する可能性を持っている。

この堀で囲まれた外郭がどのような性格を持ったものであり，構築時期はいつか，といった点は今後の重要な課題であり，即断は許されないが，あえて，二つの可能性を提示しておきたい。

その一つは，この外郭を画する堀の内部が中世前半段階の「堀内」であった可能性はないかということである。鑁阿寺文書の1248（宝治2）年『足利義氏置文』に「堀内大御堂四壁之内，童部狼藉，市人往反，牛馬放入……」という記載があるが[16]，とくに牛馬を放入する行為は，本来は居住域であった居館（鑁阿寺）内部への侵入と理解するよりも，広域を区画する境堀による「堀内」[17]内への侵入と考えた方が理解しやすいのではないか。「四壁」とは周囲の遮蔽物を指しており，前述した，外郭の堀に附属することが予測されている土塁が，これにあたると考えることもできる。

だが，同時に内郭（鑁阿寺）・外郭を画していた堀・土塁自体が中世後半の所産である場合も考慮すべきであろう。現在想定されている外郭ラインの位置は必ずしも確定的なものではなく，外郭の堀が鑁阿寺南辺で「方形プラン」の堀と，近接・並走している点は再考の余地があるものと思われ，今後の調査の進展が注目される。しかし，土塁の存在を予測している部分に着目すると，堀・土塁のラインが「折れ」を持っており，鑁阿寺周辺の構えは，総体として，少なくとも15世紀後半以降の所産である可能性を持っているのである。

いずれにしろ現時点では，鑁阿寺境内を区画する堀・土塁が示す現況の方形プランは，必ずしも中世初頭まで遡る保証はないと理解したい。

3　真鏡寺館の調査

埼玉県真鏡寺館は，近年の発掘調査の積み重ねの中で，次第に様相を明らかにしつつある[18]。

館の範囲は，現況地形および地籍図により推定されているが（図2・3），現在までにC・E・Fの3地点の調査で周囲を区画する堀が検出されていることから，推定された館の範囲はほぼ誤りないとする。その結果から真鏡寺館は一部が丘陵上にかかりつつも，丘陵下の沖積地平坦部にかけて堀で囲うという占地形態を取っており，約250m四方の不整方形プランを持つと考えられる。さらに，その内部には地籍図で見られるように東西約120m，南北約100m程の不整長

図2　真鏡寺館（註18文献より引用）

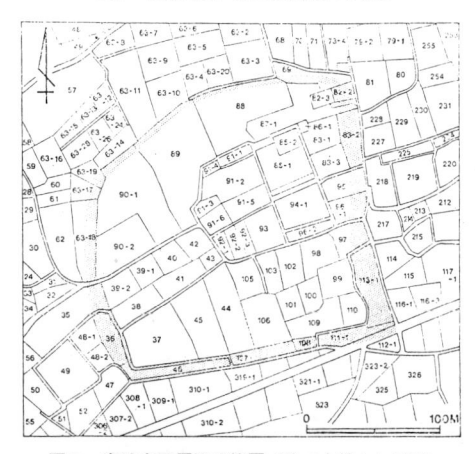

図3　真鏡寺館周辺地籍図（註18文献より引用）

方形の地割りがあり，現真鏡寺本堂のある敷地から南側の冲積地に向かって雛壇状に造成されている。この区画の成立時期は不明であるが，真鏡寺館の内郭部である可能性もあるという。興味深いことに，この区画の隣接地区から平瓦・丸瓦が，また館の北側に隣接する真鏡寺後遺跡B地点では13世紀前半代と考えられる軒平瓦が採取され，総体として鎌倉永福寺系の瓦とされている。このことから，館内に瓦葺きの小堂のような建物の存在が推測されている。

発掘された遺構には，F地点で軸線が堀の走行方向に沿った掘立柱建物1棟と土壙数基がある。また，土塁は北辺の内側に接して100mにわたり痕跡が認められ，確認された基底部の幅は約9mを測る。堀についてはC・Fの2地点での調査結果が報告され，C地点の堀の規模は確認面で幅6m，深さ2mを測る。両地点とも少なくとも2〜3回の掘り直しがあり，数度の改修が行なわれたことは確実である。出土遺物には舶載青磁蓮弁文碗・在地系軟質陶器ほかがあり，それらは13〜14世紀代の所産と考えられる。しかし調査者は，堀覆土内のB軽石層を重視し，その観察所見から堀の掘削時期は1108（天仁元）年のB軽石降下前後まで遡る可能性が高いとする。この見解に従うと，真鏡寺館は12世紀初頭には成立していたことになろう。なお，今までの調査によって遺構の検出されない空白域の存在も確認されており，内部には居住域と非居住域があることが指摘されている。そして，非居住域は畠地などの用益地や低地部の水田によって構成されていると推測している。

真鏡寺館の重要な点に，堀の灌漑機能に関する所見がある。東辺の一角に弁天池と呼ばれる灌漑池があり，その流水が下流域の水田を潤していることに着目したのである。そして，この弁天池の機能は，真鏡寺館の機能していた段階では低地部を掘削した堀全体が担ったと理解している。また，北辺を含めた台地上の堀には湧水・涵水の痕跡が見られ，台地下の堀へ水を供給していたとした。これが中世初頭に遡って機能していたことが確実であるとすると，東国では現在のところ最も古い，「居館」の堀が灌漑用水機能を持っている事例である。ただし，現時点では，現況の用水系の成立がどこまで遡るものかが未確定であり，この点の究明が望まれる。これは，堀の灌漑機能が，本来どの部分を対象としたものであるのかと

いう点と密接に関係する。つまり，本来的には堀で囲い込んだ耕地に水を供給するために湧水（弁天池）を堀に取り込んでいたのか，または下流域に対する灌漑用水の供給を意図したものであるのか，それとも両者が同時に意図されたものか，といった評価の問題と関係してくるのである。

報告者は，さらに多岐にわたる論点を提示しているが，真鏡寺館調査の概要は大略以上のようなものである。そして，ここで示された中世初頭の「居館」のあり方は，その中に居住空間のみならず，信仰空間や生産関連空間を含みこんでおり，一つの自己完結的な小宇宙を形成しているとしても過言ではない。また，形態的には「方形館」的な様相を持っているとすることもできよう。

4 「方形館」の形成

従来，「方形館」の代表的な事例の一つとされていた足利氏館は，周辺の環境を含め現況のままでは中世初頭まで遡り得ない可能性が出てきた。しかし，一方では真鏡寺館の調査によって，従来の理解から一歩踏み込んで中世初頭の武士居館のあり方を検討する必要が生じたと言えよう。

真鏡寺館の報告書中で，鈴木徳雄は「居住区域のみを区画する形態は，新しい時期にも行われた可能性があり，いわゆる『一町四方方形館』は，このような館（真鏡寺館や埼玉県阿保境館：筆者註）の一部である居住区域を中心に認識されたもの，あるいはこの区域が独立して発展した形態であると考えることもできる。したがって，館の系統的な変遷をこのようにみると，真鏡寺館跡の形態は，より古相を伝えるものと考えてよいであろう。居住区域のみが堀で区画されたものが，従来館跡として注目されている場合が多いとはいえ，このような館の変遷の過程で生成した形態であると考えることもできるところから，意識的な調査が期待される。」と述べたが，鋭い指摘であり傾聴に値する。そして，その論旨自体に異論はない。

こうした鈴木の見解を踏まえ，冒頭で触れたような文献史学の側における「方形館」の理解を前提とする限り，真鏡寺館を単純に「方形館」として位置づけることには慎重である必要がある[19]。

真鏡寺館の，堀・土塁の内側に居住空間・信仰空間・生産関連空間を含み込むあり方は，以前に検討を試みた東京都宇津木台遺跡や埼玉県椿峰遺跡の区画堀内部と酷似している。中世前半の周囲

を堀で区画する遺跡の多くの事例は，この真鏡寺館と近似した要素を持つと思われ，とくに居住域以外に広い空白域（真鏡寺館における非居住域）を堀・土塁の内側に取り込む形態は，西日本の調査例にも見ることができる。そして，こうした側面から見るならば，真鏡寺館は，確かに不整方形プランを取りながらも，遺跡の構成要素自体は，宇津木台遺跡などと同一範疇に含まれると言うべきであろう。すでに，中世前半には広域を堀によって区画する遺跡が多様な存在形態を持って出現しており，従来は「方形館」を指していると理解されていた「堀内」も，そうしたあり方が存在したことを前提に再検討する必要があることは指摘している。ここでは，真鏡寺館も，その一類型として捉える必要がある，としておきたい。ところで鈴木徳雄は，真鏡寺館の主を児玉党塩谷氏としている。とすると，管見の範囲では，堀によって一定の領域区画を行なう中世前半の遺跡の中で，確実に武士の手で構築された最初の事例ということになる。そして，筆者自身はここに，前述した「堀内」の類型の一つに限り無く近い様相を感じるのである。もちろん，真鏡寺館タイプの遺跡の担った役割については，同遺跡を含む類似遺跡の調査の進展の中でより厳密に行なう必要があり，拙速な結論は慎まなければならないが，作業仮説として以上の理解を提示しておきたい。

さて，真鏡寺館には，内郭を形成する可能性のある区画が存在する。この区画の成因はいまのところ明らかではないが，これが本来的な館内居住域の痕跡であるならば，その平面的なあり方は，すでに鈴木も指摘しているように阿保境館や千葉県下ノ坊館などを想起させる[20]。この，14世紀を中心に13世紀後半から15世紀前半にかけて機能したと考えられる両館は，広域を方形に堀によって区画しながらも，さらにその内郭に浅い溝などによって方形区画を設けて居住域にしており，外郭部は基本的に遺構の空白域となっている。そして，こうしたあり方も，やはり「方形館」そのものを示すものでないことは，すでに指摘している通りである。残念ながら，真鏡寺館と阿保境館の系譜的理解は，いまだ不充分のまま残されている。だが，こうした形態の"居館"の出現を前提として，鈴木の言うように，居住区域のみを区画する「方形館」が形成されるものと思われる。

以上のように，少なくとも東国における調査例を時系列上に乗せて考える限り，「方形館」自体の成立を古代末・中世初頭まで遡らせることは，現時点では困難であると考える。

だが，こうした在地支配型の居館のあり方の検討だけではなく，論理的には想定され得る政庁型の居館のあり方の追究も不可欠であり，さらに地域差の存在にも充分留意する必要がある。課題の大部分は，まだ残されたままなのである。

註

1) 「中世東国の居館とその周辺」日本史研究，330，日本史研究会，1990
2) 伊藤正義ほか『奈良地区遺跡群Ⅰ』下巻，奈良地区遺跡調査団，1986
3) この点の疑問については，触れたことがある（橋口定志・広瀬和雄・峰岸純夫「鼎談・中世居館」季刊自然と文化，30，1990）。また，中井均は事例の検討をしている（「中世の居館・寺そして村落」『中世の城と考古学』新人物往来社，1991）。
4) 拙稿「方形館はいかに成立するのか」『争点日本の歴史』4巻，新人物往来社，1991
5) 今井林太郎「中世における武士の屋敷地」社会経済史学，8-4，1938
6) 豊田 武『武士団と村落』吉川弘文館，1963
7) 小山靖憲「東国における領主制と村落」史潮，94，1966など。後『中世村落と荘園絵図』1987所収
8) 「東国武士の基盤―上野国新田荘」『荘園の世界』東京大学出版会，1973。後『中世の東国』1989所収
9) 例示はしないが，こうした見解を前提として文献史学の側では多くの研究を積み重ねている。
10) 前掲註3）文献，13頁参照
11) 「中世居館の再検討」東京考古，5，東京考古談話会，1987，「中世方形館を巡る諸問題」歴史評論，454，1988，「中世居館研究の現状と問題点」『考古学と中世史研究』名著出版，1991，註1）・4）など
12) 『中世城郭の研究』人物往来社，1965。引用文中，前者は296頁，後者は185頁所載
13) 熊谷市教育委員会『三尻遺跡群 黒沢館跡・樋之上遺跡』1985，福島県教育委員会『蛭館跡―母畑地区遺跡発掘調査報告23―』1987
14) 足利市教育委員会『足利市文化財総合調査昭和59年度・年報Ⅵ』1986
15) 足利市教育委員会『史跡足利学校跡第5次発掘調査概報』1987
16) 栃木県『栃木県史』史料編・中世一，1973，鑁阿寺文書，72号文書
17) 拙稿，註1）文献
18) 埼玉県児玉郡児玉町教育委員会『真鏡寺後遺跡Ⅲ―C・F・D地点の調査―』1991
19) もちろん，鈴木徳雄が真鏡寺館を「方形館」と性格づけているわけではない。
20) 註3）文献（季刊自然と文化，30）に収録

中世の市場風景
——絵巻物にみる市場——

■ 岡本桂典
高知県立歴史民俗資料館

　中世の市は都市においても発達したが，この時代の市を象徴するのは，やはり地方における市の発展であろう。この時期の市は，国府，地頭館や社寺門前，港湾などで開かれ，定期市である三斎市・六斎市などが発達した。

　中世の市・市庭の風景を描いた絵巻物は，意外と少ない。一般的によく知られている絵巻物『一遍聖絵』には，2つの市の風景，市日の市と市日以外の日の光景が描かれている。

　時宗の開祖一遍の伝記絵巻には，多くの遺品があるが，詞書による分類によれば聖戒編の『一遍聖絵』と宋俊編の『一遍上人縁起』（『一遍上人絵詞伝』）に大別される。聖戒本には，歓喜光本12巻（国宝・京都歓喜光寺（六条道場）蔵＜第7巻は，東京国立博物館蔵＞），御影堂（新善光寺）本12巻（重要文化財）などがある。宋俊本の原本は焼失したが，京都金蓮寺本や山形光明寺本，長野金台寺本などがある。

　さて，『一遍聖絵』に描かれた市の風景の1つは，備前国福岡の市（岡山県邑久郡長舟町）の図である。いま1つは，信濃国伴野の市（長野県佐久市）の図である。さらに，淡路（兵庫県）志筑天神の拝殿の図には，草葺きの掘立柱建物が2棟描かれているが，これも市屋と考えられるものである。

　備前国福岡市の場面は，古備津宮神職家の妻女が留守中一遍の教化により出家してしまい，帰宅した妻女の夫がそれを知り怒り狂い，福岡市まで追跡して，一遍に切りかかろうとしている場面である。この市は吉井川に立ったと考えられる市で，この図の左下には船着場が描かれており，市が河原に立ったことがわかる。市屋では布・織物・米・魚・鳥などの商いが行なわれ，市屋により取り引きする商品が異なっていたことが考えられる。低い市屋には，茶褐色の壺あるいは甕が置かれており，これらが備前焼であることがわかる。この建物は屋根の低さから倉庫（置場）であると考えられる。この絵は鎌倉時代末の市での売買や建物の様子を知り得る貴重なものである。なおこの市の風景に描かれた人物で多いのは女性で，市の場は女性が活動する場であったのでもあろう[1]。

　信濃国伴野の市は，市日以外の市庭の光景を描いたもので，草葺きの掘立柱建物には乞食と犬・鳥とが描かれており，市日以外には彼らの住まいとなっていたのであろう。これらの市に描かれている建物は，簡単な板葺や草葺の粗末な掘立柱の建物である。このような掘立柱建物跡は，発掘調査では検出されているものの確認できにくいのかも知れない。また，この図には牛牧が描かれており，牛の放牧も河原で行なわれていたと推定されており，この市も河原に立った市と考えられる[2]。さて，この伴野の市には登場する犬と鳥の両者が共に描かれているが，絵巻物の中でこの両者が象徴的に描かれる空間は，墓地と市そして乞食小屋である。この両者が共通に描かれた墓地と市の空間の近さは興味深いものがあり，両者に何らかの関連性があることは明らかである[3]。

　荘園絵図にも市の所在が書き込まれているものがある。『越後国奥山荘波月条絵図』（新潟県北蒲原郡）には，胎内川を挟み北に高野市，南に七日市が描かれ，河原近くに市が存在していたと考えられる。

　市が立つ場所には，一般的に辻・中州・墓所・寺社門前，そして河原[4]，交通の結節点が多い。これは，市庭が特別な空間，聖なる空間であり，境界領域に位置していたからであろう[5]。いわゆるこれらの場が，無縁の性格を持つ場所であったことが推定される[6]。

　さて，愛知県春日井市下市場遺跡では，非日常的な配石遺構と掘立柱建物跡が検出されている。この遺跡は13世紀のもので，内津川の近くに位置しており，報告書が未刊であり断定的なことはいいがたいが，特殊な祭りの場と市が存在した遺跡と推測されている[7]。また，高知県中村市具同中山遺跡群では，一部で鎌倉時代の集落が検出されており，この集落は南北朝時代には墓地となる。この遺跡群は中筋川下流左岸の河岸に位置する著名な古墳時代の祭祀遺跡で，洪水時には氾濫源となっている。字名などからすれば交通の要所，あるいは漁村的な集落として位置づけられるが，市または周辺に市があった可能性も想定される遺跡である。草戸千軒のような大規模な市場町・港町の遺跡以外に，市の遺跡は余り知られていないが，意外と気づかないところで市に関連する遺跡が確認されているのではないだろうか。

　従来，日本の歴史学は，その取り扱う資料が文献史料に偏っていたが，今日の現代的な課題に対応するためには，それ以外のさまざまな史料を研究対象とすることが必要となってきている。そうした関心や反省の中で考古資料や絵図，絵巻物，民俗学[8]の研究が本格的に注目されるようになってきている。

　近年，考古学でも絵巻物と考古資料の比較研究がなされている。とくに中世考古学において，絵巻物や民俗学などの成果をどのような方法で活用し，位置づけていくのかということも中世考古学の一つの課題である。

図1 備前国福岡の市（『一遍聖絵』巻4）

図2 信濃国佐久郡伴野の市（『一遍聖絵』巻4）

註
1) 笹本正治『辻の世界―歴史民俗学的考察―』名著出版，1991
2) 黒田日出男『姿としぐさの中世史』平凡社，1986
3) 註1)に同じ
4) 森栗茂一「河川史と河原のマチ」『河原町の民俗地理論』弘文堂，1990
5) 網野善彦『増補　無縁・公界・楽』平凡社，1988
網野善彦文・司　修絵『河原にできた中世の町』岩波書店，1988
6) 註4)に同じ
7) 春日井市教育委員会「下市場遺跡」自然と文化，18秋季号，(財)観光資源保護財団，1987
8) 註1)に同じ

● 中世を考古学する

信仰の世界

中世の信仰は考古学的にはどう捉えられるだろうか。修験の遺跡，板碑，経塚，呪いの遺物などからその実態にせまってみよう

中世修験の遺跡／板碑造立の風潮／中世の埋経と納経／中世の葬送と呪術

中世修験の遺跡

東京国立博物館
■ 時枝　務
（ときえだ・つとむ）

13世紀から14世紀にかけて，回峰修行にともなう山頂遺跡が
形成され，石動山など各地の大規模な修験道寺院が成立した

　修験道は「験力」の宗教である。高山に登拝し，重畳たる山岳を踏破し，あるいは山中の洞窟に参籠するなどの修行をおこなうことによって，神仏と同化し，強大な「験力」を獲得しようとする宗教である。中世の修験者は各地の霊山を抖擻し，諸国を遍歴して生活していたが，それも修行を重ねれば重ねるほど「験力」が強まると信じられていたからである。また，彼らは多くの人々から信仰されたが，それも彼らが「験力」をもっていたからにほかならない。ここでは，「験力」の宗教としての中世修験の実態を，山頂遺跡と修験道寺院を通してうかがってみたいと思う。

1　中世の山頂遺跡

　古代に出現した山頂遺跡は中世に入ると大きな様相の変化をみせる。
　栃木県日光男体山頂遺跡は8世紀に出現し，20世紀に至るまで断続的に営まれてきた遺跡であるが，12世紀末を画期として遺物の様相が一変することが知られている[1]。平安時代後期には，八稜鏡を主体とする164面以上の銅鏡のほか，火打鎌・鉄鏃・短刀・刀子・刀装具・陶器・土器などの遺物群がみられるが，鎌倉時代になると銅鏡が姿を消し，懸仏・密教法具・経筒・種子札・禅頂札・火打鎌・鉄鉾・鉄剣・鉄鏃・大刀・短刀・陶器・土器など仏教的色彩の濃い遺物群に変わる[2]。それらのうち，懸仏はおもに日光三所権現（男体＝千手観音，女体＝阿弥陀，太郎＝馬頭観音）を表わしたもので，山頂に営まれた小祠の本尊としてまつられていたと推測される。また，密教法具の存在は，懸仏を本尊とする小祠の前で密教的な修法がおこなわれたことを物語るものであろう。さらに，経筒の存在は，山頂に登拝して納経する者がいたことを示している。
　経筒や禅定札の銘文には「日光禅定」（元亨3年銘経筒）や「男躰禅定」（貞治3年銘禅定札）ということばがみえており，山頂へ登拝して修法や納経をおこなうことを「禅定」と呼んでいたことが知られる。「禅定」の担い手を銘文から検討してみると，日光山の僧侶や近津宮（現宇都宮市徳次郎町所在）の社家など専門的宗教家に限られていることが指摘できるが，とりわけ貞治5年（1366）に14度目の「男躰禅定」をおこなった伴家守のように何回も修行することによって験力を高めようとする者が中心的な担い手であったと考えられる[3]。
　男体山周辺の女峰山・太郎山・小真名子山にも中世の山頂遺跡がある。女峰山頂遺跡からは銅鏡・火打鎌・短刀・古銭・釘・陶器・土器，太郎

118

図1 日光女峰山頂遺跡

山頂遺跡からは火打鎌・短刀・刀子・古銭・飾金具・陶器，小真名子山頂遺跡からは陶器・土器が発見されている[4]。そのうち，太郎山頂遺跡では12世紀の銅鏡・経筒・陶器が確認されており，すでに12世紀に山頂遺跡が形成されはじめていたことが知られるが，ほかの2遺跡では13世紀以前に遡る遺物が明らかでない。このことは，12世紀から13世紀にかけての時期に，女峰山・太郎山・小真名子山に山頂遺跡が出現した可能性が高いことを示していよう。また，遺物の種類をみると火打鎌・短刀・陶器など共通するものが多く，それらの山頂遺跡が同様な性格をもつことが推測される。おそらく，男体山で「禅定」をおこなっていた行者たちのなかから，日光三所権現の聖地である女峰山や太郎山に登拝する者が出てきた結果，日光連山の山頂遺跡が形成されたのであろう。

石川県の白山御前峰山頂遺跡は遅くとも10世紀初頭に出現し，以後19世紀まで断続的に形成された遺跡であるが，12世紀を画期として遺物の様相が変化する[5]。10世紀から11世紀にかけてはほとんど陶器と土器のみであるが，12世紀になると独鈷杵・水滴などがみられるようになり，13世紀には懸仏・銅製五輪塔・三鈷柄剣・銅鈴・鐘鈴・火打鎌・鉄剣・刀子・古銭などさまざまな遺物が登場する。同様な変化は同じ白山系の別山山頂遺跡でもみられ，そこでは10世紀に灰釉花瓶などが現われ，12世紀に朱書経・経筒・刀子などが出現する。

ところが，白山系の山岳でも，笈岳山頂遺跡や三方岩岳山頂遺跡では12世紀に遡る遺物が発見されておらず，13世紀以降に遺跡の形成が開始されたとみられる。笈岳山頂遺跡からは懸仏・仏像・経筒・銅鏡・鉄剣・鉄刀・鉄槍・鉄鏃などが発見されているが，時期的には14・15世紀のものが主体を占めており，三方岩岳山頂遺跡出土の青磁水注も14世紀のものとみられる。このことは，白山系の山岳のうち中心部にある御前峰・別山への登拝行が10世紀に開始され，12世紀に変質したのち，13世紀から14世紀にかけて周辺部の笈岳や三方岩岳への登拝行がおこなわれるようになったことを物語っていよう。この場合，「白山禅定」とよばれたのは御前峰や別山への登拝行であり，笈岳や三方岩岳への登拝は尾根沿いに縦走する回峰行の一環としておこなわれた可能性が高い。つまり，10世紀に開始された山岳登拝は，13世紀から14世紀にかけて回峰する山岳練行へと発展したとみられるのである。

2 修験道寺院の構成

山岳修行の拠点である修験道寺院の構成を近年調査が進んだ石川県鹿島町の石動山を例にみておこう[6]。

中世から近世にかけて石動修験の拠点として栄えた石動山には大規模な修験道寺院跡が残されている。それは石動山の主峰大御前の山頂から山腹にかけて営まれた主要堂塔跡，その麓の緩傾斜地を中心にひろがる院坊跡，周辺の山中に点在する行場や拝所などから構成されている。主要堂塔のある寺院中心部は山頂・その西南の尾根・東南の山腹の三地区に大別できる。山頂には五社権現大宮の社殿（相殿に白山をまつる）を営むのみで，他の堂宇はなく，山内でも重要な聖地として位置づけられていたことがうかがえる。西南の尾根には五社権現のうち火宮・剣宮をまつり，その下方に二王門と行者堂を配する。東南の山腹には，五社権現のうち梅宮をまつり，開山堂・籠堂・多宝塔・五重塔・大師堂・経蔵・鐘楼・講堂などの堂塔を営んでいる。

堂塔の配置は地形に応じておこなわれたもので，規則性を見い出すことは難しいが，大宮への参道を基準として配置された可能性が高い。五重塔や講堂の発掘調査では，炭化材・焼土層・焼けた礎石などが検出されており，記録にみえるように天正10年（1582）の火災で堂塔が焼失したことが判明した。このことから，堂塔が少なくとも天正10年以前には整備されていたことが知られる

119

図2　石動山の修験道寺院跡（黒ぬりが堂塔跡，網かけが院坊跡）
（『鹿島町史　石動山資料編』より作成）

が，堂塔の建立時期については出土遺物などによっても特定することができない。しかし，永仁3年（1295）3月26日付権少僧都相助奏状には「能登国石動山五社」とあり，すでに五社権現の社殿が建てられていたとみられる。おそらく，13世紀から14世紀にかけて，堂塔の整備がなされたのであろう。

院坊跡はほぼ方形の屋敷地をもつが，その配置は地形に応じてなされているため，不規則である。かつて360余坊を数えたといわれるだけあって，緩傾斜地に密集して営まれており，屋敷地も広狭さまざまである。講堂のすぐ南側にある仏蔵坊跡の発掘調査では，近世の遺構の下に3層の焼土層の存在が確認され，焼失後に盛土して整地している状況が明らかになった。しかも，最下層から礎石建物が検出されており，14世紀頃から数度にわたる建て替えを経ていることが確認された。また，行者堂に近い三蔵坊跡の発掘調査では，14世紀の珠洲焼水注をともなう礎石建物の存在が確認されている。いずれも調査面積が狭いために建物の全貌を知り得ないが，寺院中心部に隣接する所では院坊の建設が14世紀に遡ることが判明する。行場や拝所の遺跡は八大山の修行窟など多数あるが，詳細は不明である。

このように，石動山の場合，仏地としての堂塔，僧地としての院坊，山岳修行の場である行場などがセットになって一山を形成していることが知られる。それらの堂塔・院坊・行場などは機能的にわかれているのみでなく，空間的なまとまりをみせており，高所に堂塔を設け，その前面の低所に院坊を配置するという構成をとっている。堂塔と院坊はいわゆる修験道集落を構成しており，そこから離れた山中に行場が設けられ，集落と行場は入峰道でつながっている。このようなあり方は，たとえば山形県羽黒山で山頂を中心として堂塔が営まれ，その山麓に院坊が建ち並び，行場は奥深い山中に散在するというように，各地の修験道寺院でみられる。しかし，こうした修験道寺院のあり方がいつ頃成立したのか，石動山の例でみる限り14世紀頃の可能性が考えられるものの，明確な解答は得られておらず，今後の調査の進展が期待される。

註
1）　日光二荒山神社『日光男体山　山頂遺跡発掘調査報告書』角川書店，1963
2）　大和久震平『古代山岳信仰遺跡の研究』名著出版，1990
3）　時枝　務「日光男体山頂遺跡出土遺物の性格―新資料を中心として―」MUSEUM，479，1991
4）　日光市史編さん委員会『日光市史　史料編』上，日光市，1986
5）　国学院大学考古学資料館白山山頂学術調査団「白山山頂学術調査報告」国学院大学考古学資料館紀要，4，1988
6）　鹿島町史編纂専門委員会『鹿島町史　石動山資料編』鹿島町，1986
　本稿における石動山に関する記述は同書所収の資料によった。
　なお，白山および石動山については，戸澗幹夫・垣内光次郎両氏から多くの御教示を得た。記して御礼申しあげたい。

板碑造立の風潮
―― 青石板碑の地方拡散 ――

徳山大学教授
■ 播磨定男
（はりま・さだお）

関東地方で発生した青石塔婆形式の板碑文化は13世紀中ごろから地域の枠を越えて遠く中国地方にまで波及した

　板碑は石造塔婆の中でも地方性や地域性を色濃く反映した文化遺産である。主尊標識に地域的な特色が存するだけでなく，形式面においても整形・不整形の別があり，さらに整形化された遺品にもかつて服部清道博士が武蔵・東北・下総・阿波・九州型と五系統に分類されたように[1]，これが造立された場所によって差異が認められ，全体として板碑文化の内容を豊富ならしめているのである。信仰面のことはさて措き，上の分布地における形式的特色はその主要因が板碑の用材，つまり地元産石と深いかかわりをもっていることは言うまでもない。板碑はわが国中世の時代に入って全国各地に造立されたが，その際人々は主に地元産石を用材として利用したために，同じ板碑と称しながらも様々の形式を生むに至ったと解されるのである。

　ところが，全国に分布する遺品の中には，これらとは異質な，すなわち地元産石を用材としない板碑の存在も認められ，早くから注目されてきたことも事実である。例えば北海道網走市にある応永年間の阿弥陀種子板碑や山形県真室川町の元亨4年阿弥陀三尊種子板碑などは，共に地元産石とは異なる緑色片岩（青石）製の遺品であり，とくに後者は同じ整形板碑でも同地方の置賜型とは当然ながら形態を異にしている。したがってこれら異質・異系統の存在は，他地域から移入した搬入物と見做され，同地方への板碑文化の伝播流入，さらには板碑文化そのものの隆盛期における拡散現象として甚だ学問的関心を呼ぶのである。しかし，現存の遺品を手掛りとするだけでは史料的にも限界があり，専ら石質と形式面の特色から関東地方との関連性を強調するに止まっているのが実情である[2]。

1　中国地方出土の青石板碑

　鳥取・岡山県以西の中国地方5県には現在板碑が160基ほど発見されているが，この中で現存する緑色片岩製の青石板碑は次の5基である。

　①正応4年（1291）阿弥陀三尊種子板碑
　　　　（広島県三原市西町，万福寺）
　②永仁5年（1297）釈迦種子板碑
　　　　（岡山県真備町箭田，真備町公民館）
　③康永3年（1344）阿弥陀三尊種子板碑
　　　　（広島県尾道市尾崎本町，大元氏宅）
　④延文5年（1360）阿弥陀種子板碑2基
　　　　（岡山県真備町箭田，真備町公民館）

　①と③は上部および両側面に欠損があって原形を知り得ないが，②④の岡山県真備町公民館に現存する3基は頭部山形とその下に横二条の切り込みを有した，いわゆる青石塔婆形式の遺品であり，とくに①と②の2基は共に造立年次が13世紀までさかのぼることが注目される。それはこれら両基とも広島・岡山県において板碑としては最古の紀年銘を有するからで，同地方に板碑文化の流入した時期を知らせる意味からも貴重なのである。ただ，両遺品ともその後同地方に展開した板碑文化との関連から言えば，甚だ孤立した存在であることも否めない。広島・岡山県とも石造文化の主流は地元産石の花崗岩製の遺品であって，その花崗岩からなる上房郡有漢町垣字大石の高雲寺跡に存する嘉元3年（1305）銘の像容板碑が，周知のように鎌倉時代に近畿地方を舞台にして活躍した伊派石大工によって製作されていることを考慮すると，上の緑色片岩製板碑は同地方のものとは異系統で，しかも他所から移入された可能が極めて高いと言わねばならない。ただその際，中国地方の場合は瀬戸内海を挟んで四国と対峙している関係から搬出地として徳島県が比定される。かつて永山卯三郎氏も岡山市浜田町の報恩寺に旧在した貞和4年（1348）銘の青石板碑について「岡山県固有の物とは言い難し」と評され，四国徳島県からの伝来品であることを示唆された[3]。

　しかし，徳島県に分布する板碑と前掲の中国地方にある青石板碑とを対比した場合，その系統性

についてはいくつかの疑問が生じてくる。確かに徳島県吉野川流域は日本でも有数の緑色片岩地帯で，ここから産出される石材を利用した板碑文化は文永7年(1270)銘の名西郡石井町下浦にある阿弥陀三尊種子板碑の存在が示すように，中国地方よりは年次的に先行しているが，13世紀末までに造立された遺品はわずかに4基しか存しない。つまり中国地方の正応4年銘や永仁5年銘が造立された頃は，徳島県地方の板碑文化は未だ濫觴期であって，他地方への影響や流出といった事態は想定し難い。また②の主尊に刻された釈迦種子は，同地方から発掘されている有銘板碑219基中に皆無であり[4]，④の延文5年銘2基にある花瓶なども徳島県地方のものと形状を異にしている。したがって，前掲の中国地方にある青石板碑を四国徳島県からの流出物，またはその系統下にある遺品として認めることには躊躇せねばならないが，しかし紀年銘や主尊標識，花瓶にしても現存遺品との対比，あるいはこれらから抽出された一般的知識によって判断されることであって，決して絶対的なものではない。例外的な事実が存すればこれを包摂し得ないこともあり得るわけで，この相対的な比較研究法から導かれた蓋然的知識を少しでも必然的なものに近づけるためには，研究対象自体から解答を引き出すような科学的方法を駆使せねばならない。具体的に言えば，上記遺品の石質を化学的に分析することによって，その原産地を確定する作業が必要となってくるのである。

2 石質分析と原産地の比定

中国地方にある青石板碑の原産地として比定されるのは四国徳島県と埼玉県を中心とした関東地方である。理由は両地方とも緑色片岩の産出地として有名であるばかりでなく，これを使用した板碑が多数造立され，しかもその中には前掲の遺品より年次的に先行するなど，早くから青石板碑文化の展開が見られるからである。したがって石質

の分析に当たっては，埼玉・徳島の両地方から現地の緑色片岩を採取し，これに中国地方の青石板碑を加えて実験に臨まねばならない。実際は徳島県名西郡石井町で採取した石片2個と埼玉県飯能市旧在の青石板碑[5]，それに前掲岡山県真備町公民館所蔵の延文5年銘1基から削り取った石粉の4試料を準備し，山口大学名誉教授岡村義彦博士に石質の分析を依頼した。実験は各試料をすべて粉末にしX線回折によって組成鉱物やその量比を同定する方法が採られたが，その結果は表1に示す如くである[6]。

各試料とも緑泥石や曹長石，藍閃石などは同定されるが，白雲母，パラゴナイト，石英になると，これを含むもの含まないものなどの差異があって，同じ緑色片岩でも変成度や鉱物組成に地域差のあることが判明する。鉱物組成の種類やX線チャートによる量比などの差異に注意しながら各試料の異同を指摘すると，岡山県真備町と埼玉県飯能市旧在の板碑から採取された試料は，主成分として緑泥石，曹長石，藍閃石，白雲母が共通して含まれ，後者にはさらに少量の石英も同定される。これに対し徳島県石井町の試料は，2種類とも緑泥石，曹長石，パラゴナイト，藍閃石を主成分とし，これに少量の石英，クリノゾイサイト(緑簾石の一種)，方解石などが同定される。したがって，岡山県真備町および埼玉県飯能市の試料と徳島県石井町のそれを並べた場合，前者は後者には同定されない白雲母を含むが，反対にパラゴナイト，石英，クリノゾイサイト，方解石などを欠いており，双方には鉱物組成上の違いのあることが判明する。すなわち，問題の岡山県真備町の試料は距離的には近い徳島県よりも，埼玉県飯能市旧在の板碑から採取された試料に，鉱物組成や量比の面で近似していることを告げているのである。

さらに今回は上の実験を補強するために，埼玉県内3カ所の緑色片岩採石地を訪ね，現地から石片を採取し，石質の分析を試みることにした。理

表1 X線回折による分析結果　　　○主成分　△副成分

地域＼組成鉱物	緑泥石	曹長石	藍閃石	白雲母	パラゴナイト	石英	クリノゾイサイト	方解石	緑閃石	ハンベリー石
岡山県真備町板碑	○	○	○	○						
埼玉県飯能市旧在板碑	○	○	○	○		△				
徳島県石井町 (spot)	○	○	○		○	△	△	△		
同 (non-spot)	○	○	△		○	△	△	△		
岡山県旭町	○	○							○	○

表2　顕微鏡観察による分析結果　　○主成分　△副成分

地域＼組成鉱物	緑泥石	緑閃石	緑簾石	曹長石	絹雲母	方解石	スチルプノメレン	黄鉄鉱
①長瀞町野上下郷	○	○	○	○	○		△	△
②小川町下里2区	○	○	○	○	○			△
③小川町下里3区	○	○	○	○	○	△		
④飯能市旧在板碑	○	○	○	○	○			
⑤岡山県真備町板碑	○		○	○	○			

由は前回の実験が真備町所在の青石板碑と徳島県産の緑色片岩が，岩石学的に同一かどうかを確認することにあったため，関東地方採取の試料はわずかに1例しか提示できなかったことによる。製品化された飯能市旧在の青石板碑に加え，同地方の数カ所から標本を採取し，実験目的の完全を期したいと考えたのである。採石地として選んだのは秩父郡長瀞町野上下郷字滝ノ上（通称古虚空蔵）と，比企郡小川町下里二区，および同三区の3カ所で，前者は「青石石材採掘遺跡」として昭和38年に県指定となっており，後者の2カ所は現在も緑色片岩の掘り出しが盛んに行なわれている。採取した標本の石質分析は前回と同様岡村博士に依頼した。博士は各試料を薄片化し顕微鏡で観察する方法を試みられたが，その結果は表2に示す如くである。

①②③の各試料とも鉱物組成，変成度，岩石構造などの点で一致しているのは，採石地が同じ三波川変成岩帯でも秩父長瀞地域という共通性をもっているからである。緑色片岩といっても四国・近畿・関東地方ごとに変成度や組成に地域差のあることは表1からも知り得ることであるから，表2はいわば予想通りの結果と言えよう。ただ，同一地域でも個々の標本により鉱物組成の上で多少の差を生じることは，方解石，スチルプノメレン，黄鉄鉱などの副成分の有無によって知れる。また岡村博士は上記3試料の分析に加えて，④飯能市旧在板碑と⑤岡山県真備町板碑についても顕微鏡観察を試みられたので，これも併わせて表記することにした。X線回折で藍閃石と同定されたのが顕微鏡では緑閃石と観察され，さらにX線では確認されなかった緑簾石が顕微鏡で同定されるなど，双方の分析方法には微妙な違いも存するが，表2に示す如く，①②③と④⑤の各試料は岩石学的に同じ部類，同一範疇に属することが改めて確認されたのである。すなわち，今回の顕微鏡観察による石質分析においても，岡山県真備町所在の青石板碑は埼玉県秩父地方産出の緑色片岩によって製作されたことが明らかとなったのである。

3　おわりに

岡山県真備町公民館所蔵の青石板碑3基は，大正年間に同町下二万字矢形の地蔵鼻から出土した逸品である[7]。これ以前の様子は知り得ないが，同じ石質からなる整形板碑は岡山市浜田町の報恩寺にも旧在しており，上の1カ所のみから出土しているわけではない。また，広島県三原市万福寺の正応4年銘は同寺が三原八幡宮の宮寺であった関係から，明治の廃仏毀釈まで同社の御神体として祀られてきたことなどを勘案すると，中国地方に現存する青石板碑が後代の移入とは言い難い。むしろ，これらよりも60年ばかり前に関東地方で発生した青石塔婆形式の板碑文化が，その後の隆盛によって遂には関東という地域的な枠を越え，全国に波及したものと考える方が自然であろう。頭部山形と横二条の切り込みという特殊形式をもって関東地方からの文化的伝播・波動と解するならば，その痕跡はすでに13世紀中頃から見られる。山口県宇部市にある文応2年（1261）銘の板碑などはまさしくこれに該当するが，石材は地元産の石灰岩を使用しているのに対し，前掲の正応4年銘以下の5基は，関東の秩父地方から産出される緑色片岩を使用しているところに，その後における板碑文化の急速なる進展を窺うことができる。恐らくは製品化された板碑を遠く中国地方にまで運んで造立した可能性が高いのである。

註

1) 服部清道『板碑概説』16頁，角川書店，1933
2) 久保常晴「北海道応永板碑は関東型である」考古学ジャーナル，89，1973
3) 永山卯三郎『続岡山県金石史』141頁，岡山県金石史刊行会，1954
4) 石川重平・河野幸夫「阿波の板碑」（『阿波学会30年史記念論文集』所収，1985）付録の「阿波板碑年表」による。
5) この板碑は現在田中雅信氏（山口県下松市在住）が所蔵している。
6) この結果はすでに拙稿「岡山県真備町の青石板碑」（徳山大学論叢，33，1990）で発表している。
7) 同上拙稿参照

中世の埋経と納経

立正大学大学院
山川公見子
（やまかわ・くみこ）

> 16世紀の埋経と納経は宗教行為としては同様のものであるが，細かに検討すると納経の方が埋経に影響を与えていることがわかる

埋経と納経を考古学的にとらえた場合，その遺構主体部は，埋経では土中であり，納経では地上につくられた施設である。これらの行為は古代・中世・近世を通じて行なわれて，それぞれの時代ごとに変化している。今日，埋経と納経は「経塚」という言葉で混同して表わされているが，これらの行為の性格の違いを重視した概念である「埋経」「納経」という言葉で，中世の経塚を表現してみたい。

1 奉納経

経典を奉納するという宗教行為は，写経の奉納と読誦があり，この前者の方に埋経と納経は含まれる。埋経は経典を主体として土中に埋納したもので，納経も経典を主体としているが，寺社やその中に設置された特別な施設に経典を奉納することである。ここでは埋経と納経の歴史的な概略を見てみたい。

(1) 埋　経

埋経は，通説で寛弘4（1007）年の藤原道長の金峯山埋経が最古であるが，既発見遺物の報告によると治暦2（1066）年の佐賀県岩蔵寺の埋経をきっかけに北九州地方を中心に流行し，12世紀には近畿地方に，その後，他の地方に展開して15世紀前半まで継続している。この埋経は，貴族や地方豪族が中心に造営し，経典は如法経の作法で書写されている。経容器の主流は銅製経筒で，陶製や石製容器などの外容器を土中に納めてからその中に経筒を納め，その上に塚を造っている。当初の特色としては末法思想による弥勒値遇を願っていたが，13世紀以降は追善供養が主流となる。

次に埋経は，聖が中心の造営者となって16世紀に流行する。この時期の埋経では，経典および経筒は高さ10cm前後とかなり小さくなり，つくりもずいぶん粗雑になっている。目的は追善および逆修供養が中心である。

この埋経の後は17世紀後半より小石に1字ずつ写経した一字一石経が流行する。この埋経は，身分に関係なくさまざまな人々が造営しており，目的も多様化している。

(2) 納　経

納経も古くから行なわれており，古代のものでは久能寺経，慈光寺経，平家納経が有名で，埋経と同様に華美で荘厳なものが主流であった。そして，中世の納経は板碑や納札などにその主旨を書きこの行為を表現しているもの，経筒に経典を納めて奉納したものがある。近世ではこれらをすべて総合した状態で経典の奉納を行なっているのである。

2 中世の埋経と納経

16世紀に流行した埋経と納経は同じ経典を同じ経筒に納めて奉納したものであることから，密接な関係があるといえる。ここではこの両者の性格を分析してみようと思う。

(1) 収納経典と経筒

中世に奉納された経典は，聖によって書写された法華経である。これは細字で一行の文字数も一定しておらず，縦7〜9cmと小さなもので，一日頓写経という方法で書写されたもののようである。この経典を納めた経筒は，銅板製で鍍金を施した身高10cm前後の筒身を持つ円筒形が主流で，この他に六角宝幢形，八角形の経筒がある。

これらの経筒には，その形に関係なく定型化された銘文が刻まれており，次のようなものである。

　十羅刹女　聖
奉納大乗妙典六十六部
　三十番神　旦那
　　　　　年号

経筒の銘文を分析すると次のようになる。

経典は大乗妙典が主流で早い時期には如法経，法華妙典，少し遅れて経王が使われている。その細部の主流は六十六部で，早い時期は六十六部の下に一部，一部所などの言葉が付け加えられ，遅い時期には六十六部の代わりに二部，三部，六部

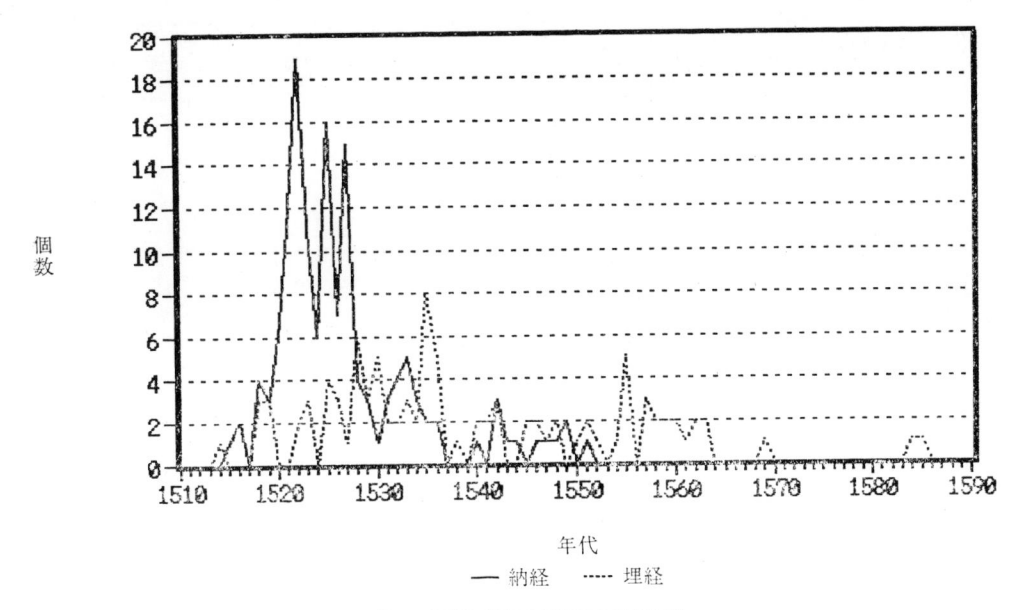

図1　埋経と納経の経筒の年代別個数

などが使われている場合もある。それから，経典および法華行者の守護者として十羅刹女や三十番神以外に釈迦などの種子を書き加えているものもある。銘文にあらわれた人物は，直接の行為者の聖と間接的な立場の旦那，施主がある。聖は埋経および納経という宗教行為のすべてを行なった人物で，複数の名前が書かれていたことなどから集団で行動していたといえる。そして，埋経や納経を数回行なっていたり，埋経も納経も行なっている聖の存在も確認できる。旦那や施主は聖と同じ出身地の人物が多いが，他の地域の人物もいる。聖の出身地の主流は関東・東北地方であるが，これらの中には高野聖や山伏も含まれていたのである。目的は追善および逆修供養であることが多い。

経筒の年号からこの経典の奉納は永正15（1518）年から天文5（1536）年が最盛期で，天文6（1537）年には1件も行なわれていない。その後は奉納が再開され，少ないながらも継続されている。

(2)　埋経遺跡

中世埋経は，古代のものと同様に高さ0.5～2.5m，径が2～10mの塚がつくられる。その主体部はまちまちで，露出したものから地表下2mの間で確認されている。埋納方法は経筒を円筒形あるいは方形の石製外容器，陶製容器などに納めてから埋納したものもあるが，多くは経筒を直接埋納したもので，中には布に包んだり，まわりに粘土や小石を詰めて保護したものもある。小石の中に

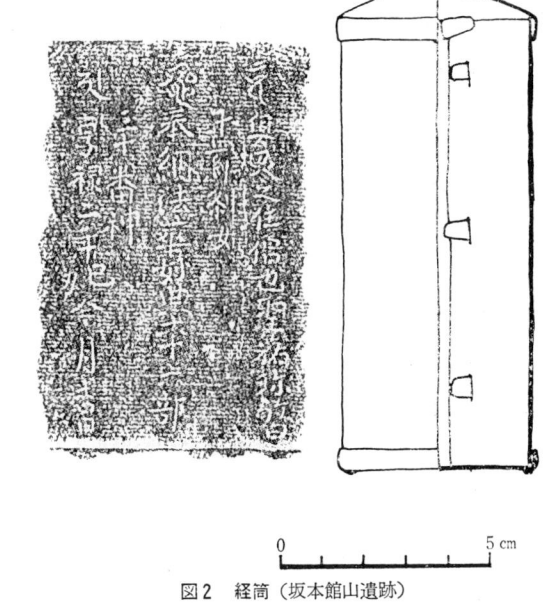

図2　経筒（坂本館山遺跡）
（「宮城県の経塚について」東北歴史資料館紀要，1，1975より）

は写経石もあった。埋経に使われた経筒の多くは円筒形であるが，六角宝幢形，八角形の経筒，長方形の経箱もある。

埋経の副埋品には仏像，仏法具，利器などもあるが，主流は銅鏡と銭貨である。とくに銭貨の出土が多く，これらは宋銭が中心である。その性格は埋経という宗教行為に伴うものであることから地主神に対する報賽銭であるといえる。

この埋経の初現は，六十六部を銘文に使ったものでは山形県羽黒出土の文保3（1319）年の総高

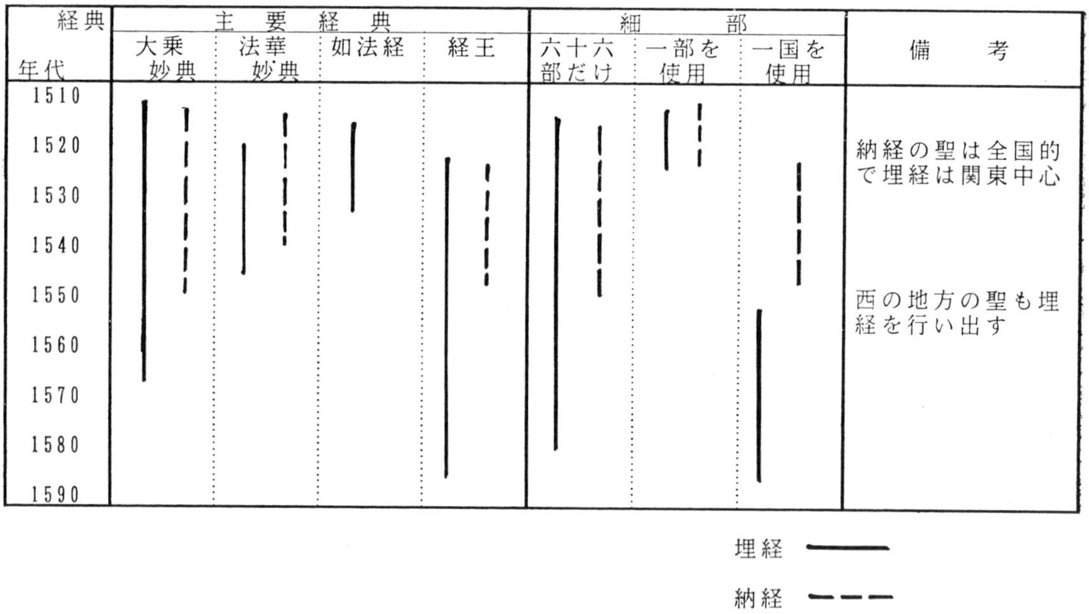

図3　銘文における経典の変化

15.7cmの銅板製円筒形経筒で，三十番神・十羅刹女では新潟県出湯出土の正安元 (1299) 年の身高8.3cmの銅板製円筒形経筒である。16世紀では永正11 (1514) 年のものが初めてであり，その後大永7 (1527) 〜天文5 (1536) 年，天文21 (1552) 〜永禄6 (1563) 年に二度の流行期をむかえ，天正13 (1585) 年を最後に行なわれなくなる。

(3) 納経箇所

納経箇所で調査されたものは島根県大田市の大田南八幡宮の正平17 (1362) 年銘の鉄塔のみで，これには約170個の銅板製円筒形経筒が納入されていた。この鉄塔は高さ186cmで笠形の屋根をつけたもので，塔身の上部には経筒や納札を投入できる小窓があけられ，塔の地下も内径58cm，深さ101cmの円筒形にくり抜いた石筒を埋め込んで経筒や納札を多く収容できるように造られていたものである。

このような鉄塔は，文保2 (1318) 年銘の兵庫県洲本市千光寺の鉄塔，元徳3 (1331) 年銘の栃木県日光市中禅寺の鉄塔，文和4 (1355) 年銘の岩手県平泉町千手院鉄塔があり，記録では正平24 (1369) 年銘の和歌山県那智山にもあったことが確認されている。

大田南八幡宮の鉄塔に納入された経筒の年代的分布は，永年12 (1515) 年が初現で永正15 (1518) 年から天文5 (1536) 年に流行期をむかえ，天文20 (1551) 年を最後に行なわれなくなる。そして，

納経の時期が早いものの方が全国的な規模で聖が納経を行なっており，後ほど関東・東北地方の聖に片寄る。

3 まとめ

中世の埋経と納経を分析した結果は以上のようになる。これらより，16世紀の埋経と納経は宗教行為としては同様のものであることがわかる。しかし，この両者の年代的・地域的分布や銘文の細部の微妙な相違を見比べると納経の方が埋経より先行しているといえる。すなわち，納経の方が埋経に影響を与えていたといえる。中世の埋経は，形式は古代の経塚の模倣であっても，本質は13・14世紀に行なわれた六十六部の回国納経から派生したものといえ，いわゆる経塚ということができないのである。

参考文献
石田茂作「経塚」『考古学講座』2〜6，1926
三宅敏之「経塚研究の現況と課題」日本歴史，290，1972
坂詰秀一ほか「特集・経塚研究の現状」考古学ジャーナル，153，1978
関　秀夫『経塚の諸相とその展開』1991

中世の葬送と呪術

元興寺文化財研究所
藤澤典彦
（ふじさわ・ふみひこ）

葬送における呪符とくに物忌札は本来は陰陽師の受け持ちであったが，14世紀に入る頃から僧侶の手に移り，仏教的なものに変容する

呪術とは何らかの異常事態に対する処方であり，人間の力では如何ともしがたい事を呪作・呪文・呪符などの作用により可能にする方法である。人間の生の営みの中で最も如何ともしがたいものは，老・病・死である。とくに死は非日常の極みであった。死をめぐる一連の営みはまさに呪術の関与すべき分野であった。本稿では，考古遺品としてその痕跡を残している札・符を通して死をめぐる呪術について考えてみる。

1 物忌札の挿立

人の死を眼前にして，まず問題になるのが穢れの発生である。穢れの観念は平安貴族の中で次第に醸成されてゆき異常なまでに細かい規定が作られるようになった。平安貴族の日記を見ると穢れにいかに対応するか腐心している生活ぶりがうかがえる。穢の発生要因を整理すると死穢・殺人穢・五体不具穢・改葬穢・発墓穢・産穢・傷胎穢・胞衣穢・妊者穢・月事穢・失火穢・灸治穢・喫肉穢・喰五辛穢・獣死穢・獣五体不具穢・獣産穢・獣傷穢などになる。要するに，人間をも含めた動物の誕生と死に係わる出来事なのである。平常と異なる秩序の生起の発端が異常と認識されている。

人が死ぬと様々な儀礼が行なわれるが，後世に遺物として遺るものの中でまず第一に行なわれるのが物忌札の挿立である。物忌札は古くは9世紀に遡る物が平城京で出土している。平安時代を通じて文献的にかなりの例が見られる。それらを通観すると，物忌札挿立の状況には次の二つの場合がある。

1. 物忌の期間であるとか，神事に携わる予定などのために穢れに触れないようあらかじめ物忌し，外からの穢を防御する場合。
2. 穢に触れたので，その穢が伝染しないために注意を喚起し，穢を封じ込める場合。

さらに，平安時代末になってから見られるのが葬送に伴う物忌札である。これは2の場合の展開したものだが，単に穢を封じ込めるためではなく，葬送儀礼の中に位置づけられているところがそれまでとは異なる。

葬送儀礼のどの時点で物忌札が挿立されたのであろうか。

『本朝世紀』天慶2年（939）2月13日条
又内裏中重垣，昨日下女俄死去，仍自今日諸陣立簡，神事諸司不可参入之由也，

『小右記』長和5年（1016）4月11日条
甲申〜中略〜伺雨隙欲参入之間，下人子童〔七歳〕，落入井中，驚而令取出，經暫程僅取出，已溺死，令立札，

などでは，死後すぐに簡・札が立てられている。物忌札とは記されていないが，平城宮跡で出土している物忌札と変わらない物を想定できるだろう。しかし，これらは葬送儀礼の一環ではなく，単に死穢拡大の防止措置でしかない。

『玉葉』養和元年（1181）12月11日条の，
今日初七日也，（仍）付物忌，然而強不堅固，今日僧侶皆着甲袈裟，是先例也，但講師不着表衣也，

この「物忌」は物忌の時に冠や衣服に付ける小型品で，簡自体をも物忌と称した事が貴族の日記などに散見される。柳の枝を削った長さ3分ばかりの大きさであったと考えられる。ここでは初七日にあたり物忌を衣服に付けることが行なわれており，門前に立てる札ではないがこの記載からそれまでの物忌習俗が葬送と結合している事が確認される。

『明月記』の建久3年（1192）3月19日条には，
巳時参院，衣冠 毎日御講託人々退出程也，初七日講筵不被始已前，被立御誦經使，（中略）頭中将帯弓箭伺候，無指役身伺候，還有憚，仍退出，殿下自昨日御宿也，今日下被付御物忌云々院御所付之，立物忌簡，

この七日は後白河院の初七日の事であり，12世紀末の時点で貴族の世界においては葬送に伴う物忌札の挿立が知られる。

127

『今昔物語集』巻第16—5には，

　鷹取りが仲間に裏切られて鷹の子を取られ，自分は岸壁の中に置き去りにされてしまう。家族には海に落ちて死んでしまった事にされるが，観音が変身した大蛇に助けられ，「漸く歩て，家に返て門を見れば今日，七日に当たりて，物忌の札を立て門閉たり。門を叩き，開て入たれば，妻子，涙を流して，先ず返来れる事を喜ぶ」という話がある。

同じく『今昔物語集』27—23には，

　今昔，播磨の国□□の郡に住ける人の死にたりけるに，其後の拈など為させむとて，陰陽師を籠たりけるに，其の陰陽師の云く，今某日，此家に鬼来たらむとす，努々可慎給しと，家の者共此の事を聞きて，極く恐ぢ怖れて，陰陽師にそれをば何かが可為と云へば，陰陽師，其日物忌を吉く可為也と云ふに，既に其日に成りぬれば，極く物忌を固くして，其の鬼は，何より何なる体にて可来なりと，陰陽師に問ければ，陰陽師，門より人の体にて可来し，然様の鬼神は横様の非道の道をば不行ぬ也，只直しき道理の道を行く也と云へば，門に物忌の札を立て，桃の木を切り塞ぎて，口法をしたり，而る間，其の可来しと云ふ時を待て，門を強く閉て，物の迫より臨ば藍摺の水干袴著たる男の笠を頸に懸けたる，門の外に立て臨く陰陽師有て彼ぞ鬼と云へば，家の内の者共恐ぢ迷ふ事無限し……

とある。「人の死にたりけるに，其後の拈など為させむとて」陰陽師を呼び「門に物忌の札を立て」たのであり，この時点も初七日と推定できる。

これらの物忌札挿立の時は初七日であった。

次に時代は降るが『伏見上皇御中陰記』には，

文保元年九月三日寅刻。法皇有御事。自一昨日御悩御危急。終以及珍事云云……

四日　今日有御葬礼事……

十五日　今朝被立御物忌札於門々。御簾等同付之。

十六日　今日二七御仏事也　広義門院御沙汰也。毎事如初七日　御諷経幄并散花机等如例。御導師圓伊法印。今日例時之後被曳御遺物　各八種也。（中略）今日又被立御物忌札。

とある。文保元年は1317年に当たる。この場合は初七日と二七日に物忌札が挿し立てられ，以後中陰明けまで物忌札の記載はない。

『師守記』康永4年（1345）2月12日条には，

今日日佛供養如例

今日被立物忌札　門内，入夜撤之，二七日前日又可立之，其後不可立也，先例也，（中略）札様，長三尺許也，椙也，

　　【梵字（バン）　物忌】（物忌札の図）

籠僧空一房被書之

とみられ，初七日と二七日に物忌札を立て，以降は立てないのが先例であるとする。同じく『師守記』康永4年（1345）4月18日条には，

今日物忌　小門内　入夜撤，初七日札也，今日以後不可立之，延慶・正和・嘉暦等例也，

とみられ，物忌札を挿し立てるのは初七日のみであり，そのことは延慶年間（1308～1310）以来の事だと記す。

『親長卿記』の文明3年（1471）の記事には，二七日の仏事に物忌札を立てたが，初七日には立てず，この件について筆者は「不審」と記している。

これらの諸史料を見るとき物忌札を挿し立てたのは初七日と二七日であり，初七日だけの場合も多かった事が知られる。

物忌札を葬礼に際して挿し立てるようになるのはいつ頃であろうか。先出の『今昔物語集』の場合はいずれも庶民の話であり，『今昔物語集』の成立した時期にはすでに庶民の間にも物忌札を挿し立てる風習のあったことがわかる。『今昔物語集』の成立時期はほぼ12世紀の間に収まるであろうから，貴族の間の葬送における物忌札の挿立の風習もさらに12世紀の初期から11世紀に遡及する可能性も十分あるだろう。

2　物忌札と辟邪

では物忌札は何のために挿し立てられたのか。先述の『本朝世紀』『小右記』の記載では死穢の拡大を防ぐ事がまず第一義であった。長々と引用した『今昔物語集』の27—23の場合は物忌札挿し立ての意義がよく現われている。この史料以外にも『今昔物語集』の27—35に「葬送の所には必ず鬼あり」，27—36にも「死人の所には必ド鬼有りというに」という文言がみられ，葬礼の場あるいは墓には鬼が寄り付くものだという時代の通念があり，その鬼が入ってこないように物忌札が挿し立てられているのである。物忌札に辟邪の威力があったのである。

ではどうして物忌札で鬼を追い払う事が可能であったのか。そこで参考になるのが『拾芥抄』の記載である。

> 迦毘羅衛國中有桃林，其下有一大鬼王，號物忌，其鬼神王遺，他鬼神不寄，爰大鬼神王誓願利益六趣有情，實吾名號者，若人宅物怪屢現，悪夢頻示，可蒙諸凶害之時，臨其日書吾名立門，其故他鬼神不令来入，書吾名令持人，人如影可令守護，

『江次第抄』一　正月には，

> 物忌鬼神王之名依其人年有可慎之日，件日禁一家之出入也，

この史料に見られるように物忌とは鬼神王の名前でもある。鬼瓦の顔で寺院に寄り来るまがまがしきものを追い払うのと同じ論理である。物忌札は訪問する人間に対して物忌中である事を示すための札から，葬送儀礼の一環に取り込まれる事によって，札自体が威力を有した辟邪の札に性格転換しているのである。

3　葬送の呪符

以上，長々と物忌札について述べたが，葬送に際して，呪術が関与するのは物忌札だけではなく，葬送儀礼の最初から最後まで多くの時点においてである。そして札も物忌札だけではなく様々なものが作られる。その具体的な様相が元興寺に残されている「入棺作法」という「正平七年午三月吉日」(1352)の奥書を有する次第書により知られる (図1)。〔この紀年銘は干支が異なり，問題がある。「平七」の部分が傷んでおり後から墨が入れられている。午年なら正平9年であり，本来は九とあったものが後の墨入れで七に替わったと考えられる。〕

それによると人間が死んで埋葬されるまでに様々な時点で様々なタイプの札類が作られている。図1は20～21頁の見開きの部分である。ここには，

> 一　死人枕立符形退魔縁
> 一　死人立門符形魔王百万鬼打返
> 　□□病死□房口押之不移人
> 一　死人　忌時庭中立之魔王百万鬼打返
> 一　死人出門立符

の5種類の符が記載されている。

他の頁には，

> 一　狂乱死人棺胸上曳覆符形
> 　　　　　　門戸立

として図2の符が載せられている。符と呼んでいるが，「立之」の表現から挿し立てるように下部を尖らせた札であったと考えられる。これらの符の内容はすべて葬送に関わるもので，様々な時点で様々な状況に合わせた符の作成を指示している。これらの符の内容を見るとき，近年各地で出土している様々な呪符の中に葬送関係のものも存在すると考えられる。

鳥羽離宮遺跡第124次調査では同大の呪符が2点(図3)と，それよりやや大型の呪符の破片2点が一括出土している。

鳥羽離宮遺跡周辺は古代末の貴族達の墓所であり，遺品も供養に関係する遺物が多く見られる。とくに124次調査では卒都婆・柿経(こけきょう)が多く出土しており，この呪符もこれら柿経と一括の遺物と考えるべきで，葬送・供養に関係する遺品と考えられる。伴出の柿経は下部が尖っており，挿し立てられるもので，おそらく墓上に立てられたと推察される。同大の呪符2点はいずれも釘穴があり，その内の1枚の背面には「西」の墨書がある。お

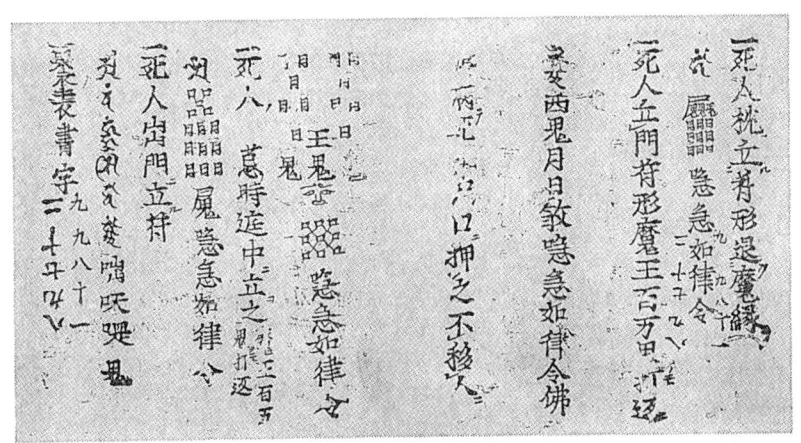

図1　「入棺作法」(1352年)

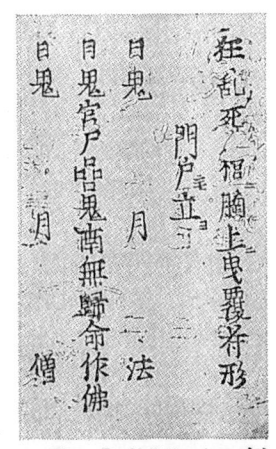

図2　「入棺作法」(1352年)

図3 呪符（鳥羽離宮跡）
『鳥羽離宮跡発掘調査概報』（昭和62年）より

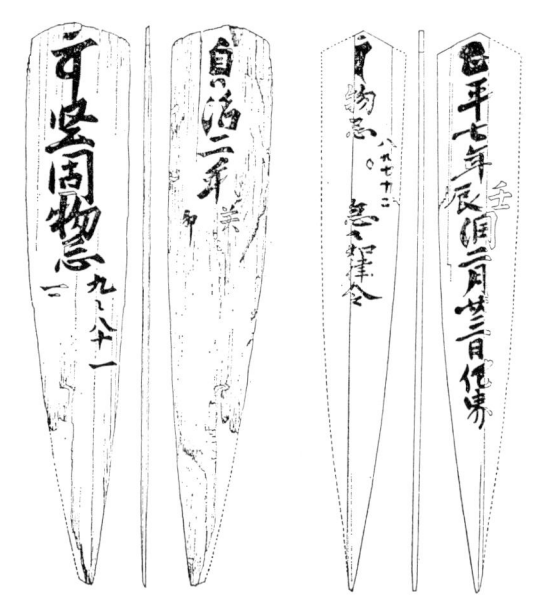

図4 物忌札（元興寺）

そらく本来は同サイズの札が4枚あり，何らかの施設の四方に打ち付けられていたと想定できる。四方に配すことの背景には結界・辟邪の意識が読み取れる。墓の釘貫あるいは墓塔（木製の塔もあった）などの四方に打ち付けられたと考えられる。この札も物忌札と同様に辟邪の意義を有するものであった。

福島県長沼町の南古館遺跡出土の呪符も笹塔婆などの供養関係遺品と伴出しており，葬送・供養に係わる遺品の可能性が強い。

4　物忌札と僧侶

物忌札の作成は本来は陰陽師の受け持ち分野であり，平安時代においてはそれらの札が陰陽師により作られていたことが文献的に明瞭である。僧侶と共に葬送に関与する陰陽師の姿が見られる。葬送の中で陰陽師の受け持ち分野は物忌札をはじめとする様々な札類の作成，葬列の出発の時刻・方角や墓の立地に関する事など様々な方面にわたる。

しかし，前掲の『師守記』康永4年(1345)条に，

　　札様　長三尺許也　楢也
　　　　【梵字（バン）　物忌】（物忌札の図）
　　籠僧空一房被書之

と見られるように，14世紀の時点では物忌札は僧侶の手で作られるものに変化している。元興寺の「入棺作法」は表紙右下に「東林院」と記され東林院の什物である。『大乗院寺社雑事記』には15世紀後半に東林院に属する僧達が物忌札を書して

いる事が奥野義雄氏により指摘されている。この本は東林院の僧達のテキストなのである。ここにみえる符の案文にはほとんど梵字が配されている。また元興寺には多くの物忌札が残されているが，それらにも伝統的な陰陽道の文言の上に梵字が配されている。元興寺の物忌札には正平7年(1352)，貞治2年(1363)，応安7年(1374)，応永6年(1399)，応永27年(1420)，文安2年(1445)など14世紀中期から15世紀中期までの紀年銘がある（図4）。先の『師守記』に見られるように14世紀に入る頃から物忌札は僧侶の手に移ってゆき，純粋な陰陽道的文言に仏教的梵字が加わり，仏教的なものに性格を変化させてゆくのである。

以上，葬送における呪符とくに物忌札を中心に考えたが，物忌札以外に葬送における呪符の問題はまだまだこれからの研究課題である。物忌札以外にも葬送に伴う呪符がある事、呪符の用途の弁別が今後の課題である事を指摘して本稿を閉じる。

参考文献
奥野義雄「物忌札とその世界　神祇的と仏教的物忌の二つの画期をめぐって」どるめん，18，1978
奥野義雄「『大乗院寺社雑事記』にみる物忌札とその周辺」どるめん，18，1978
和田萃「呪符木簡の系譜」木簡研究，4，1982
難波俊成「元興寺極楽坊所蔵の呪符をめぐって」元興寺仏教民俗資料研究所年報1968，1969
難波俊成「物忌札」『日本仏教民俗基礎資料集成』4，1977

中世の葬場

■ 恵美昌之
名取市教育委員会

中世における葬送・墓制の調査研究で，墳墓群と関連する遺跡（遺構）として葬場跡があげられる。葬場についての研究は，文献史学や民俗学の立場からの研究はみられるが[1]，考古学的な方面より検討されたものは少ない[2]。最近，都市工学的な見地から考証を試みられたものがある[3]。

1 葬場について

文献上，古代では葬場のことを三昧場といったが，平安時代には，山作所と呼ばれた記録もみられ[4]，中世以降，火葬の普及から荼毘所，火屋，龕堂などと呼ばれていた[5]。

また，葬送儀礼で遺骸の安置所と遺骸を処理する葬所から成っていたことや葬儀葬場での様子なども『古事類苑』禮式部1～4の記録から知られ，これに関し玉腰芳夫氏による古代末の堀河天皇火葬場推定図復元[6]や室町時代の1494年（明応3）編『諸回向清規式』巻第四「諸葬礼法之部」火屋の図解[7]などを理解しておく必要があろう。

いずれにしても，中世の葬送儀礼は古代以来の仏教文化の布教に伴う仏式葬法の伝統を継承するが，とくに中世では鎌倉新仏教の台頭と展開が拡大し，土葬・火葬を問わず新仏教に対応した葬法へ転化する中で，葬法行為に阿弥陀聖[8]，三昧僧[9]，蓮台廟聖[10]などのような僧侶がかかわりを増し，次第に寺院と深く関係をもつようになっていったことが知られる。

2 葬場跡の考古学的調査

現在まで全国各地から発掘されている墳墓群にかかわる葬場（的）施設の検出資料については，体系的にまとめられるまでには至っていないのが現状である。

しかし，これまで発見された主な遺跡は，室町後期の火葬炉跡が10余基発掘されたという福井県下河端遺跡をはじめ，土壙墓20基と火葬場1基が検出された大阪府岡本山古墓群D地区[11]，地域集団共同墓地の三昧場と推定の神奈川県橋本遺跡[12]，単発的ではあるが火葬施設が発見されている愛知県荒所切遺跡B区[13]，東京都多摩ニュータウンNo.874遺跡[14]，神奈川県笹目遺跡[15]，福岡県篠振遺跡[16]，火葬施設4基（1回限り使用と同一のものが何回か使用されている）が発見された愛知県加美遺跡[17]，荼毘に付した土壙を土砂で埋め墓とした荼毘墓が検出されている静岡県一の谷・大原遺跡[18]などがあげられる。

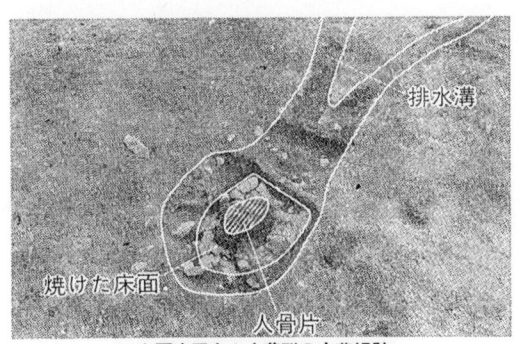

大阪府岡本山古墓群の火葬場跡
（高槻市立埋蔵文化財調査センター提供）

中世では，当然土葬に関係する葬場もあったと思われるが発見例の報告がみられず，火葬場の例が多い。

ここで火葬場の具体的な遺構の例を紹介するに，岡本山古墓群D地区の場合，火葬土壙は縦1.6m，横1.2mの小規模な円形を呈し，深さ0.25mの床面もU字状にくぼみ，窯壁状に硬化し，土壙南端に排水溝が取り付いて広い範囲に灰原がある。ちなみに火葬土壙のまわりの上屋遺構跡までは検出されていない[19]。

3 まとめ

中世の葬送・墓制における葬場について，文献史学の研究では，天皇・皇后および臣下貴族並びに武士，僧侶など上層部に関する資料の分析で，ある程度知ることができるが，考古学上文献記録で把握しえない火葬墓の全国各地への普及および一般庶民への浸透の痕跡を検証することができる。

したがって，中世墳墓群にあっては，墓域の把握に合せて，墳墓のみならず，それに関連する施設の発掘など総合的に調査研究を展開させる必要がある。

註

1) 水藤　真『中世の葬送・墓制』吉川弘文館，1991
　田中久夫『祖先祭祀の研究』弘文堂，1978
2) 斎藤　忠「葬送儀礼」『現代のエスプリ』No.111，至文堂，1976
　藤岡謙二郎ほか「火葬場」『講座考古地理学』第4巻，学生社，1983
3) 浅香勝輔・八木澤壮一『火葬場』大明堂，1990
4) 『古事類苑』禮式部，吉川弘文館，1970
5) 註4)に同じ
6) 玉腰芳夫「古代日本のすまい」ナカニシヤ出版，1980
7) 『大正新修大蔵経第81巻』大正一切経刊行会，1931
8) 『栄華物語』巻25
9) 『水左記』承暦5年（1080）7月27日
10) 『左経記』長元8年（1035）6月25日
11)～18) 日本考古学協会編『日本考古学年報』32～40，1982～1990
19) 森田克行「大阪府岡本山古墓群」歴史手帖，14－11，1986

仏具の鋳造

■ 荒川維久
八王子市南部遺跡調査団

近年における歴史時代の考古資料の充実には，眼を見張るばかりであるが，その中でも鋳造関係は，とくに資料集積と，それに基づく研究の進展著しいものがある。

この分野は，香取秀真氏などに始まる長い研究の歴史があり，とくに遺物研究の分野では，梵鐘や磬，あるいは密教法具など，主として仏具関係を中心に，決定版とも言うべき著作が刊行されている。

しかし鋳造技術と，その関連する遺構については，具体的な資料分析の点で，あるいは広い範囲から見た鋳物師の活動に対する認識において，必ずしも明確なものではなかったように思われる。

このような状況のなかで，香取忠彦氏の論文「大型鋳造技術に関する一資料」（『MUSEUM』第317号，1977年）には，梵鐘鋳造の技術的問題を絵画資料から論じており，画期的な意義があった。

そして1981年の京都府の研修会資料『梵鐘鋳造遺構の現状とその諸問題』と，1984年の『古代研究』第17号の特集「梵鐘鋳造遺構」は，1970年代から徐々に増加しつつあった発掘資料を概観する上で，まさに時宜にかなったものであり，研究上重要な文献と考えられる。

また，京都大学埋蔵文化財研究センターによる『京都大学構内遺跡調査研究年報　昭和57年度』などの報告書は，調査方法に一定の規準を確立したと言っても過言ではなく，事実，同センターは研究会の主催を含め，現在では鋳造遺跡研究の中心的存在である。

これらの精力的調査・研究と，全国規模で日々増大する資料により，梵鐘など大型鋳造土坑と溶解炉の位置的相互関係，その排水処理および鋳型の保持方法，あるいは鋳造関係用具の形態・組織・使用法などについて，かなりの部分が明らかになってきた。

とくに，橿原考古学研究所によって奈良県東大寺と巨勢寺において綿密な調査がなされ，寺域内における鋳造例として優れた資料が明らかにされている。これらのデータは鋳物師集団の出職としての活動を研究する上で，愛知県大山廃寺や福井県豊原寺跡における成果とともに注目すべきものである。

また居職としての鋳物師集団の活動については，先駆的な報告がなされた鉾ノ浦遺跡から観世音寺前面を中心とする，福岡県太宰府市のものが充実している。ここで検出された居住空間を伴う鋳造工房群は，まさに集団的活動を必要とした鋳物師の生活形態を想起させる，貴重な資料である。

そして現在では，一部，文献の方で論じられていたような鋳物師集団の性格についてのデータが蓄積されるなど，より深化した研究が始められている。

たとえば河内鋳物師に関連して，豊富な考古資料に加え，西日本に広く分布する河内鋳物師の製作にかかる梵鐘など，単なる遺跡単位の報告を越えて多様なデータが検討され，今後の展開が期待される。

これらの，関西を中心とした鋳造遺跡研究に対して，関東以北においては鋳型などの遺物については資料があるものの，生産にかかわる遺構の検出など包括的資料の検出は，やや乏しかった。しかし最近，福島県の向田A遺跡を始め，良好なデータが報告されている。とくに，埼玉県の金井遺跡B地区において，多くの鋳造遺構に建物跡，井戸跡，粘土採掘坑跡などを伴う，中世鋳物生産の顕著な事例が発見された。

遺物は，仏教関係に日用品関係を含む，極めて多量でしかも多彩なものであり，遺構についても鉾ノ浦遺跡と同様，工房の全体像復元に充分なものを有している。

この大規模な鋳造工房の発見は，文献に残らない鋳物師集団の存在が想定されるものとして，全国でも特殊な資料であり，新たに定義された"入西鋳物師"の活動を明らかにする端緒となるものである。

以上のような鋳造遺跡に関する成果は，生産遺跡の資料としてのみならず，伝世の文化財を歴史的文脈のなかに位置づける上でも，きわめて重要なものと考えられる。

梵鐘鋳造遺構（『京都大学構内遺跡調査研究年報　昭和57年度』より）

● 中世を考古学する

生産と経済

中世において土器の生産と銭貨の流通はどんな状況にあっただろうか。いずれも資料は増加しているが今後の研究方向をも示す

中世の土器・陶器／埋められた銭

中世の土器・陶器
——中世前半の在地産土器様相——

東京都教育委員会
■ 福田 健司
（ふくだ・けんじ）

中世土器編年を確立していく上で骨格となる在地産土器である須恵系土師質土器・瓦器・山茶埦についてこれまでの成果を述べる

1 在地産土器

　中世前半の土器編年に限らずある地域の土器編年を行なうためには，まず最初にその地域で連綿と作り続けられる在地産土器の型式的変遷を的確にとらえ，緻密な相対的前後関係を明確にすることである。この作業が土器編年の一歩であり骨組となるはずである。

　近年，各時代の土器編年の中でもとくに奈良・平安時代の土器編年が，全国各地で確立されはじめている。この時代は，律令体制下であり，土器生産には何らかのかたちで国家が関与しており，地域ごとであるが土器様式に斉一性が見られる。中でも須恵器はこの時代の土器生産の根幹であり，とくに杯・埦・皿などの器形・法量の変遷はとらえられやすく，それゆえこの時代の編年・研究が全国各地で進んだと思われる。

　しかし，平安時代も後半の10世紀末頃になると律令体制の弛緩とともに，土器生産の根幹であった須恵器生産も全国的に終焉にむかい，11世紀に入ると須恵器に代わる土器が全国各地で一斉に頭角をあらわしてくる。それは，須恵器の流れを組む土器すなわち須恵系土師質土器と命名した土器

である[1]。この土器は，今のところ北海道・沖縄をのぞく全国各地で出土しており，器種構成などに一応斉一性が見られる。また，この土器に加え，畿内では瓦器，東海には山茶埦が出現してくる。

　以上のことを踏まえ，古代末期から中世にかけての土器編年を行なう骨組は，先に述べたように在地生産で連綿と続くこの須恵系土師質土器の相対的な型式変遷を確立することであるが，この土器は，律令体制が崩壊する過程で頭角をあらわすものであり，それまでの須恵器・土師器生産と違い，恐らく国家的規制よりはずれ，小地域の小規模な生産体制で製作されており，器形の変遷も微妙かつ複雑で，在地産の土器でありながらこの須恵系土師質土器を編年の基準とするには，非常な困難が伴う。それとともに，この土器が出土する古代末期から中世にかけての良好な遺跡の調査例の少なさもあって精緻な土器編年を組む上でのさまたげとなっている。

　過去，数少ない中世における土器編年は，古くから美術史的に研究が進んだいわゆる六古窯を中心としたものであった。近年，全国各地に広域に流通している，それらの器種を模倣した各地の中世

窯が明らかとなり，供伴する在地産土器に年代を与えた編年が増えている。

しかし，在地産土器と共伴する中世窯の壺・甕はかなり伝世されることを考慮する必要があり，単純にこれら搬入陶器の年代を賦与することは短絡的であり，正確なタイムスケールとしての土器編年でないと考える。

以上，今後精緻な中世土器編年を確立していく上で骨格となるべき在地産土器である須恵系土師質土器・瓦器・山茶埦について，現時点までの成果を大まかであるが述べてみる。

2　須恵系土師質土器

つい最近まで，古代末期から中世を代表する在地産土器は，畿内は瓦器，東海では山茶埦，そして東国は須恵系土師質土器と考えられてきたが，橋本久和氏を中心とする中世土器研究会の諸氏により，九州・四国・山陰・山陽を含む西日本はもとより畿内までも須恵系土師質土器（橋本氏は回転台土師器）が分布していることが判明した。東海は，この時期の集落の調査例は少ないが2～3の遺跡[2]で山茶埦とともに須恵系土師質土器が出土しており，東国を含めると全国に在地産の須恵系土師質土器が存在していることとなった。

では，この須恵系土師質土器とはいかなる土器であろうか。関東では，その出現は須恵器出現と同時か，それに近い時期である。しかし，古墳時代は日常品でなく少量しか生産していない。奈良時代中頃に多く出土するが，奈良時代後半から平安時代前半までは，須恵器生産がマキシマムになるため少量の生産である。この土器が頭角をあらわしてくるのは平安後期の須恵器生産が終了してからである。この土器は，独自の器種・器形はなく，須恵器が生産されている頃は，須恵器の器形・法量をそっくり模倣している。しかし，11世紀に入り須恵器が生産されなくなると，その模倣の対象をまだ生産されている緑釉・灰釉陶器にむける。そしてそれらが生産されなくなると木器・山茶埦（図1参照）を模倣するようになる。

図1の1・3・5は，恐らく平安時代より神饌用の木器として器形・法量を保っていると思われ

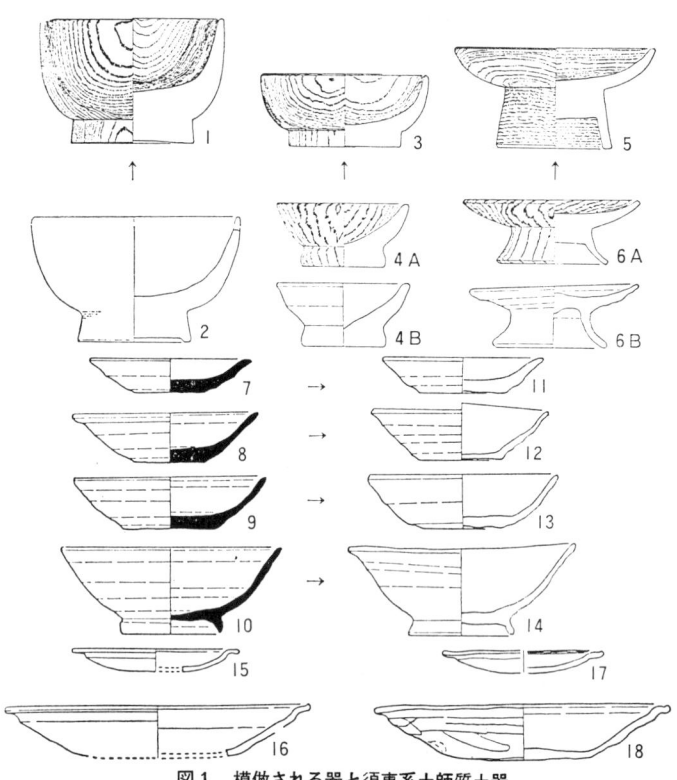

図1　模倣される器と須恵系土師質土器

る東京都府中市の大国魂（おおくにたま）神社の白木椀・小椀・高皿である[3]。それが証拠に2は，埼玉県入間市の9世紀中葉の新久（あらく）窯より出土した木椀であるが，若干の法量差はあるものの1と瓜二つである。そのことを逆に見るならば4B・6Bの須恵系土師質土器は，3・5のような木器の祖形4A・6A（模写図）を模倣したものであろう。次に7～10は山茶埦であるが，それらを模倣した須恵系土師質土器が11～14である。器種・器形・法量を寸分たがわず模倣している。

以上のように，須恵系土師質土器はいろんな土器または木器を模倣する土器である。本来土器は，どのような器形でも作り出すことのできる土で作られるため，金属器・輸入磁器など入手困難な器を模倣するものである。もう一つ東国の須恵系土師質土器が模倣するものに，京都系「て」の字状口縁皿がある。これは，11世紀後半頃に17・18[4]にみられるように15・16のような京都産の皿をそっくり模倣した皿が東国でも出土する。この皿が1世紀たつ間に体部外面中央に稜を有し，体部下半から底部にかけて指頭による押えを施す皿へ変容すると考えられるが，今後この間の資料の増加を待ってこまかな変遷を考えていかなければならない。

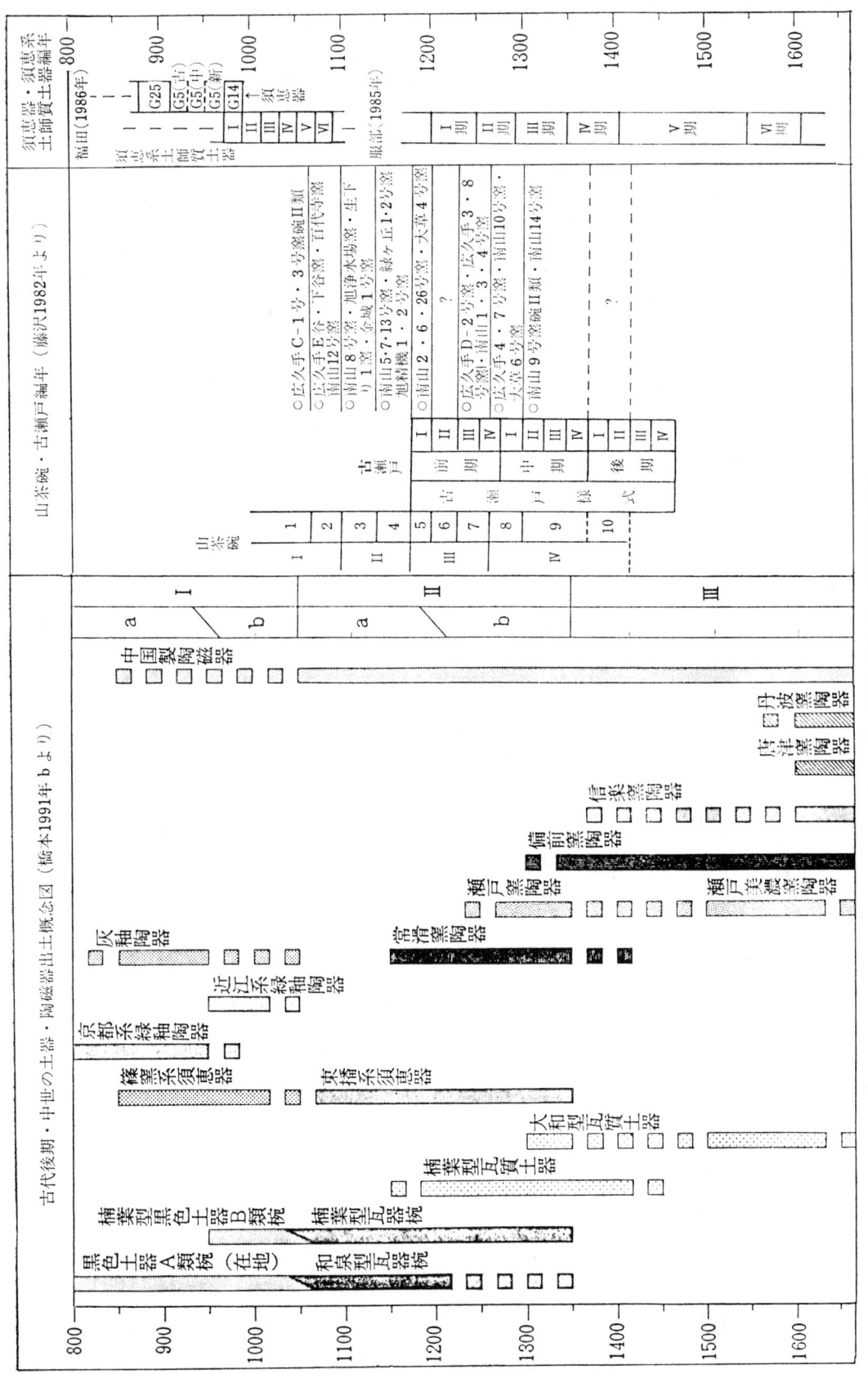

図2 畿内・東海・関東における古代後期〜中世の土器編年表

この須恵系土師質土器の体系的な編年は皆無であるが，唯一服部実喜氏の「鎌倉旧市域出土の中世土師質土器―所謂かわらけの編年を中心に―」[5]がある。鎌倉という当時の都市における地域内での変遷で，12世紀末から17世紀初頭までを7期にわけているが（図2参照），各期の時間幅が一定でない。また，10世紀末から11世紀末までの編年で，南武蔵という限られた地域内であるが筆者が行なっている[6]。10世紀末から11世紀末までを20年幅で6期に細分している。しかし，服部氏との編年の間に約1世紀空白がある。その後，その間を埋めるべく土器群を検討し，後半はおぼろげなる感触を得たが[7]，12世紀前半の須恵系土師質土器の資料が，当時東国ではまったく不明であった。現在も須恵系土師質土器に限らず今だもって12世紀前半の土器群が，全国で最後に残った空白の時期の土器群である。

3　瓦　　器

　橋本久和氏は，最近大阪北部の古代後期・中世の土器様相を発表した[8]。その時期をⅠ～Ⅲ期に大別し，Ⅰ期・Ⅱ期をa・bに2分し，さらにⅠa期を1～4，Ⅰb期を1～2，Ⅱa期を1～5，Ⅱb期を1～5に細分している。しかし，Ⅲ期は，今後資料を待つとしている。実年代は，Ⅰ期は古代後期で9世紀から11世紀中頃，Ⅱ期は古代末期から中世前半で11世紀後半から14世紀中頃，Ⅲ期は中世後半で14世紀後半から16世紀までとしている（図2）。区分の指標であるが，Ⅰ期は律令的な法量分化にもとづく器種構成の崩壊，和泉陶邑窯における須恵器生産の衰退により黒色土器生産の活発化，畿内周辺部での回転台土師器の盛行化。Ⅱ期は，Ⅰ期の主要器種であった黒色土器・回転台土師器の消滅，それに代わる瓦器埦・東播系須恵器の生産・流通としている。

　以上のように，畿内の中世前半の土器編年の骨組となる在地産土器は瓦器である。橋本氏は，上述の編年とともに，瓦器埦についての現在までの研究についても発表している[9]。それらによると瓦器は黒色土器より系譜がたどれ，11世紀中葉頃に出現して14世紀中葉で消滅する土器である。瓦器埦は，現在楠葉

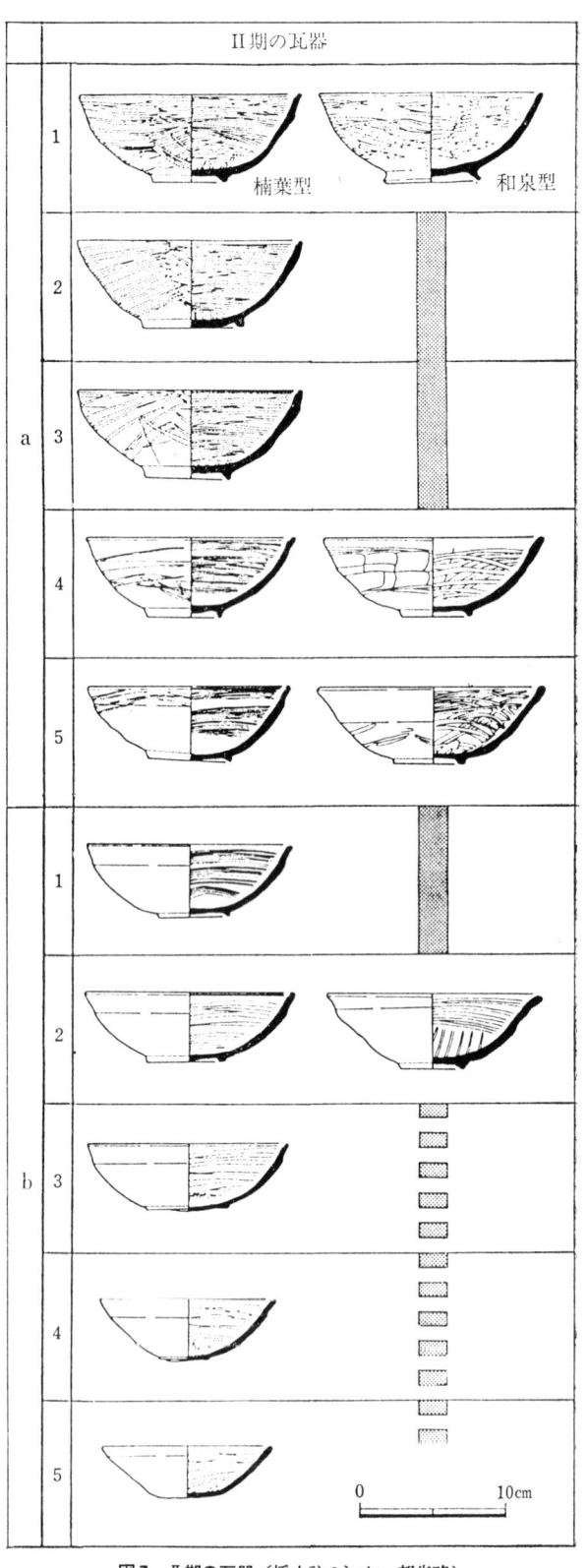

図3　Ⅱ期の瓦器（橋本註9）を一部省略）

型，大和型，和泉型，紀伊型，丹波型の5つの地域型に分類されている。黒色土器より瓦器への道は単純でなく，楠葉型は，黒色土器B類埦から移行する形態。和泉型は，黒色土器A類埦からB類埦生産を十分に経ることなく移行したもの。他に黒色土器A・B類埦生産が未分化な状態で移行したものがあると若干わかりにくい説明がされている。成形法も楠葉型埦は，粘土板の接合痕が体部にほぼ垂直にみられ，1枚の粘土板を折り曲げて成形。和泉型は粘土板紐巻き上げである。

これら瓦器を橋本氏は，古代末期から中世前期Ⅱ期の中でa・b2期にわけ，さらに10小期に分類している（図3参照）。

4 山茶埦

現在，山茶埦の編年でまとまったものに藤沢良祐氏のものがある[10]。藤沢氏によれば，山茶埦は灰釉陶器生産が終了した後出現したものでなく，11世紀中頃の灰釉陶器生産の中より生み出されたものである。そして，受容層が拡大する中で大量生産化が進み，無釉化・粗雑化すると考えられる。山茶埦は，灰釉同様専業化が進んでいたので型式的変遷を追いやすく，藤沢氏は11世紀中頃から15世紀前半までをⅣ段階10型式に分類している。

Ⅰ段階の山茶埦は灰釉が施されており，古代灰釉陶器同様の器種が残存する。窯体構造も灰釉とほとんどかわらない。Ⅱ段階になると原則的に無釉となり胎土も粗雑化し，ほとんどが山茶埦専業の生産体制となるが，古代灰釉陶器の器種も残存している。一方，窯数が爆発的に増加し，窯体構造も増大化する。これは，受容層が在地小農民層にまで拡大したことに起因しているが，その分布は東海地方に集中する。Ⅲ段階には，東海南部（瀬戸窯中心）のそれまでの荒肌手山茶埦と違い，北部（東濃諸窯中心）に均質手山茶埦が出現し，広範に流通する。それらは，埦・小皿の専業生産である。瀬戸窯は，山茶埦と施釉陶器が併焼される。そして東海地方では，上記に加え，施釉陶器である古瀬戸，無釉の焼き締め陶器である常滑・渥美の分業関係が明確化される。Ⅳ段階は，山茶埦専業が施釉陶器と併焼だったものが，山茶埦専業，施釉陶器専業に発展する。しかし，その後山茶埦の生産は徐々に縮小し，衰退していく。

5 むすび

これら三種類の中世土器編年の骨組となるべき土器は，今まで無関係なものとして個別に研究が進んできた。しかし，三者とも11世紀後半の埦は同一器形である。なぜならば灰釉陶器を模倣しているからである。今後は灰釉の系譜上にある山茶埦の研究をさらに進め，共通性を追求し編年を考えていくべきである。

以上，限られた紙面の関係上，他の多くの先学の成果を紹介できないばかりか舌足らずの個所も多く，必ず別稿でくわしく述べるつもりである。末筆となってしまったが，学兄橋本氏より瓦器に関する文献で多大なお世話になった。紙面を借りてお礼を申し上げる。

註
1) この名称の正統性を主張したものは数々あるが，代表的なものは，福田健司「古代末期に頭角をあらわす土器」シンポジウム「土器からみた中世社会の成立」シンポジウム実行委員会（中世土器研究会），1990
2) 篠原英政・吉田英敏『重竹遺跡』その2，岐阜県関市教育委員会，1981など
3) 宮崎 糺・福田健司「大国魂神社特殊神饌の木器について」府中市郷土の森紀要2，東京都府中市郷土の森，1989
4) 東京都日野市落川遺跡出土
5) 服部実喜『中近世土器の基礎研究1』所収，日本中世土器研究会，1985
6) 福田健司「南武蔵における平安時代後期の土器群」神奈川考古，21，神奈川考古同人会，1986
7) 福田健司「12世紀代の須恵系土師質土器」東国土器研究1，1988
8) 橋本久和「大阪北部の古代後期・中世土器様相」『高槻市文化財年報昭和63・平成元年度』高槻市教育委員会，1991
9) 橋本久和「80年代の瓦器椀研究をめぐって」MUSA博物館学芸員課程年報5，追手門学院大学文学部博物館研究室，1991
10) 藤沢良祐『瀬戸古窯址群Ⅰ』『瀬戸市歴史民俗資料館研究紀要Ⅰ』1982

中世の瓦

■ 小林康幸
鎌倉市役所

　現在，中世の瓦に関する研究は全国を視野においた総括的な研究をみるまでには到達していないものの，各地で地域編年の作成や地域的様相の集約などが意欲的に行なわれている段階にある。1980年代までの研究動向については，すでに吉村正親氏がまとめられているとおりである[1]。ここでは日頃，筆者が取り組んでいる関東地方の注目すべき一事例を紹介し，中世瓦研究の一端を明らかにしてみることとしたい。

　神奈川県鎌倉市所在の永福寺跡は源頼朝が奥州平泉攻めから戻った直後の建久3年（1192）に建立した寺院の遺跡である。この永福寺創建期の軒瓦は八葉複弁蓮華文鐙瓦と均整唐草文宇瓦であるが，これらの軒瓦はどこの瓦窯で生産されたものか現在のところ不明であるが，愛知県名古屋市天白区所在の八事裏山窯で焼かれた灰釉のかかった軒瓦と同文関係にあることが確認されている。確実に八事裏山窯産と認定できる資料は鎌倉市内の鶴岡八幡宮二十五坊跡と千葉地東遺跡で鐙瓦が各1点，永福寺跡で丸瓦・平瓦が少量出土しているにすぎない。一方，宇瓦は鎌倉市内には出土例がなく，神奈川県伊勢原市のコクゾウ塚で出土している。この鐙瓦は中房の周囲に蓮華の雄シベを表現したとみられる放射状の特徴的な模様があり，この模様に注目して類例を辿ってゆくとその祖型は平安京域で出土する南都系の瓦に求められる。

　やや時代が下がると永福寺創建期の瓦当文様と同文の瓦は，埼玉県本庄市の浅見山Ⅰ遺跡（早大本庄校地内遺跡），群馬県高崎市の来迎寺遺跡，および福島県伊達郡桑折町の下万正寺遺跡で均整唐草文宇瓦が出土し，埼玉県児玉郡神川村では八葉複弁蓮華文鐙瓦が出土している。ただしいずれの資料も生産瓦窯は不明である。このように八事裏山系瓦の瓦当文様は確実に鎌倉永福寺創建期の瓦当文様へと伝播し，その後北関東や東北南部の各地へと展開を遂げている。その時期は遅くとも13世紀前半頃とみられる。

　ここに紹介した八事裏山系の系譜のほかにも関東地方では，宇瓦の折り曲げ技法を特徴とする平安京系の系譜，13世紀後半から14世紀前半に真言律宗関係の寺院で出土する瓦に共通して見られる東国律宗系の系譜，東山道経由で群馬県の上野国分寺・国府周辺地域にもたらされたとみられる14世紀後半から15世紀中頃の南都系の系譜など，時期や地域によって複雑な系譜関係の存在することが今日までに確認されている。瓦の系譜関係は単に瓦当文様の伝播や模倣といった問題だけにとどまらず，それを製作した工匠集団をめぐる歴史的な問題にも及ぶものである。

　瓦の需給関係については，瓦窯跡の調査があまり進んでいないために明らかになっている事例は少ないが，永福寺の寛元・宝治年間修理期（13世紀中頃）に用いられた平瓦が，平瓦凸面の斜格子の叩き目とそこに表現された文字を手掛りとして埼玉県児玉郡美里町の水殿瓦窯で焼かれたものであることが判明しており，興味深いところである。

　中世の瓦の研究は，まだまだ緒についたばかりで多くの課題をかかえているが，今後の研究の進展次第では寺院の造営事情はもとより，商品流通の問題など多方面の問題を解明する可能性を有しており，中世考古学のなかでも大いに期待される分野であると言える。

註
1) 吉村正親「80年代の研究成果と今後の展望　各論・瓦」中近世土器の基礎研究，Ⅵ，1990

参考文献
拙稿「関東地方における中世瓦の一様相」神奈川考古，25，1989

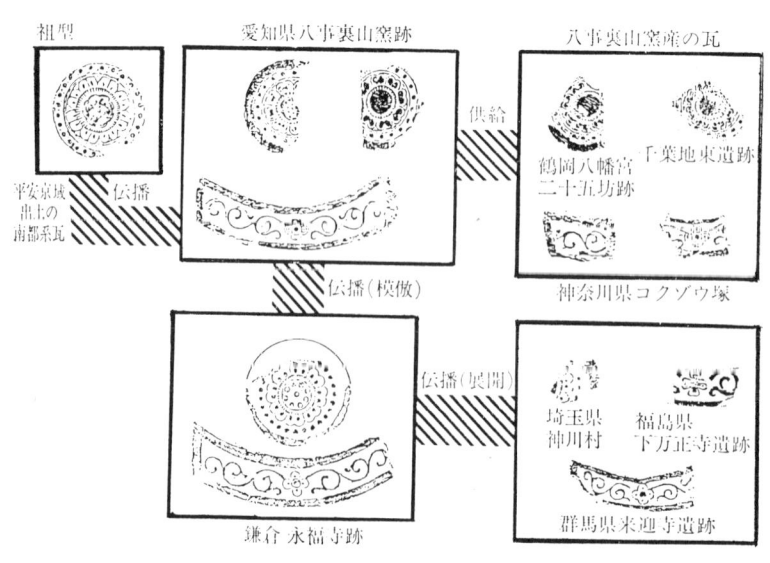

八事裏山系瓦の系譜関係

埋められた銭

埼玉県埋蔵文化財調査事業団
■ 栗原文藏
（くりはら・ぶんぞう）

出土古銭は遺構などの年代の上限を示しており重要であるが，とくに備蓄銭は最も顕著で多くの問題をふくんでいる

1 備蓄銭

中世の遺跡からは，かなりの割合で古銭が出土する。数枚のこともあれば，多量のこともあるが，歴史時代の発掘が増加している状況の中で，その扱いは重要度を増している。古銭に関する研究は，泉貨（銭貨）学と呼ばれるが，わが国ではややもすると，趣味上の事柄として見られていた感が強い。その関心も珍品などに置かれていたようであった。「古銭を愛する人の事」という話が『耳嚢』に載っている[1]。「江戸内町人に右古銭を商買取遣りして豊かにくらせるもの多くある」などの記述があるので，かなりの愛好者がいたことがわかる。正徳2年(1712)常州増井村（現常陸太田市）正宗寺から出土した古銭については，60種，230余貫の分類した数値が残されていて，最新の銭貨は朝鮮通宝1であることも記録されている[2]。これらから江戸時代すでに，相当の水準に達していたことが知られるのである。

さて，埋められた銭のうち，最も顕著なのは備蓄銭である。備蓄銭は文字通り万一に備えて蓄えておいた銭貨に対する呼称である。備蓄銭という種類の銭貨がある訳ではない。近ごろ，渡来銭という用語が広まっているが，渡唐銭というのが歴史のある用語である。備蓄銭の出土例は，全国では4桁の単位に上ると推定されるが，発見の理由は長いこと開墾や耕作中が第1位を占めていた。昭和30年代に入ると，水道工事や下水工事などによる出土が目立って来る。その後は土採など開発に伴う事例が増加し，近年では発掘調査中の出土例が際立っている。ようやく備蓄銭の出土状態の一端が明らかになって来た。以下主な発掘例について，紹介する。

2 主な発掘例

青森県浪岡城例[3]

史跡整備のため，昭和52年から発掘調査が行なわれているが，昭和59年度の調査により内館中央の北端から検出されている。埋納遺構は東西に長い不整方形プランで深さ15cm以上，建物遺構の床面に掘り込まれた可能性が高いが，掘り下げ面は確認できなかったという。容器などは認められず，藁状のもので覆われていた形跡が部分的に認められたようである。出土した銭貨は55種5,971枚，最新の銭貨は永楽通宝で，約8％強を占めている。注意深い処置により，1緡の枚数について，次のようなデータが得られている。87枚・89枚・91枚・93枚・94枚・97枚・98枚——以上1緡，99枚——5緡，100枚——36緡，101枚——3緡，102枚・119枚——以上1緡である。

岩手県笹間館例[4]

圃場整備に伴う発掘調査により，二の郭（東館）の南側中央やや西寄りから出土したものである。埋納遺構は径20cmほどの円形プランで浅く，内部には特別な施設や布や皮といった敷物があった痕跡は認められなかったという。1緡の枚数が確認出来たのは，99枚・100枚・102枚——各1緡で，他に粗掘中に動いた160枚があるという。合計すると461枚になるが，この数行下には，38種462枚と記載されている。出土貨幣一覧表から算えると463枚であり，別な頁には464枚と4通りの記述がある。最新の銭貨は永楽通宝である。

新潟県石白例[5]

道路建設により，昭和46年・49年の二度にわたり備蓄銭が発見され，昭和50年に出土地の発掘調査が行なわれているので，状況がよくわかる事例である。出土地は神立城跡の麓に位置しており，古刹泉福寺跡とも考えられているようである。発掘により建物遺構跡や陶磁器類，石臼，金属器なども検出されている。備蓄銭は二度とも，厚さ2.5cm（8分）の大型木箱に納められていた。精査の結果，銭貨は82種271,784枚に上り，最新は朝鮮通宝（1423年）であった。1緡の枚数が確認出来たのは，次の27例である。92枚・94枚——以上2緡，95枚——7緡，96枚——4緡，97枚——7緡，98枚——2緡，99枚——3緡である。

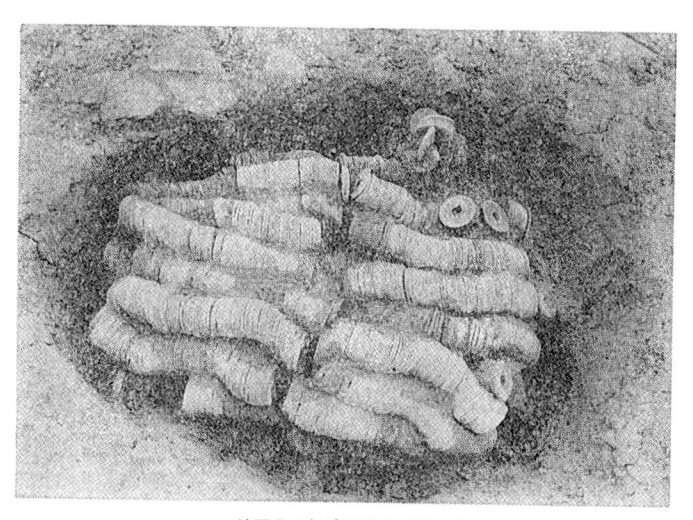

埼玉県山根遺跡出土備蓄古銭

埼玉県山根例[6]

圃場整備に伴う発掘で出土したものである。数mの間隔を置いて3カ所認められ、ピットの底には藁が敷かれ、また藁で覆われていたようである。出土枚数は15,000枚に上ると推定され、1か所分の精査結果によると54種4,458枚で最新の銭貨は宣徳通宝である。これら中世の遺構は、近接する小倉城跡との関連性が指摘されている。

東京都葛西城例[7]

道路建設に伴う発掘調査により、第83号井戸跡から検出されたものである。報告書によると58種4,771枚で最新の銭貨は宣徳通宝である。ただし、一覧表中の末尾の淳元通宝（初鋳年不明）とあるのは、拓本を見ると漢通元宝（初鋳948年）であり、銭種は59となる。出土状態は、井戸の底という特異なもので、そのため1緡の枚数など不明である。井戸の底に備蓄するはずはないし、多分緊急事態に対応するための非常処置であったに相違ない。

京都府東塩小路例[8]

社屋建設に伴う発掘調査中の出土である。左京八条三坊七町に当り、中世には借上や土倉などが活躍した地域である。出土の状況は曲物に納められた備蓄銭2で、30cmほど離れて発見された。精査結果によると、65種、総数31,415枚に上り、最新の銭貨は至大通宝である。本例ではさし銭が丁寧に4段および5段に曲物に納められていた。これを順序よくとり出し、枚数を算えているので、1緡の枚数について、重要な事例となっている。報告書には、実に216緡の枚数が算えられているが、97枚と倍の194枚を中心に、分布が広がっている。

三重県斎宮例[9]

第54次調査で、備蓄古銭が発掘されている。遺構は70cm×45cm、深さ30cmほどで、「底部の差銭には、布目痕が付着しており、おそらく袋状のものに納められていたものと考えられる」という。出土した古銭は49種、総数11,571枚で、最新の銭貨は景定元宝（1260年）である。1緡の枚数は、97枚前後と報告されている。斎宮の末期を暗示しているようである。

広島県草戸千軒例[10]

第29次および第35次に、それぞれ備蓄銭が出土している。第29次では遺構を伴わないようであるが、さし銭は棒状に錆付いているので、箱に納められていたものと見られる。分離されていないが、重量約19kgなので、枚数は約5,000枚と推定される。さし銭は91～98枚と観察されている。銭種は一部を除き不明であるが、明銭は含まれていないようである。第35次では、丸山焼の甕に入って発見され、次のように報告されている。「このさし銭は130束あり、さらにこれが2～10束を一塊とする19のまとまりに分かれていた。これらのまとまりは10束を一塊とするものが最も多く、10束を一塊とするものについては周囲が藁紐で3箇所縛られた痕跡が見られた」。これらのさし銭は、83～107枚にわたりさまざまであるが、97枚が最も多い。総数12,595枚で、明銭は含まれていないようである。

3 六道銭の問題

埋められた銭で事例の多いのは、いわゆる六道銭である。死者に財物を副葬することは古くから普遍的に認められるが、中世には土葬も質素になり、数枚の古銭が見られる程度である。火葬も多くなるが、著しい差はない。「餓鬼草子」に見られるように、遺棄されたこともあったのであろう。六道銭は、俗に三途川の渡し賃と言われるが、このような考えと6枚という数が結びついたのは、当初からのことではない。その広まり方やあり方も、地域によって一様ではないらしい。茨城県屋代B例では墓壙297基中、六道銭の認められたのは16基だけで、寛永通宝は含まれていな

い。枚数は6枚1,それぞれ以下は15例である[11]。
同奥谷例では土坑447基中,六道銭の認められたのは5例である。すべて渡来銭で,枚数は8・6・4・3・1それぞれ1例と非常に少ない[12]。

埼玉県お寺山例は,中世から近世にまたがるものであるが,土壙墓94基中六道銭は53例認められている。火葬墓は25基で六道銭の検出されたのは1例(紹聖元宝1)だけである。枚数は6枚より多いもの6例,6枚29例,6枚より少ないもの19例である[13]。岡山県城が端例は,中世から近世にまたがるものであるが,土葬・火葬墓計57基の調査が行なわれている。六道銭と認められるものは23例検出され,枚数は6枚より多いもの5例,6枚5例,6枚より少ないもの13例である。副葬品も豊富である[14]。六道銭は室町末葉から江戸初期には,6枚を中心に分布を示すようになるが,それ以下の場合は遺存状態が悪いか調査時のエラーと見るのは当らない[15]。6枚以上の場合もあり,皆無の場合も少なくないからである。遺跡ごとのあり方に,もっと注意する必要がある。このほか,埋められた銭貨には,経塚などに伴う例などがある。

4 おわりに

出土古銭の役割で,何よりも重要なのはその遺構などの年代の上限を示していることである。したがって複数出土した場合には,最も新しい銭貨を確定するのが勘要である。下限を考えるのではないから,私鋳銭か否かなどはあまり関係がない。備蓄古銭の調査実例から,省銭は中世から行なわれ,97枚を中心とすることが確実になっている。また,明銭を含まない備蓄銭の場合は,島銭・加工銭などを持っている。永楽銭を含んでいるような場合にはほとんど精銭である。つまり撰銭の対象となった銭貨がどのようなものであったか,自ずと判明するようである。報告書を見ていると,銭名の誤読は珍しくないし,天地逆に置いて,妙な読み方をしている事例もある。今後,正確な観察とともに,古銭発見地の発掘調査など,考古学の立場からの研究が深まることを期待して置きたい。

註
1) 根岸鎮衛『耳嚢』巻之七(岩波文庫)
2) 『近藤正斎全集』第2巻所収

3) 浪岡町教育委員会『浪岡城跡Ⅷ』1986
4) 岩手県文化振興事業団『笹間館跡発掘調査報告書』岩手県文化振興事業団埋蔵文化財調査報告書第124集,1988
5) 湯沢町教育委員会『伝・泉福寺遺跡』1985
6) 植木 弘「嵐山町山根遺跡の調査」第16回遺跡発掘調査報告会要旨,1983
7) 葛西城址調査会『葛西城』1983
8) 京都文化財団『平安京左京八条三坊七町』京都文化博物館調査研究報告第1集,1988
9) 三重県教育委員会ほか『史跡斎宮跡』斎宮跡調査事務所年報1984』1985
10) 広島県教育委員会『草戸千軒―第28・29次発掘調査概報―』1984
    広島県教育委員会『草戸千軒―第35・36次発掘調査概報―』1988
11) 茨城県教育財団『竜ヶ崎ニュータウン内埋蔵文化財調査報告書17』茨城県教育財団文化財調査報告書第45集,1988
12) 茨城県教育財団『一般国道6号改築工事内埋蔵文化財調査報告書』茨城県教育財団文化財調査報告書第50集,1989
13) 鶴ヶ島町教育委員会ほか『お寺山遺跡』1985
14) 間壁葭子「倉敷市城が端遺跡」倉敷考古館研究集報,18,1984
15) 鈴木公雄「出土六道銭の枚数と墓の保存状態」『考古学の世界』1984

● 中世を考古学する

対外との接触・交易

中世における海外諸国との関係・貿易はどんな状況にあっただろうか。元寇，日明貿易，日朝貿易から対外関係をさぐってみる

元寇と考古学／考古学からみた日明貿易／日本出土の朝鮮王朝陶磁

元寇と考古学

福岡市教育委員会
柳田純孝
（やなぎた・よしたか）

元寇防塁はそれぞれの地区によって構造や築造法が異なっており，郡・院・郷を単位とした割り当てを物語っている

1 元寇と碇石

鎌倉時代の二度の蒙古襲来を元寇といい，文永の役（1274）の後再度の来襲に備えて博多湾岸に築かれた石築地のことを元寇防塁と呼ぶ。ここでは，発掘調査の知見をもとに元寇防塁と「蒙古碇石」といわれる碇石を中心にその概要を述べる。

元寇防塁は，博多湾岸の西端にあたる今津から東の香椎まで20kmの長さに築かれた。今津は日向国と大隅国，今宿は豊前国，生の松原は肥後国，姪浜は肥前国，博多地区は筑前国と筑後国，箱崎は薩摩国，香椎は豊後国と九州の九国に2～3kmの長さを割り当てている。鎌倉幕府は，1276年（建治2）3月から半年間で完成させるため，国別に一斉に築造工事にあたるように命じたわけである。

元寇防塁がはじめて発掘されたのは1913年のことで，この時中山平次郎氏によって「元寇防塁」と仮称された用語が一般的に使用されている。防塁の構造が明らかにされたのは1968年からの福岡市教育委員会による生の松原，今津，西新，姪浜地区の発掘調査である。防塁にともなう遺物がないため，その構造や築造法の説明にとどめざるをえない。

2 防塁の構造

生の松原地区は石積みの幅が1.5mと狭く，裏込めに粘土を使用している。これに対し，今津地区では粘土はまったく見られない。石積みの高さは約3m，基底部の幅が3m，上端幅が2mの台形状に築いている。玄武岩と花崗岩で築いているのが特徴で，石材の種類によって構造が異なる。玄武岩の部分はすべて石積みで築いているが，花崗岩の部分は前後を石で積みあげ，中央部の下に砂を入れ，その上に配石して仕上げている。

姪浜地区は砂岩による石積みであるが，基底部の幅が4.0mと広い。西新地区は全面（海側）を幅1mほど石積みした後方の砂丘上に粘土を敷き，その上は粘土と砂の互層となっている。後面（陸側）は粘土を基盤とし，その上に石積みしている。基底部幅が3.4m，後面の粘土帯まで含めると4.7mと広く，この二和土の工法は土木工学的にも注目されている。このように，防塁はそれぞれの地区によって構造や築造法が異なった結果をもたらしている。

ところで，防塁の築造は国中平均に課せられている。「段別一寸」の原則に従い，所領に応じて長さを割り当てたのである。今津地区で花崗岩が

図1 今津地区の石材の接合部（左は花崗岩，右は玄武岩）

長さ4.0m，玄武岩が長さ7.3mといった具合に石材を異にした区間が隣接してつづいているのは，4.0mが所領14町2段分，7.3mが24町3段分を負担したことを示している。このような石材を異にした築造工事区間の長さと大隅国の「石築地役配符案」の負担の割合を対比してみると、おおむね郡・院・郷を単位として1～数区間に分けて築造にあたったと考えられる。一国の中でもそれぞれの割り当てを決め，同時並行で工事を進めて隣接区に接合して仕上げている。

今津地区の復元された長さ200mの区間をみると，防塁は一直線ではなく曲がりくねってつづいているのは，このような分担工事の実態をしのばせるものである。

3 築造後の修理

築造後は『竹崎季長絵詞』に描かれているように分担地区の警備（異国警固番役）や防塁の修理などにあたっており，生の松原地区でその様子を知ることができる。防塁の前のもう一列の石積みがそれである。

石積みの高さは2段，長さが43mつづいている。石積みの基底部は防塁が40cmほど埋まった砂丘上にあり，防塁を保護するため後から作られたことがわかる。これは，修理に関する史料の中の「高」にあたると考えられている。これに対し，「裏加佐」にあたると思われるのが後面の配石である。防塁後方の傾斜面に配石して登りやすくしている。

図2 防塁の断面（上は今津地区，下は西新地区）

石築地役は，防塁の築造や修理にとどまらず楯・簀，征矢，兵船など各種の負担におよんでいる。多々良川の河口に乱杭・切立を打ち込み，船の侵入に備えたのもそのひとつである。このような蒙古に対する警固体制は，弘安の役の後も長くつづく。鎌倉幕府が滅んだあと，南北朝を経て室町時代の初期まで60年余りも史料をたどることができる。

4 居館址

福岡市内の発掘調査で元寇と関連する遺構が検出されている。そのひとつは，南区柏原の方形に区画された居館址である。75×40m，120×70mの二重の濠に囲まれた中に掘立柱建物が配置されており，近くには水田址もある。これは，正応元年（1288）弘安の役で戦死した薩摩国の御家人渋谷有重の子に与えられた筑前国早良郡比伊郷の田畠，屋敷に相当すると考えられている。

今ひとつは，1990年に発掘調査された早良区清末遺跡である。圃場整備事業地内から検出された36×46m以上の方形の環濠内に配置された10棟以上の建物や井戸は，正応2年（1289）弘安の役

143

の勲功で肥前国の田畠などの配分を受けた早良郡の地頭榊定禅の居館址にあたると考えられる。榊定禅は正和5年(1316)に筑前国が分担していた博多前浜の防塁の修理を命じられるなど、早良郡を活動の拠点としていた御家人である。

このほか、1991年に調査された博多区古門戸町の博多第68次地点では、最大幅が6.5m、東西方向に長さ80mほどの石積みが発掘されている。防塁のような整然とした石積みではなく、海側に急傾斜した砂丘上にみられる配石は護岸の捨石ではないかと考えられ、13世紀後半の海岸を示すものであろう。

5 蒙古碇石

1891年に「蒙古碇石」として紹介されて以来、博多湾を中心とした北部九州の沿岸一帯から引揚げられた定型化した碇石がある。長さが2～3mの角柱状で、中央部が広く、両端がやや狭い。中央部に広狭2つの枠帯と溝がある。筥崎宮や櫛田神社境内などに展示されているのがそれである。

博多港の修築工事で1931年の2個をはじめ、博多港出土と推定されるものを含めると17個になる。

博多港以外では聖福寺山門前、旧大乗寺跡地、沖の浜などの現在陸地となっている地点のほか、志賀島沖、唐泊沖からも引揚げられている。定型化した大型品のほか、長さ1mほどの小型品もある。現在、福岡県内では新宮町相の島を含め28個ある。

佐賀県唐津市の湊神社、神集島の住吉神社、呼子町可部島の田島神社のほか伊万里湾の今福沖を含め5個が確認されている。

長崎県では平戸島の志々岐宮の浦、壱岐の芦辺町瀬戸浦をはじめ4個、五島列島の小値賀島の6個など9個のほか、鷹島からは1980年の海底調査以来16個の碇石が引揚げられている。

鷹島の碇石には2種類ある。長さ1mほどの小型のものと2m前後の定型化した大型品である。『竹崎季長絵詞』には和船や元の小船に描かれた小型の碇と人船には碇を巻揚げる轆轤があり、大小2種類の碇石はこれに相当する。鷹島では「至元14年9月造」(1277)の管軍総把印をはじめ陶磁器類などが出土しており、各地で蒙古碇石や元寇碇石と呼ばれている碇石が、蒙古襲来と関連したものであることが確かなものとなった。

しかし、そのすべてが蒙古襲来と関係したものとはいえないようである。中国福建省泉州湾や奄美大島の定型化した碇石がそれを示唆している。

1974年夏泉州から発掘された沈没船は海外交通史博物館に展示されている。復元された沈没船は全長約34.55m、排水量が約374トンで、12世紀ころの貿易商船と考えられている。陶磁器類とともに「丘碇水記」の木簡が出土しており、碇を使用したことが検証されたわけである。

翌年、この近くから全長232cm、中央部に枠帯・溝をもつ定型化した碇石が発見されていたことが1983年に報告された。博多湾周辺の碇石と全く同一のものである。さらに、1988年には288cmと266cmの2個の碇石が発見され、いずれも南宋の時期と考えられている。12～13世紀ころの貿易船は定型化した碇石を装備していたのである。

古代の迎賓館といわれる大宰府鴻臚館の前身・筑紫館は、7世紀以降の文献にみえ、新羅や唐の使節や商船が来航しており、中国商船は9世紀以降数が増えている。

中国商船の寄港地として、842年の肥前値嘉嶋(小値賀島)、945年の松浦郡柏嶋(神集島)、1072年の松浦郡壁嶋(可部島)などの名がみえ、いずれも定型化した碇石が発見されているのは偶然ではない。蒙古碇石とするより、これら中国商船の碇と考えるのが自然である。11世紀以降博多遺跡群では中国陶磁器類が大量に出土しているが、1931年博多港から碇石とともに「張綱」銘の天目碗や古銭が引揚げられたというのもこれを裏づけている。

一方、奄美大島でも定型化した碇石が確認されている。竜郷町秋名の碇石は全長が326cmとこれまで最大とされていた可部島の碇石より大きい。奄美大島は遣唐使船の南路にあたり、碇石の出土は遣唐使船との関係を示唆しているのではないかと思われる。当時の日本には轆轤を装備するような大型船はなく、新羅船や中国商船が遣唐使船のモデルとなっていたと考えられているからである。

このように、博多湾を中心として定型化した碇石には年代幅があることから、蒙古と時期を限定せず、外洋を航海した船が一般的に装備していたものと考えた方がよさそうである。

考古学からみた日明貿易

同志社大学講師
鈴木 重治
(すずき・しげはる)

日明貿易による輸入陶磁器は主に15世紀の勘合貿易と琉球中継貿易
による一群と，16世紀〜17世紀初の青花に代表される一群とである

1　課題の設定

　室町時代の勘合貿易をさして，日明貿易ということがある。狭義の日明貿易であって，15世紀初頭から16世紀初頭までの勘合船による朝貢貿易をさしている。これに対して17世紀前半の明代末期までの私貿易を含めた日明間交易の全体をさすのが広義の日明貿易である。ここでは，14世紀の末から17世紀中葉までの日明貿易のうち，考古学的に重視されてよい遺構・遺物の中から，文化史的にも注目される特徴的な資料を通して，その前後の差を明確に捉えることに課題をおくことにする。具体的には，東支那海を渡って来た明人にかかわる石塔や墓碑をみた上で，日明貿易によって日本に持ち込まれて列島内の各地で普遍的に使用された遺物のうち，大量に出土している陶磁器と渡来銭にしぼって検討しよう。

2　「唐船塔」と明人墓

　博多の筥崎宮の境内には，謡曲「唐船」にちなんだ唐船塔がある。14世紀後半から15世紀前半にかけて，倭寇によって捕えられた被虜人を供養するための石塔である。謡曲「唐船」には，九州の箱崎殿や倭寇によって日本に抑留された中国人の祖慶官人が登場する。明州(寧波)出身の祖慶が，彼を迎えに来た二人の子供によって「数の宝」を代償に，ようやく帰国するという筋の話である。
　この種の史料はほかにもある。応永27年(1420)朝鮮からの回礼使として日本に来た宋希璟は，その紀行集『老松堂日本行録』の中で，対馬の西泊にいた中国江南の台州小旗出身の被虜人について記録している。被虜人については，応安3年(1370)懐良親王が男女70余人を明国に送還したことや，応永の外寇(1419)で対馬を攻撃した朝鮮軍が，抑留されていた明国からの被虜人131人を救出したことも知られている。
　このような状況下での日明貿易にとっては，被虜人の扱いが重要な課題となっていたことは明ら

かである。このことは，明国の海禁政策の中での制約を受けつつ国交を開いた義満が，開始された日明貿易の頭初から被虜人の返還をおこなったことでもうかがえる。『善隣国宝記』によると，義満は応永8年(1401)にいち早く，肥前の豪商肥富を正使の禅僧祖阿に副えて，方物の金千両，馬十疋，扇百本，屏風三双，鎧一領，剣十腰，刀一柄，硯筥一合などとともに漂寄の者幾許人を送還している。1392年に南北朝の合一を実現させて，公武両体制の頂点に立った義満だけに，支配の正統性を国際的に裏づけるためにも，朝貢使節に同行させた商人団による交易を円滑に進める上でも，中国側の要求である被虜人の返還を配慮したことになる。したがって，15世紀の日明貿易での被虜人問題は，重要課題の一つでもあり，日本に抑留中に死亡した明人の供養塔や墓地の考古学的な検討も，博多遺跡群をはじめ九州の発掘調査の検討課題でもある。
　一方，日明貿易の全体を通してみると，15世紀中葉以降の沖縄を舞台とする中継貿易や，16世紀から17世紀初頭の私貿易にかかわった明人海商たちによって盛行した後半期の交易も重視されてよい。勘合貿易の後半に至り，幕府船にかわって大内船が勘合符を独占するという政治的変化に伴って明人貿易商がとみに活躍することになるが，これには明朝の衰退も関与していて大航海時代の余波を受けた，国際的な通貨としての銀の価格差が大きく影響している[1]。遺跡によっても裏づけられつつある生野銀山などの各地の鉱山開発がこの時期に相当する。明人貿易商の日本への期待が銀であったことを示す資料は多いが，当面のテーマでないので言及をさけ，遺跡としての明人墓について触れておこう。
　九州各地に残る明の貿易商人の墓地のうち，5世紀代の大陸系遺物群を出土したことで知られる江田船山古墳のある玉名市内の郭公墓は，土地の人達によって「しいかんさんの墓」とか「唐人墓」とか呼ばれているが，肥後四位官郭公墓とし

て玉名市指定の重要文化財となっている墓である。墓碑には，皇明の二字の下に3行にわたって「元和己未年仲秋吉旦，考濱沂郭公墓，海澄県三都男国珍栄立」とある。副葬品と考えられた出土の蓮弁文青磁碗も市指定の文化財として保存されている[2]。玉名市内には，郭公墓以外にも日明貿易に活躍した明人の振倉謝公墓も検証されている。また，近くの菊池川の川床遺跡からは多量の中国産輸入陶磁器が出土しており，高麗や李朝の陶磁器のほか，安南産の陶片なども採集されていることは注目してよい。川床遺跡の近くには，高瀬津とともに伊倉の丹倍津と呼ばれた良港があったとされ，付近に対明貿易の一つの基地の存在が考えられている。

3 輸入陶磁器と渡来銭

日本列島で出土する輸入陶磁器のうち，多量に出土しているのは，12世紀後半から14世紀前半にかけての青磁や白磁の一群と，16世紀から17世紀初頭にかけての青花（染付）によって代表される中国産の一群とである。この間にあって，国際的には明ギャップと呼ばれて，東南アジアなどの遺跡からの出土例も少ないとされる[3]15世紀代の中国産の貿易陶磁は，列島内でもその前後の時期と比較してはるかに少ないが，徐々に出土例が報告されつつある[4]。前後の時期の資料を概観した上で，特徴的に捉えておこう。

14世紀の前半までの資料のうち，全国的にみて出土量の多いものは次のような資料である。櫛描文青磁碗，鎬手蓮弁文青磁碗，双魚文盤，玉縁口縁白磁碗，白磁口禿皿，天目碗を主体に影青の梅瓶，褐釉壷，黄釉鉄絵や緑釉の盤などから成る中国の江南で生産された陶磁器の一群である。つまり，同安窯系，龍泉窯系，泉州普江窯系諸窯の製品と，建窯や景徳鎮諸窯の製品などによって占められている。これらは，平安京や鎌倉などの中世都市はもとより，東北地方から九州・沖縄までの広範囲の遺跡から出土していて，初期輸入陶磁と呼ばれる古代的な定窯系白磁，越州窯系青磁，唐三彩，長沙銅官窯系の製品などの資料と比較する

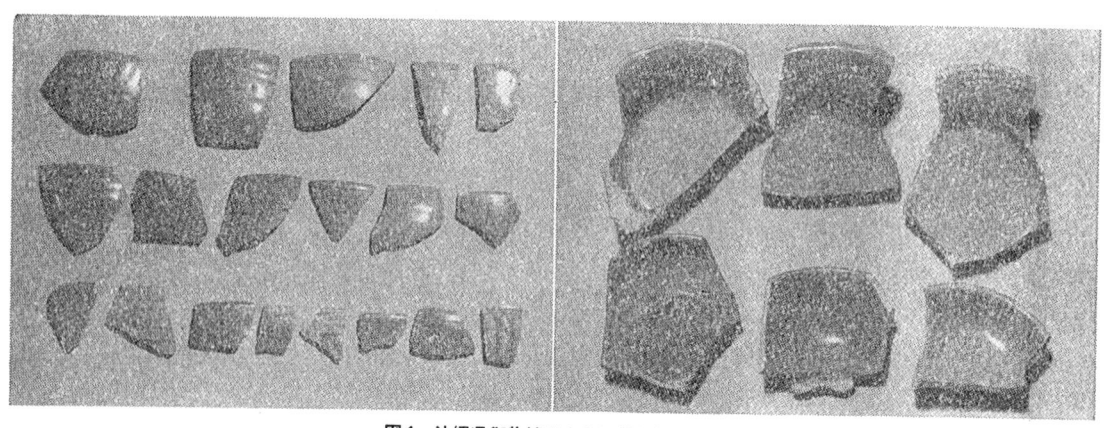

図1　沖縄県御物城出土の15世紀代の青磁

図2　沖縄県御物城出土の15世紀代の青花

図3 京都市相国寺旧境内出土の15～16世紀の青花碗・皿

と，受容層の差を示しながら圧倒的な出土量を誇っている。

一方，16世紀以降の一群は，それ以前と大きく違い，急激に青磁を減少させている。白磁も端反りの皿などに命脈をとどめるものの，圧倒的な量の染付の碗・皿と，上絵に特徴のある赤絵の製品の前には影もない程である。染付の碗・皿についてみると，万頭心や蓮子碗といった形態に特徴を示しながら，草花文，荒磯文，人物文，蕉葉文，飛馬文などと変化に富み，ヨーロッパでカラックウェアーとかスワトーウェアと呼ばれて世界各地に広く受け入れられた芙蓉手の皿や鉢などの変遷のたどれる一群がある。これらは，全国各地の中世城館や，近世初頭の城下町に加えて，近世都市遺跡などから大量に出土している。北海道の上之国勝山館や青森の浪岡城，福井の一乗谷朝倉氏遺跡，和歌山の根来寺坊院跡，大坂城三ノ丸跡，長崎の平戸商館跡，鹿児島の一乗院跡，沖縄の砂川元島遺跡などの出土資料がよく知られている。日明貿易の後半期に，景徳鎮などから明人の貿易商らによって持ち込まれた一群である。

ここで問題となるのが，日明貿易前半期の15世紀代の輸入陶磁器である。勘合貿易によって天龍寺船で輸入されたとみられる天龍寺青磁の花生などはよく知られているが，出土資料となると多くはないのが実状である。青磁だけでなく染付にしても，元様式のあとを受けた明初の製品となると極端に少ない。白磁についても同様のことが指摘される。このような中にあって，とりわけて，古くから注目されているのが，紀淡海峡の友ヶ島沖の海底から大量に採集されている青磁碗を中心とする一群5)と，山梨県下の新巻本村から常滑の甕に納められた状態で出土した染付の碗・皿を中心とする一群である6)。沖縄本島をはじめ琉球諸島の諸遺跡や，平安京とその周辺および九州などの各地からもその出土が知られるようになっているが，いまだにまとまりのある例は少ない。つまり，青磁についてみると，口縁直下に雷文帯をもつ一群の碗や，剣頭文に近い線刻や線描きの蓮弁文を外体部にもち，直口ぎみのやや小形化した一群の碗などである。光沢のある黄緑色の釉を厚くかけた稜花皿もこの時期の青磁として特徴的である。白磁では，白濁のある釉を軟質の陶胎に近い胎土にかけた一群を含めて，重ね焼きのために畳付に数カ所のえぐりを入れた皿や坏などがある。染付の碗・皿では，端反り形態の下半部に丸味をもつ一群で，見込に玉取獅子や十字花文の文様を呉須で画いたものなどが特徴的である。これらの生産地については，線描蓮弁文青磁碗が広東省の恵陽白馬窯7)や新庵三村窯の製品であることが知られるほか，景徳鎮産の染付，徳化窯など福建の白磁が搬入されている。

15世紀代の輸入陶磁器については，中国産以外の製品にも注意する必要がある。対馬，壱岐を含めた九州での出土例が多い朝鮮の陶磁と，沖縄に多く出土し，九州や本州でも知られている安南やタイの陶磁である。博多で検出されたタイのスワンカローク製の双耳瓶と極似する例は，吐噶喇列島の悪石島でも知られている。堺環濠都市遺跡出土のタイ陶磁を含めて，琉球王国の中継貿易による資料であろうが，これらを含めて15世紀代の輸入陶磁器には，多くの問題が残されている。

日明貿易によって輸入された銅銭も，注目してよい考古資料である。列島内の各地から出土するこれらの銅銭のうち，中国製の銭貨が圧倒的に多いのは当然であるが，陶磁器と同様に朝鮮製や安南，琉球の銭貨が少量とはいえ含まれている点は注目してよい。つまり，東アジアの交易圏で流通

147

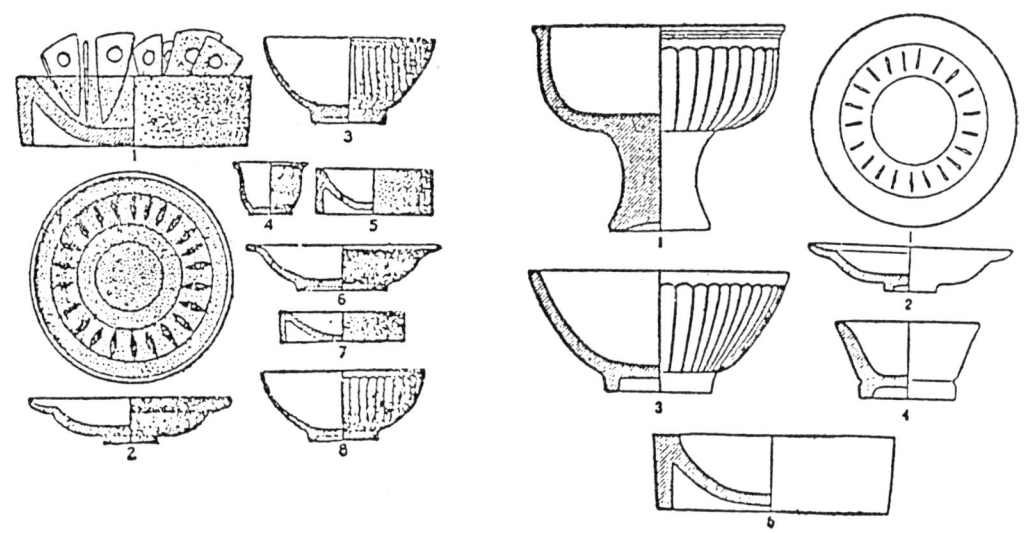

図4　15世紀の明代窯址から出土した「線描蓮弁文青磁碗」など
（左：広東省恵陽新庵三村窯，右：広東省恵陽白馬山古窯出土資料）（註7文献より）

した貨幣としてだけでなく，輸入陶磁器と同様に，中継貿易がおこなわれたことをうかがわせる点で重視される。ちなみに，日明間の勘合貿易は19次までが知られているが，琉球王国が派遣した朝貢貿易船は171次に及んでいて，中継貿易を受け入れた明国側の状況をよく示している。

日本の各地で検出される渡来銭のうち，埋納状態がよく残り，しかも量的にまとまった枚数の銭貨を出土することで備蓄銭と呼ばれている一群の銅銭についてみると，銭種区分を目安に，2つの類型があることがわかる。そのうちの新しい類型に属する一群が，広義の日明貿易による渡来銭である。

つまり，京都の祇園で出土した[8]東播の魚住窯産の甕に埋められていた大量の銅銭や，平安京左京八条三坊七町で出土した曲げ物に納められていた例[9]は，嘉定通宝や至大通宝などの南宋や元の銭貨を下限とする一群であり，浪岡城，笹間城，葛西城跡，秋山遺跡などの東北地方から関東地方の例や山陰地方の宮尾遺跡の例などは，それぞれ朝鮮通宝，洪武通宝，永楽通宝，宣徳通宝などの明代の通貨を下限としている一群である。つまり備蓄銭には，元代までの通貨を納めた一群と，永楽通宝によって代表される大量の明代通貨を納めた一群の2つの類型が認められる。

これらの埋納銭のうち，浪岡城の例がそうであるように，無文銭がかなりの部分を占めていて，私鋳銭の多いことが指摘されていることは注目してよい。貨幣経済の展開の中で，京銭と呼ばれて

南京周辺で鋳造されたとする私鋳銭が，日明貿易によって大量に持ち込まれ，それらが日本で鋳造された私鋳銭とともに，撰銭の対象となっていることは，日明貿易を通してようやく東アジア交易圏の中に位置づけられた日本列島が，すでに大航海時代の余波をまともに受けつつある情況をうかがわせている。

大量に出土しているとはいえ，陶磁器や渡来銭は日明貿易によってもたらされた交易品のうちの一部である。輸入されたほかの文物の検討と合せて，日本からの輸出品の中国での考古学的検討も残された課題といえよう。

註

1) 濱下武志「銀の流れでつながれた世界」世界の歴史，67，1990
2) 玉名市教育委員会『玉名市の文化財　総集編』1974
3) 三上次男『陶磁の道』岩波新書724，1969
4) 鈴木重治「京都出土の中国産輸入陶磁器―14C・15Cを中心に―」貿易陶磁研究，1，1981
5) 西山要一『紀淡海底採集の中国陶磁器』北村文庫会，1975
6) 小野正敏「山梨県東八代郡一宮町新巻本村出土の陶磁器」貿易陶磁研究，1，1981
7) 広東省文物管理委員会ほか「広東恵陽新庵三村古瓷窯発掘簡報」考古，1962―4，曽広億「広東恵陽白馬山古瓷窯調査記」考古，1962―8。なお広東省博物館には白馬窯址出土資料が陳列されている。
8) 柴田　実「祇園町古銭出土地」『京都府史蹟名勝天然記念物調査報告』第13冊所収，1932
9) 京都文化財団『平安京左京八条三坊七町―京都市下京区東塩小路町―』1988

日本出土の朝鮮王朝陶磁

京都市埋蔵文化財研究所
■ 堀 内 明 博
（ほりうち・あきひろ）

朝鮮王朝陶磁の出土は，施釉陶器が16世紀代の各地の遺跡で
普遍的にみられ，17世紀前後に至って白磁が急速に盛行する

近年日本各地の中世城館を始め，戦国期から近世の城下町など都市遺跡の調査の進展に伴い，膨大な貿易陶磁の出土例の中から朝鮮王朝陶磁器の事例の報告がつとに知られるようになってきた。それまでの朝鮮王朝磁磁器の主要な研究動向は，林屋晴三氏に代表される茶道史の立場からの陶磁史が中心として展開されてきた[1]。1970年代後半に入ると，韓国国内での京畿道広州の中央官窯の発掘調査や朝鮮王朝官職内の沙器における文献考証の進展に伴い，鄭良謨氏を中心として生産地側の編年と体系化が進められた[2]。一方，日本国内でも，ほぼ時期を同じくして考古学の分野にも新たな動向が見られるようになった。1982年に九州大学の西谷正氏による九州・沖縄を中心とした高麗・朝鮮王朝陶磁に関する編年と分布・需要層に関する一連の研究[3]がまずあげられる。その後1984年に至って日本各地の遺跡出土の高麗・朝鮮王朝陶磁器の実体を把握するために貿易陶磁研究会により「日本出土の高麗・李朝陶磁」のシンポジウムが開催された[4]。それは各地の報告にとどまらず韓国国内の窯跡の調査に基づく研究も報告され，初めて生産地と消費遺跡出土の朝鮮陶磁に関する総合的な討論がなされた。その後1990年に茶道資料館の開館10周年記念に際し，同資料館と関西近世考古学研究会共催による「遺跡出土の朝鮮王朝陶磁—名碗と考古学—」と題する特別展とシンポジウムが開催された[5]。席上では前回の貿易研究会の成果を踏まえ，さらに全国規模で遺跡出土の朝鮮王朝陶磁器の資料集成を行ない，その編年と出土傾向を体系づけるとともに，伝世品としての高麗茶碗と韓国国内での主要な窯跡出土の同時期の資料をもあわせて総合的に朝鮮王朝陶磁に関する研究を深めるものであった。

今回扱う朝鮮王朝陶磁に関する概要は，この成果によることが多いが，あわせて今後の課題についてもふれてみたい。なお，ここで扱う朝鮮王朝陶磁の時期としては，14世紀末から17世紀前半までの朝鮮前期を主に対象として資料収集を行なったため，その範囲内にとどめたことから，朝鮮王朝中期・後期についてはふれるまでには至っていない。

1 朝鮮王朝陶磁の特徴

遺跡から出土する半島産と考えられる陶磁器には，大きく分けて磁器と陶器がある。磁器には，高麗から引き継いだ高麗青磁と京畿道広州郡の中央官窯製品を代表する白磁がある。陶器には従来から三島と総称されている粉青沙器（粉粧灰青沙器）と現在名称が付け難い灰釉や長石釉を施した文様装飾もない陶胎質の施釉陶器がある[6]。

青磁は，高麗末期の青磁と異なるものが生産地において，広州の一部の窯跡から発見されるが出土量も少なく，器種も限られ，王朝期においては青磁はすでに特殊なものとなっている。国内出土のものの中で博多遺跡群中に同時期に該当するものが見られるが，現在の所広州産と考えられるものは抽出できない。

白磁には，文様のない素文のものや，白磁青花，鉄砂や辰砂で文様を描いたものなどが知られる。遺跡出土のものは，圧倒的多数が素文のものでしかも広州官窯産と考えられるものもわずかにすぎず，その大部分は地方窯の製品と考えられる。現在の所国内の遺跡からは白磁青花の出土例は知られていない。白磁は国内の16世紀後半から17世紀にかけての主要な遺跡から出土するが，とくに堺・大坂・京都などの織豊期の大都市からの出土が目立つ。器種は，碗・丸皿・縁付き皿・壺が大部分を占める。この他特殊なものとして堺環濠都市遺跡出土の白磁牡丹文皿（白磁象嵌文か）の出土が知られる。

磁器にはこのほか，鉄地，辰砂地，飴釉，白磁青磁があるが，出土例はほとんど知られない。

粉青沙器は，粉粧灰青沙器の略称であり，白化粧をすることが基準となっている。その方法として，器表の広い部分を白泥で覆うものと，器表の特定部分に白土を埋めて装飾するものとがある。

粉青沙器には，装飾技法から次のようなものがあげられる。

まず，一般に彫三島と呼ばれる象嵌があり，それには線象嵌と画象嵌とに区別される。次いで，スタンプの形押しにより文様を施した後白土を底に埋めて文様を表現した印花のものがある。それには暦手といわれる雨垂れのような文様を並べた連簾文と，花三島といわれる菊花を繋いだ菊花文とがある。また，素地に白泥を塗った白地と呼ばれるものがある。白地にはさらに調整や施文から白泥を塗った刷毛目の跡を明瞭にとどめたものを刷毛目，俗に彫刷毛目と呼ばれる文様を線彫りした線刻，文様を線彫りして文様の外割部の白泥を搔落し文様を浮き彫り風にした搔落し，鉄釉で文様を描いた鉄絵と呼ばれるものがある。鉄絵は，俗に鶏龍山とも呼ばれる。この他白泥をズブ掛けした粉引きと呼ばれるものや粉引きとは異なり，刷毛目がなく器表の一部に白泥をズブ掛けした無地刷毛目と呼ばれるものもある。

粉青沙器は，遺跡からの出土例として，博多・堺に代表される港湾都市の内の15～16世紀前半の遺跡から顕著に見られ，その器種として碗・皿ばかりでなく瓶・徳利なども知られる。

施釉陶器は，白化粧や文様装飾もない陶器であり，上述の粉青沙器とは異なるが，釉調・成形技法・器形の特徴など粉青沙器と類似点が少なからず認められる。この種のものが今日までの朝鮮王朝陶磁の中で重要な位置を占めたのは，釉色・釉調・器形・高台作りに特徴が見られ，高麗茶碗として取り立てられてきたことによる。井戸，雨漏，堅手，呉器手，熊川，蕎麦，斗々屋，柿の蔕，玉子手などがこの範疇に含まれることになる。国内各地の16世紀から17世紀前半の遺跡から単に灰釉などを施した施釉陶器の碗・皿・瓶の三種類が主要に見られ，遺跡出土の朝鮮王朝陶磁器の主要な部分を占める。この内高麗茶碗としての蕎麦・斗々屋に類似したものが一乗谷朝倉遺跡を初めとする各遺跡群から出土する以外，井戸などに類似したものはほとんど知られない。

2　年代について

国内各地の遺跡ごとの朝鮮王朝陶磁の編年的推移をたどることは，ごく一部の遺跡例を除いて可能性が少ないといわざるをえない。また各遺跡出土の王朝陶磁の出土比率を見ると，比較的量が多いといわれる一乗谷朝倉遺跡や博多遺跡群などでも全出土量の3％くらいの数値にとどまり，これ以外の遺跡では数十片にも満たないのが一般的である。また量的に一括資料として王朝陶磁を扱えるものは16世紀後半から17世紀前半に限られる。このため朝鮮王朝陶磁の編年にあたり，その軸として紀年銘資料と共伴するものや文献資料から遺跡の存続年代が限定される資料を基に陶磁器の年代を組立てることとした。その結果，それぞれの時代の単位ごとに組成に特徴が認められ，王朝陶磁の器種ごとの分布にも共通する様相が見られる。以下，14世紀末から17世紀前半に至る王朝陶磁器の前期を4時期にわけて編年を試みた。

Ⅰ期（14世紀末～16世紀初頭）

器種組成の特徴として，象嵌青磁碗・皿・瓶，粉青沙器印花文碗・皿・瓶など両者とも碗・皿・瓶の三種で構成されていることである。白磁・施釉陶器の出土はほとんど認められない。象嵌青磁碗と粉青沙器碗の特徴としては，低い台高台を有し内弯するやや浅いものから，やや高い台高台を有し口縁がやや外反する深いものへと移行しているのが認められる。文様は印花文を内外面密に配し，胎土目積みの窯積め技法を用いている。この内注目されるものに，博多築港線関係遺跡第3次調査出土の「興」銘粉青沙器象嵌三島手碗と堺環濠都市遺跡出土の「長興庫」銘粉青沙器印花文碗があげられる。この長興庫とは朝鮮王朝の宮中で使用される陶磁器を諸道から進行させ，それを保管した倉庫を示す官司銘で，粉青沙器の需要と供給の関係を知るうえで貴重な資料と言えるものであるが，このように王朝に関連するものがなぜ搬入されたかは重要な課題と言えよう。

主要な遺跡としては，博多・堺などの国際貿易港を初めとして，尾道・草戸千軒などの瀬戸内湾岸の港湾や大宰府・京都の都市遺跡と寺院などである。王朝陶磁の編年では白磁の完成洗練とともに粉青沙器の発展段階に入るが，国内では白磁がほとんど搬入されていない。

Ⅱ期（16世紀前半～後半）

この時期は前期と後期の小期に分けられる。前期の器種の組成は，粉青沙器連簾文・雨滴文の碗・皿が主体となり，象嵌青磁は消滅の傾向にある。器形の特徴としてⅠ期のものよりさらに高台が高くなり，口縁も端反りの深い碗となり，砂積み技法のものが認められる。胎土目積みの白磁や

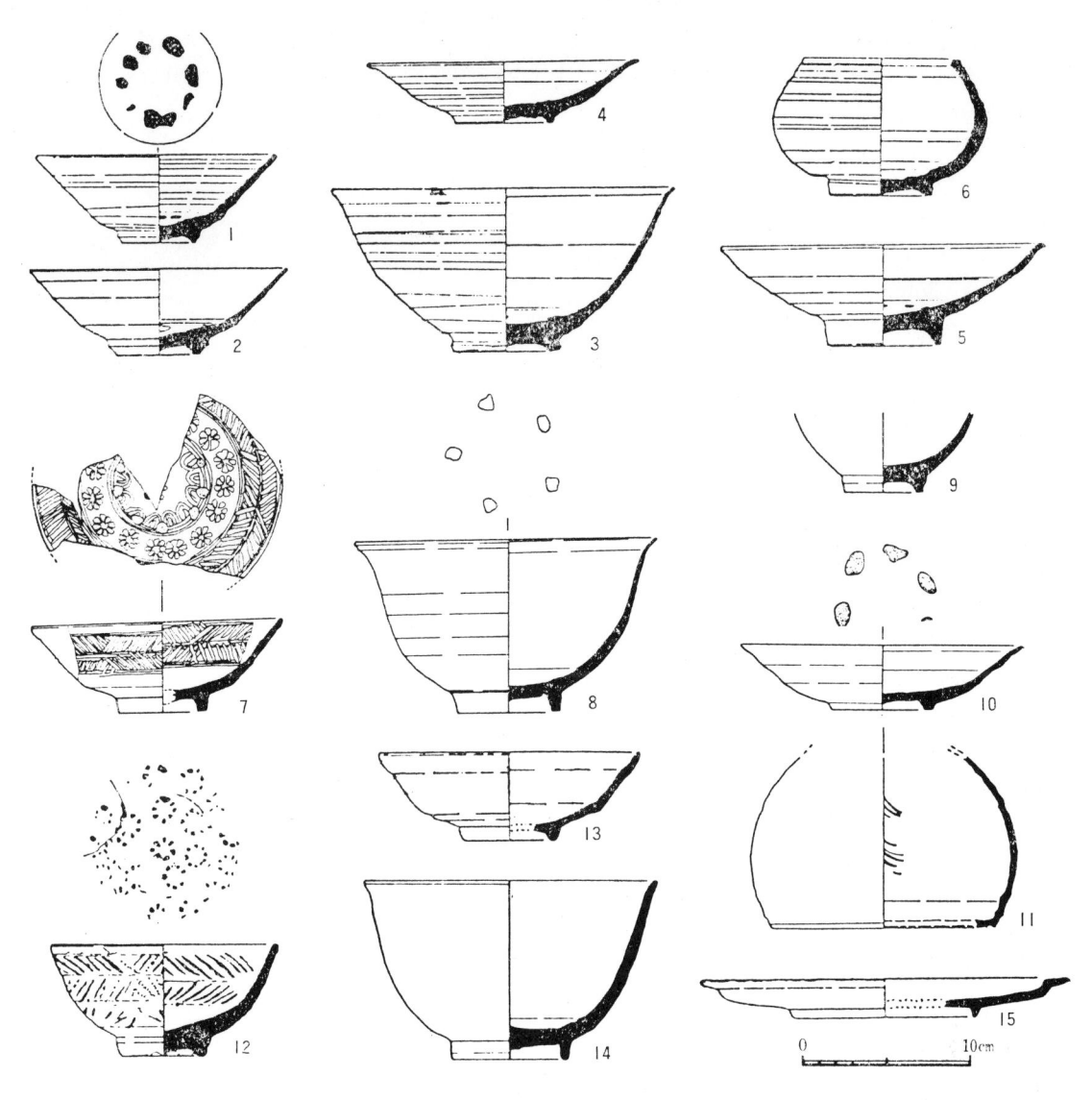

Ⅲ期（16世紀末〜17世紀初）の朝鮮王朝陶磁

1〜6豊臣前期大坂城出土（1，3〜6大手前4丁目地点ＮＷ87-20，88-1，89-1次調査＜1施釉陶器，3〜6白磁＞，2久宝寺町2丁目地点ＮＷ90-7次調査＜施釉陶器＞），7〜11京都出土（7〜10左京一条三坊二町京都府庁内地点＜7粉青沙器彫三島，8〜10白磁＞11室町殿＜施釉陶器＞），12〜15堺環濠都市遺跡（12大町西二丁地点＜粉青沙器彫三島＞，13甲斐町西二丁地点＜施釉陶器＞14・15同＜白磁＞）

施釉陶器があるが，出現期と考えられ出土例は限られている。主要な遺跡として，主要な戦国城館とともに近江などを含めた畿内でも出土が増加しはじめる。

　後期に至ると器種の組成は，粉青沙器が衰退減少する反面，施釉陶器が半数以上を占めるようになり，白磁も増加する傾向にある。施釉陶器には碗・皿類があり，その中には蕎麦・斗々屋に類似した器形も見られ，それとともにしっかりした高い台高台を持つ一群も見られる。また内面に同心文を有する徳利形瓶や口縁が玉縁状あるいは鐔状を呈する鉢なども見られる例が多い。白磁には碗・皿がある。碗には，やや高い逆台形を呈した高台に口縁が端反りで深い器形であり，胎土目積みの技法を用いるものと細長い長方形を呈する高台で砂目積み技法のものとがある。さらに細長い長方形を呈する高台に口縁が外側に開き，内底面に大きな円刻内に4ヵ所の砂目が見られるものもある。最近京都市内の遺跡から堺環濠都市遺跡出土の粉青沙器彫三島碗と同様のものが完形に近い状態で出土し，新資料として注目される[7]。遺跡としては前期のものに加えて織豊期の城館，北海道

勝山館・青森県浪岡城と全国的な広がりが見られる。このように粉青沙器の変容と消滅する反面，施釉陶器が盛行する時期といえよう。

Ⅲ期（16世紀末〜17世紀初頭）

器種組成は白磁が半数以上を占め，次いで施釉陶器であり，粉青沙器の印花文や刷毛目のものはわずかにみられるに過ぎない。白磁には，碗・丸皿・縁付き皿・壺などがある。碗の器形の特徴は，細くて高い高台に口縁が端反りとなる丸みのある深いもの，逆台形のやや低い高台に口縁がわずかに外に開いて端反りになるもの，口縁が直線的に開くものなど3種類に大別できる。碗の内底面には，円刻のあるものとないものの両者が見られる。皿の特徴は，内弯するもの，口縁に稜のあるもの，口縁が緩やかに開く平碗と称するもの，口縁が屈曲に端反りになるものなどがある。高台にも，細長い台形，低い逆台形，三角形を呈するものがある。内底面には円刻のあるものや凹線だけのものがあり，そのほとんどには砂目積みの痕跡が認められる。このように白磁の碗皿だけでも器形にかなりのバリエーションがみられる。施釉陶器には，碗・皿・徳利・瓶などがあるが，碗皿は減少の傾向にある。碗は，Ⅱ期の後半での一乗谷朝倉遺跡出土の口縁に稜のある特徴的なものが少なくなり，外側に開くものが主要となる。Ⅱ期の全国的な広がりから，遺跡数は減少し，西日本の内とくに堺環濠都市，大坂城，京都の主要都市遺跡での出土が激増する傾向にある。

Ⅳ期（17世紀前半）

器種組成の特徴として，白磁が大部分を占め施釉陶器の出土が激減する傾向にある。白磁には碗・皿が中心となる。碗の特徴として，Ⅲ期と共通するもの以外に，高台が高く内反りとなり口縁がほぼ真直に立ち上がる深い器形のものが新たに認められる。内底面には円刻がなく，細長い砂目積みの痕跡が3カ所認められ，釉調も種々のものが見られる。皿にも溝縁皿が盛行するようになる。Ⅳ期に新たに見られるようになった器形の内高麗茶碗の中の堅手・呉器茶碗と共通するものも見られる。遺跡数も減少する傾向にあり，江戸城加賀藩邸や大聖寺藩邸を含んだ東京大学本郷構内遺跡，名古屋城三の丸遺跡，京都など国内の主要都市遺跡でも限られる傾向が見られる。

3 おわりに

朝鮮王朝陶磁の遺跡出土の状況を各時期ごとに見てきたが，その特徴をまとめると，Ⅰ期の高麗青磁と粉青沙器の時期，Ⅱ期の粉青沙器刷毛目と施釉陶器の時期，Ⅲ期の白磁の盛行，Ⅳ期の白磁の変容と推移している。とくに従来王朝陶磁の編年に取り上げられることが少なかった施釉陶器が16世紀代の日本各地の遺跡で普遍的に見られ，しかも碗皿瓶の3種が基本の器形となること，王朝陶磁を代表する白磁が各時期平均して見られるのではなく，17世紀前後の遺跡に爆発的に盛行しその出土傾向が偏向することなど，王朝陶磁の需要形態が各時期ごとに変化する様が読み取れる。

また伝世する高麗茶碗と共通する特徴を持つものが遺跡から意外と少ないことも指摘できる。このような王朝陶磁の需要実態は，単に国内における社会的な情勢にとどまらず，中国・朝鮮半島・日本を含めた広域な流通構造との関連が予想される。また半島内における生産と需要の関係の解明が課題となるが，近年珍島龍蔵城[8]を初め半島各地の山城で高麗末から朝鮮王朝期の陶磁器の出土が知られ，資料が増え明らかになりつつある。

小稿を記するに際し，関西考古学研究会の皆様から有益なご教示をいただいた。文末をかりて御礼申し上げます。

註
1) 林屋晴三「高麗茶碗」『世界陶磁全集19 李朝』小学館，1980
2) 鄭良謨「李朝陶磁の編年」『世界陶磁全集19 李朝』小学館，1980
3) 西谷 正「九州・沖縄出土の朝鮮産陶磁器に関する予察」『九州文化史研究所紀要』1983
4) 日本貿易陶磁研究会編『貿易陶磁研究』No.5，日本貿易陶磁研究会，1985
5) 茶道資料館・関西近世考古学研究会『遺跡出土の朝鮮王朝陶磁—名碗と考古学—』1990
6) ここでの施釉陶器とは従来雑釉陶器と称されていたもので，粉青沙器とは異なる灰釉を施した陶胎質のものをいう。現在この朝鮮王朝陶器についての適切な表現が使われていないためにここでは便宜的に施釉陶と表記した。以下施釉陶とはこのことを示す。
7) 引原茂治「平安京左京一条三坊二町・西洞院大路発掘調査概要」『京都府遺跡調査概報』第45冊—2，(財)京都府埋蔵文化財調査研究センター，1991
8) 『珍島龍蔵城』木浦大学校博物館学術叢書第18冊，1990

執筆者紹介　（執筆順）（2000年8月現在）

坂詰秀一　（さかづめ・ひでいち）　　立正大学文学部教授
小和田哲男　（おわだ・てつお）　　静岡大学教育学部教授
水野和雄　（みずの・かずお）　　福井県立一乗谷朝倉氏遺跡資料館総括文化財調査員
橋口定志　（はしぐち・さだし）　　豊島区教育委員会学芸員
長山雅一　（ながやま・まさかず）　　流通科学大学情報学部教授
遠藤才文　（えんどう・としふみ）　　愛知県立名古屋南高等学校教諭
諏訪間順　（すわま・じゅん）　　小田原市教育委員会文化財保護課主査
新藤康夫　（しんどう・やすお）　　八王子市教育委員会社会教育課社会教育係担当係長
萩原三雄　（はぎはら・みつお）　　帝京大学山梨文化財研究所所長代行
小都　隆　（おづ・たかし）　　広島県教育委員会文化課課長補佐
玉永光洋　（たまなが・みつひろ）　　大分市教育委員会文化財課主幹
小林昭彦　（こばやし・あきひこ）　　大分県教育庁文化課埋蔵文化財第一係副主幹
工藤清泰　（くどう・きよひと）　　浪岡町教育委員会生涯学習課文化班長
亀井明徳　（かめい・めいとく）　　専修大学文学部教授
是光吉基　（これみつ・よしき）　　広島県立祇園北高等学校教諭
藤澤典彦　（ふじさわ・ふみひこ）　　大谷女子大学文学部教授
岡本桂典　（おかもと・けいすけ）　　高知県立歴史民俗資料館学芸課長心得
石田　修　（いしだ・おさむ）　　堺市教育委員会社会教育課主幹
村田　弘　（むらた・ひろし）　　和歌山県文化財センター埋蔵文化財課主査
松下正司　（まつした・まさし）　　比治山大学現代文化学部教授
小花波平六　（こばなわ・へいろく）　　豊島区文化財審議委員・庚申懇話会会長
前川　要　（まえかわ・かなめ）　　富山大学人文学部教授
大三輪龍彦　（おおみわ・たつひこ）　　鶴見大学文学部教授
浪貝　毅　（なみがい・つよし）　　1992年12月逝去
堀内明博　（ほりうち・あきひろ）　　古代学協会・古代学研究所助教授
大庭康時　（おおば・こうじ）　　福岡市教育委員会埋蔵文化財課主任文化財主事
荒木伸介　（あらき・しんすけ）　　跡見学園女子大学教授
甲斐忠彦　（かい・ただひこ）　　1999年9月逝去
時枝　務　（ときえだ・つとむ）　　東京国立博物館考古課主任研究官
播磨定男　（はりま・さだお）　　徳山大学経済学部教授
山川公見子　（やまかわ・くみこ）　　日本考古学協会会員
恵美昌之　（えみ・まさゆき）　　名取市教育委員会生涯学習課文化財係課長補佐
荒川維久　（あらかわ・これひさ）
福田健司　（ふくだ・けんじ）　　東京都教育委員会文化課学芸員
小林康幸　（こばやし・やすゆき）　　鎌倉市教育委員会文化財課副主査
栗原文蔵　（くりはら・ぶんぞう）　　行田市史編さん委員

柳田純孝　（やなぎだ・よしたか）　福岡市教育委員会文化財部長
鈴木重治　（すずき・しげはる）　同志社大学文学部嘱託講師

中世考古学への招待
普及版・季刊考古学

2000年9月20日　発行

編者　坂詰秀一
発行者　長坂慶子
印刷　新日本印刷株式会社

発行所　東京都千代田区富士見 2-6-9　雄山閣出版
TEL 03-3262-3231　振替 00130-5-1685 番

装幀・貝原　浩

ISBN 4-639-01709-X　C 0321

雄山閣出版案内　小社の表示価格はすべて税抜きです。

季刊 考古学 既刊号案内
年4回，1，4，7，10月発売

（2〜20号各1,500円、21〜26号各1,800円、27〜35号1,806円、36〜49号1,942円、40・44・51〜57号2,136円、50号2,718円、58号以降2,200円）

第72号　近・現代の考古学　2,200円

考古学と近・現代史＝坂詰秀一／近・現代考古学の視点（近代戦争遺跡調査の視点＝菊池実／戦跡考古学提唱の背景＝當眞嗣一／近・現代の宗教遺跡＝時枝務／近代化遺産＝矢澤高太郎）近・現代遺跡調査の現状（北海道＝佐藤一夫／東北＝大竹憲治／関東＝山崎丈／中部・東海＝伊藤厚史／近畿＝堀内明博／中国＝是光吉基／四国＝岡本桂典／九州＝渋谷忠章／沖縄＝池田榮史）近・現代遺跡調査の事例（戦争碑の変遷＝下山忍／東京・多摩送信所跡の調査＝伊藤玄三）

第71号　「古墳群」を再検討する　2,200円

座談会・中国の皇帝陵を語る＝焦南峰・張建林・茂木雅博／「古墳群」の問題点（「古墳群」のとらえ方＝茂木雅博／韓国の古墳群―慶尚北道大邱・慶山地域の場合＝吉井秀夫）「古墳群」の再検討（大和古墳群＝泉武／佐紀古墳群＝卜部行弘／百舌鳥古墳群＝一瀬和夫／西都原古墳群＝柳沢一男／吉備地方の古墳群＝草原孝典／今市・塩冶古墳群と山代・大庭古墳群＝会下和宏／信濃川右岸の古墳群＝川村浩司／竜角寺古墳群＝白井久美子／保渡田古墳群＝右島和夫／桜井古墳群＝藤沢敦）

第70号　副葬を通してみた社会の変化　2,200円

副葬という行為―墓制にあらわれた共同性＝広瀬和雄／採集狩猟民の副葬行為（縄文文化＝中村大／続縄文文化＝長沼孝／沖縄貝塚文化＝池田榮史／東シベリアの狩猟採集文化＝小畑弘己）生産経済民の副葬行為（弥生文化＝禰宜田佳男／古墳文化（前期）＝大久保徹也／古墳文化（後期）＝広瀬和雄／朝鮮青銅器時代＝後藤直／朝鮮原三国〜三国時代＝高久健二／中国漢代＝黄暁芬）仏教導入以後の副葬行為（古代＝小林義孝／中世＝藤澤典彦／近世＝山川均）

第69号　縄文時代の東西南北　2,200円

新たな縄文観の創造に向けて＝泉拓良／大きな違いのある南北の地域（南九州の特殊性＝新東晃一／北海道の特殊性＝横山英介）植生、生業、文化（落葉樹林の北進と文化変容＝泉拓良／照葉樹林の北進と文化変容＝玉田芳英）集落と住居（環状集落地域＝武藤康弘／非環状集落地域＝矢野健一）墓と墓地構造（北海道＝大島直行／東日本＝高橋龍三郎／西日本＝中村健二）遺物に見る地域性（石製祭祀遺物の受容＝増子誠／大洞式土器の受容と変容＝大塚達朗／注口土器の系統変化＝秋田かな子）

第68号　後・終末期古墳の被葬者像　2,200円

古墳被葬者の伝承と学説＝石野博信／被葬者像の研究（墳丘形態＝泉森皎／埋葬施設＝猪熊兼勝／横口式石槨墳＝塚口義信／金銅製品＝堀田啓一／北朝墳墓の被葬者肖像＝蘇哲）各地の古墳と被葬者像（鬼の窟古墳／江田船山古墳／菊池川流域の装飾古墳／岩戸山古墳／王塚・竹原古墳／尾市・御年代古墳／こうもり塚・箭田大塚／山代二子塚・大念寺古墳／今城塚／河内飛鳥の終末期古墳／岩橋千塚／見瀬丸山古墳／高松塚・中尾山古墳／藤ノ木古墳／舞谷古墳群／山尾古墳／断夫山古墳／須曽蝦夷穴古墳／大室古墳群／姥塚・加牟那塚／金鈴塚／駄ノ塚／埼玉古墳群／綿貫観音山古墳／宝塔山・蛇穴山古墳／虎塚／清戸迫・羽山横穴／角塚）

第67号　墳墓と弥生社会	第66号　日本と南海の考古学
第65号　前・中期古墳の被葬者像	第64号　解明すすむ縄文文化の実像
第63号　山の考古学	第62号　古代・中世の銅生産
第61号　日本・オリエント―シルクロード	第60号　渡来系氏族の古墳と寺院
第59号　宗教を考古学する	第58号　天皇陵と日本史
第57号　いま、見えてきた中世の鉄	第56号　稲作の伝播と長江文明
第55号　縄文人の生業と集団組織	第54号　日中交流の考古学

＊バックナンバーはこれ以外にも在庫があります。ただし　1,4〜10,12〜14,17,20,39,42号は品切。

季刊 考古学 既刊号案内

(2～20号各1,500円、21～26号各1,800円、27～35号1,806円、36～49号1,942円、40・44・51～57号2,136円、50号2,718円、58号以降2,200円)

第52号 前期古墳とその時代	第51号 「倭人伝」を掘る
第50号 縄文時代の新展開	第49号 平安京跡発掘
第48号 縄文社会と土器	第47号 先史時代の木工文化
第46号 古代の道と考古学	第45号 横穴式石室の世界
第44号 縄文時代の家と集落	第43号 鏡の語る古代史
第42号 須恵器の編年とその時代 品切	第41号 貝塚が語る縄文文化
第40号 古墳の形の謎を解く	第39号 中世を考古学する 品切
第38号 アジアのなかの縄文文化	第37号 稲作農耕と弥生文化
第36号 古代の豪族居館	第35号 石器と人類の歴史
第34号 古代仏教の考古学	第33号 古墳時代の日本と中国・朝鮮
第32号 古代の住居 縄文から古墳へ	第31号 環濠集落とクニのおこり
第30号 縄文土偶の世界	第29号 旧石器時代の東アジアと日本
第28号 古墳には何が副葬されたか	第27号 青銅器と弥生文化
第26号 戦国考古学のイメージ	第25号 縄文・弥生の漁撈文化
第24号 土器からよむ古墳社会	第23号 縄文と弥生を比較する
第22号 古代の都城 飛鳥から平安京まで	第21号 縄文文化の地域性
第20号 埴輪をめぐる古墳社会 品切	第19号 弥生土器は語る
第18号 考古学と出土文字	第17号 縄文土器の編年 品切
第16号 古墳時代の社会と変革	第15号 日本海をめぐる環境と考古学
第14号 弥生人は何を食べたか 品切	第13号 江戸時代を掘る 品切
第12号 縄文時代のものと文化の交流 品切	第11号 動物の骨が語る世界
第10号 古墳の編年を総括する 品切	第9号 墳墓の形態とその思想 品切
第8号 古代日本の鉄を科学する 品切	第7号 縄文人のムラとくらし 品切
第6号 邪馬台国を考古学する 品切	第5号 装身の考古学 品切
第4号 日本旧石器人の生活と技術 品切	第3号 古墳の謎を解剖する
第2号 神々と仏を考古学する	第1号 縄文人は何を食べたか 品切

＊品切の号で一部普及版として刊行したものがあります。後の頁をご覧下さい。

雄山閣出版案内

普及版季刊考古学

縄文人・弥生人は何を食べたか

四六倍判　138頁
2,500円

渡辺誠・甲元眞之 編

採集・狩猟・漁撈そして農耕の問題から二つの文化を見直す。本シリーズは「季刊考古学」の普及版として企画されたもの。第2冊目の本書は第1号（1982年11月）と第14号（1986年2月）を復刻・合本したものである。

■ 主 な 内 容 ■

第一部　縄文人は何を食べたか
　縄文人の食生活
　食料の地域性（狩猟・漁撈対象動物の地域性／漁撈対象動物の地域性／採集対象植物の地域性）
　食料の漁猟・採集活動と保存（弓矢と槍／家犬／おとし穴／網漁／製塩／注口土器／大形住居址／貯蔵穴ほか）
　人類学からみた縄文時代の食生活
　縄文農耕論の再検討（縄文中期／縄文晩期）
第二部　弥生人は何を食べたか
　弥生人の食料
　弥生時代の食料（コメ／畑作物／堅果類／狩猟・漁撈対象物）
　初期段階の農耕（中国／東南アジア／西アジア／イギリス）
　弥生併行期の農耕（北海道／南島／朝鮮半島／中国／沿海州ほか）

普及版季刊考古学

縄文土器の編年と社会

四六倍判　140頁
2,700円

小林達雄 編（國學院大學教授）

縄文土器編年の方法を示すとともに、土器から人の動きをさぐる。本シリーズは「季刊考古学」の普及版として企画されたもの。第1冊目の本書は第17号（1986年11月）と第48号（1994年8月）を復刻・合本したものである。

■ 主 な 内 容 ■

第一部　縄文土器の編年
　縄文土器編年の研究
　縄文土器編年の方法（層位学的方法／型式学的方法／組成論／文様帯論／文様系統論／施文原体の変遷）
第二部　縄文社会と土器
　土器と集団
　型式と集団（勝坂式土器とその社会組織／勝坂式土器の地域性／三十稲場式土器の型式構成）
　様式と地域社会（土器様式と縄文時代の地域圏／亀ヶ岡式土器様式の地域性／様式分布圏の境界）
　土器の動き・人の動き（御殿山遺跡／房谷戸遺跡／五丁歩遺跡／西広貝塚／大森貝塚／八丈島倉輪遺跡／3単位波状口縁深鉢型土器／九州・四国磨消縄文系土器／琉球列島）

雄山閣出版案内

雄山閣創業八十周年記念出版　重版出来!!

日本土器事典

大川清・鈴木公雄・工楽善通 編

B5判　本文9ポ横組　上製函入　25,000円

全国出土の土器の
すべてを鳥瞰できる便利な事典。

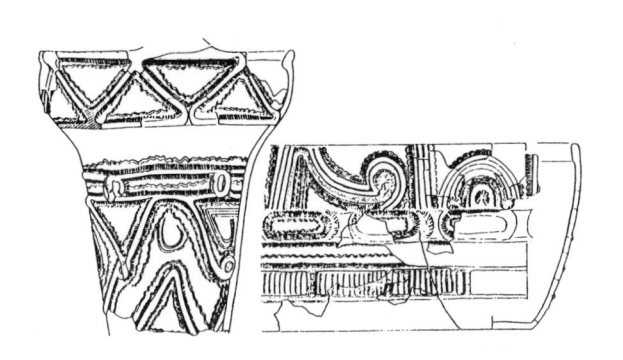

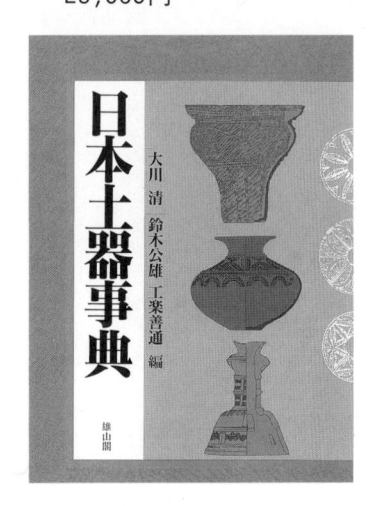

● 特　色 ●

1. 縄文土器から10世紀まで、日本出土の土器を地域別、型式別(年代別)に配列。
2. 掲載項目数約600。日本の土器はこれで完璧に理解できる。
3. 各時代別、各地域ごとの土器概説を冒頭に掲載。
4. すべての項目に実測図・写真を付載。
5. 付録として土器の関連項目を掲載。さらに参考文献、索引(型式名、遺跡名)により多面的に検索可能。

● 推せん ●

本書から限りない情報を	岩崎卓也
一般愛好家にも貴重な情報の場	大塚初重
土器の個性と普遍性を示す手引書	小林達雄
便利このうえない事典の出現	坂詰秀一
土器研究の玉手箱	佐原　真
複雑・多岐にわたる土器の理解に最適	西谷　正

中世瓦の研究

山崎信二 著（奈良国立文化財研究所）

A4判　414頁
18,000円

近年、中世史に対する見直しが盛んになってきている。こうした中で、従来ともすれば地方史研究の分野にとどまっていた瓦生産に関する研究を、産業の一つとして把握し、全国的な流通網の視点から検討した画期的な書である。

■ 主 な 内 容 ■

第1章　序論	第8章　鎌倉の瓦
第2章　中世大和の瓦	第9章　中世常陸の瓦
第3章　中世京都の瓦	第10章　中世上野・下野の瓦
第4章　中世和泉の瓦	第11章　中世武蔵の瓦
第5章　中世播磨の瓦	第12章　総論
第6章　中世紀伊の瓦	第13章　補論　九州・沖縄・その他の瓦
第7章　尾道と明王院の瓦	

當麻寺私注記

河中一學 著

A5判　740頁
15,000円

伝説上の中将姫が生きた天平時代を中心とした人と仏教と文化財の歴史！　當麻寺の歴史から説き起こし、天平年間に中将姫が織りなしたといわれる根本曼荼羅をはじめ数多くの国宝、重要文化財を紹介。本書の中心をなす「中将姫伝説」の章では中将姫伝説が後世の文献にどう取り入れられたかを検証し、史実を解明する。

■ 主 な 内 容 ■

當麻蹶速と野見宿禰
當麻寺の歴史
當麻寺の建造物と文化財
塔頭「中の坊」
その他の塔頭
練供養

中将姫伝説（中将姫とその背景　中将姫・歴史年表・皇統系図・藤原氏系図／中世における中将姫伝説／近世における中将姫伝説／近現代における中将姫伝説）
『和州當麻寺極楽曼陀羅縁起』による中将姫伝説ほか